靜菴 **金鍾喆**

明堂要訣

정암 김종철 선생의 풍수사상

靜菴 金鍾喆 著
附錄 顯微鏡地理必讀書
智異山人著

■ 약력

· 1931년 강원 원주 출생
· 河南張龍得先生學問傳受
· 韓國日報 문화센터 (風水科 연구반 講師) 10년간
· 東亞日報 문화센터 (風水科 연구반 講師) 현재
· 中央大建設大學院 (風水科 講師) 5년간
· 高麗手指鍼學會 (風水科 講師) 강의중
· 淸州 西原大學 (風水科 講師) 99년 3학기

■ 저서

· 明堂入門 66년
· 明堂要訣 90년
· 명당과 길지(만화) 95년 (전 4권)
· 명당 백문백답
· 일요서울 주간일보에 '실용풍수' 연재
· 실전 풍수 인테리어 1,2,3권 96년

東亞日報 문화센터
風水地理科
강의 中!!
상급반 교재!

■ 저서문의 연락처
(02)988-8501,
953-2525
(011)340-9911

破壙터에 墓를 쓴다.(그 옆에서 古塚이 발견되어 前山主가 발굴해 가는 광경)

이 곳에서 나온 黃骨. 약 五百年이 되었다고 한다.
(黃骨이 나올 明堂이라고 여겨져서 會員들과 함께 실습하는 광경)

明堂要訣

附錄 顯微鏡地理必讀書
智異山人著

金鍾喆著

머리말

筆者는 風水地理의 陰宅과 陽宅을 實地體驗을 通하여 學問의 理致를 統計的으로 公式化된 內容을 一九八六年에 이르러 「明堂入門」이라는 冊子로 著述한바 있다.

이번에 著述되는 「明堂要訣」은 本人이 그간 공부하면서 수집해온 古典中에서 形氣論의 學問으로 우리나라 地理千年史에 祕傳으로 繼承되어온 「顯微鏡地理必讀書(智異山人著)」의 冊子를 번역하여 原文과 함께 各 項目別로 分離하여 明堂要訣의 根幹으로 編著하였다. 그리고 그 나머지의 凡論과 여러 곳에서 수집된 禍福論의 明言句節을 雜歌賦라하여 附錄으로 하였으며 또 陽宅篇은 中國古書 陽宅三要訣을 根幹으로하여 우리나라 實情에 알맞게 家相의 吉凶禍福을 알아볼 수 있도록 實習으로 硏究한 것을 著述하였다.

現在 風水地理에 觀心을 가진 분들이 地理공부를 하기란 여러가지 어려움이 많으리라 믿는다. 韓國實情에 맞는 山形地勢에 적합한 學問의 脈이 없어서 自己 나름대로의 새로운 공부를 시작하고 대하는 冊册마다 中國古書로 中國山形地勢의 實情인 理氣學과 形氣論의 混同으로 實地山理에 적응이 안되고 山自山 書自書가 되는 實情이다. 이러한 狀況에서 本人의 地理공부에 決定的인 役割이 되었던 地理必讀書는 獨特한 形氣論의 體驗手記로서 因緣

에 따라 傳해졌고 開眼되는 先師들에 의해 더욱 더 發展이 거듭된 것으로 보아지는 尋穴에 祕法이다.

이를 바탕으로 著述한 「明堂要訣」을 널리 發表하는 한편 韓國日報 文化센터 風水地理講座를 通하여 여러 地理同志와 함께 더욱더 깊이 硏究코저 한다.

끝으로 本書를 出版해준 五星 사장님께 感謝드립니다.

靜菴 金 鍾 喆

推薦辭

本書를 읽으면서 그동안 耽讀했던 많은 風水地理에 관한 古典中에서 그 核心部分을 모아서 다시 읽고 있는 感을 받았다. 姓名未祥의 智異山人著로 되어 있는 『地理必讀書』는 數世紀前 道眼을 지닌 어느 名風水地師가 오랜 踏山·尋穴의 經驗을 土台로 하여 傳來되어 온 古典中에서 尋穴에 必須的인 重要部分을 主內容으로 하여 整理著作한 것 같다. 때문에 本書의 內容中에는 風水地理에 관한 여러 古典中의 낯익은 風水地理 經句를 많이 發見할 수 있을 것이다.

이 『地理必讀書』의 原本은 어느 家門에 祕傳되어 오던 것을 靜菴 金鍾喆先生께서 入手하여 耽讀研究하시다가 今般 補完·發刊하게 되었는데, 이는 여러 風水地理 研究人들에게 큰 貢獻이라 아니할 수 없다. 무척 고맙게 생각된다.

自古로 風水地理의 學問은 「天機漏洩이 不可하다」하여 世上에 表出시키는 것을 禁忌하여 온 바, 이 分野의 學問이 體系的으로 發展을 못해온 原因이기도 하며, 이 分野의 典籍이 他分野에 비하여 빈약한 것도 그로 因한 것이라 볼 수 있다. 風水地理研究에 많은 資料와 典籍을 必要로 하는 요즈음 本書의 發刊은 그야말로 큰 貢獻이라 아니할 수 없어 이를 發

刊하신 金鍾喆 先生께 거듭 感謝하게 생각하며 많은 風水硏究家들에게 큰 龜鑑이 될 것으로 생각한다.

一九九〇年 五月   日

韓國日報社 文化센터 地理學會 顧問

芸塘居士 (서명)

推薦辭

오늘날 모든 活動分野가 現代化 産業社會化됨에 따라 傳統的인 오랜 風習이 점점 사라지고, 祖上에 대한 關心도 稀薄해지면서 個人主義가 蔓延되는 듯이 보이지만, 또 한편으로는 生活이 裕足해짐과 比例하여 近來에 다시 내 뿌리를 찾고자 하는 欲求와 祖上을 올바로 섬기려는 마음 底邊의 孝心이 噴出하는 傾向이 漸高하고 있다.

特히 八十年代에 들어서면서부터 많은 분들이 風水地理에 대해 깊은 關心과 硏究를 기울이는 社會雰圍氣가 감돌고 있다. 이런 즈음에 靜菴 金鍾喆先生께서 펴내신 本書는 風水地理를 硏究하려는 初心者나 그동안 이를 硏究해온 분들에게 좋은 指針書가 되리라 믿는다.

風水地理에 대한 일반적인 觀念은 이것이 人間에게 影響을 미친 것이 二千年 以上의 悠久한 歷史를 지니고 있음에도 不拘하고 아직까지도 우리들의 實生活에서 올바르게 認識고 있지 않은 것보다는 陽宅에 대한 것이 더 앞섰는데, 즉 陽宅의 起源은 中國 西周의 初創이라고 하고 殷商의 末葉이라고 하며, 陰宅은 春秋戰國時代부터라고도 한다. 그후 오랜 세월이 흐르는 동안 우리 人間의 思想도 많이 變遷하여 이에 대한 우리의 理解와 關心의 浮沈消長이 反復되면서 이렇게 엇갈린 解釋이 傳承되는 가운데 오늘에 이르렀다.

그동안 先覺地師들에 의하여 風水理論의 發展과 內容의 硏究가 거듭되면서 重要한 風水地理의 典籍이 失傳되기도 하고, 또 理論이 補完되기도 하였다.

이런 歷史的 過程에서 今般 靜菴 金鐘喆先生께서는 우리나라 風水理論의 發展에 있어 러 古典을 參考로 學問的 體系를 세우고, 오랜 經驗의 實證的인 確信을 가지고 原理를 習得하시어 이를 根幹으로 한 明堂要訣을 總整理 著述하였으니, 이는 風水地理學 發展에 있어 큰 慶事라 아니할 수 없다. 특히 金先生께서는 數十年의 踏山經驗에서 體得하신 確信을 가지고 執筆하였으므로 理論과 實際가 一致하도록 內容이 明確하고 理解하기 쉽도록 說明하고 있어 여러 風水地理 硏究人이 공부하는 敎科書 役割을 다할 것으로 믿는다

끝으로 많은 風水地理 硏究同好人들에게 貴重한 硏究文獻이 될 것으로 믿고 이를 勸하며 여러가지 어려움을 무릅쓰고 執筆하신 靜菴 金鍾喆先生께 感謝를 드린다.

一九九〇年 五月 日

韓國日報社 文化센터 院長

春江 金永善

目次

陰宅篇

一。序論 ··· 二四
　1. 風水思想 ·· 二四
　2. 韓國의 地理史 ··· 二七
　3. 地理와 羅經의 由來 ·· 三二

二。陰陽五行論 ·· 三四
　1. 序說 ··· 三四

三. 佩鐵論 …………… 四三

1. 序說(佩鐵의 原理) …………… 四三
2. 佩鐵의 使用法 …………… 四五
   - 第一線 黃泉水測定法 …………… 四七
   - 第二線 八曜風殺法 …………… 五〇
   - 第三線 三合五行法 …………… 五二
   - 第四線 二十四方位 …………… 五三
   - 靜陰靜陽法 …………… 五四
   - 禍福論法 …………… 六〇
   - 干支配合理致 …………… 六三
   - 干支否配合法 …………… 六五
   - 否配合의 禍福論法 …………… 六八
   - 否配合의 理致 …………… 七〇
   - 正配合三字混合法 …………… 七一
   - 否配合三字混合法 …………… 七二
   - 三字混合의 公式法

- 第五線 葬法(裁穴 및 分金法) ········· 七三
- 窩象의 裁穴法 ········· 七五
- 裁穴의 이모저모 ········· 七六
- 分金法 ········· 七七

四。明堂論 ········· 八一

1。明堂局勢論 ········· 八一
古書 明堂論 ········· 八一
明堂局勢圖 및 述語 ········· 八三

2。主山論 ········· 八四
古書 主山論 ········· 八四
主山의 禍福歌(明言句節) ········· 八八

3。龍論 ········· 九〇
古書 龍論 ········· 九〇
剝換論 ········· 九五
過峽論 ········· 九七

4. 五行의 山體論 ································· 一〇〇
   古書 五星의 山體 ······························ 一〇二
   五星의 剝換 ··································· 一〇二
   變化龍의 動靜 ································· 一〇四

5. 生氣論 ·· 一〇六
   山水의 生氣 ··································· 一〇六
   土質의 生氣 ··································· 一〇六
   草木으로 본 生氣 ······························ 一〇七
   岩石의 氣象 ··································· 一〇七
   結穴의 氣象 ··································· 一〇七
   古書 生氣 水火論 ······························ 一〇八
   生氣論 ·· 一〇九

6. 龍의 氣脈論 ··································· 一一二
   古書 氣脈論 ··································· 一一三
   龍訣歌(明言句節) ······························ 一一六

7. 靑龍과 白虎論 ································· 一二五

8。 古書 龍虎論 ················· 一二六
　　　青龍의 禍福歌(明言句節) ····· 一二八
　　　白虎의 禍福歌(明言句節) ····· 一三一
　　　龍虎의 禍福歌(明言句節) ····· 一三四
　　作局論 ······················ 一三六
　　　精氣의 聯關 ················ 一三六
　　　古書 作局法 ················ 一三九
　　　作局歌(明言句節) ············ 一四〇
9。 水勢論 ······················ 一四二
　　　古書 水勢論 ················ 一四四
　　　水勢歌(明言句節) ············ 一四六
10。 穴象論 ····················· 一四六
　　　四象의 穴象 ················ 一四九
　　　古書 穴之四象論 ············· 一五三
　　　穴象歌(明言句節) ············ 一五六
11。 入首論 ····················· 一五八
　　　穴訣歌(明言句節)

古書 入首論

　　入首歌(明言句節) …………………… 一七二

12. 當坂論 ……………………………… 一七五

　　古書 當坂論 ………………………… 一七六

13. 蟬翼論 ……………………………… 一七八

　　古書 蟬翼論(明言句節) …………… 一八〇

14. 甂唇論 ……………………………… 一八一

　　古書 甂唇論 ………………………… 一八四

15. 甂　禍福歌(明言句節) ……………… 一八六

　　樂山論 ……………………………… 一八七

　　古書 樂山論 ………………………… 一八九

16. 鬼星論 ……………………………… 一九二

　　古書 鬼星論 ………………………… 一九四

17. 案朝山과 朝山論 …………………… 一九六

　　古書 案山論 ………………………… 一九八

　　案朝山의 禍福歌(明言句節) ……… 二〇二

18. 砂格論 ……………………………… 二〇六

吉한 砂格歌(吉砂圖) ·················· 一〇八
凶한 砂格歌(凶砂圖) ·················· 一一〇
古書 砂格論 ·························· 一一二
禍福歌(明言句節) ···················· 一一六

五. 尋穴論 ····························· 一二〇

　1. 踏山尋穴 ························ 一二〇
　2. 尋穴의 要綱 ···················· 一二二
　　古書 尋地法 ······················ 一二三
　　看穴之三證論(看穴의 必須要旨) ··· 一二五
　　看穴之四科論 ····················· 一二六
　　看穴之十二吉凶龍論 ··············· 一二六
　　六吉龍 ··························· 一三〇
　　六凶龍 ··························· 一三〇
　　四生八死의 龍論 ··················· 一三一
　　四 生氣龍 ························· 一三一

八 死氣龍 …………………………………… 二三一

五患六戒 …………………………………… 二三三

尋穴歌 (明言句節) ………………………… 二三五

맺는말의 詩∶遊山歌 ……………………… 二四二

附錄 篇∶顯微鏡 地理必讀書(知異山人 著)

一。尋穴의 祕法 …………………………… 二四八

    凡 論 …………………………………… 二四八

    大小地의 結穴理致 …………………… 二五七

    氣脈의 看法 …………………………… 二六二

    龍의 變化와 氣象 ……………………… 二六八

    結穴의 祕訣 …………………………… 二七四

    結穴之 四科論 ………………………… 二七九

二。雜歌賦 ………………………………… 二八五

禍福總論(明言句節) ………………………二八五

陽宅篇

一。序論

1. 明堂宅地와 家相法 …………二一三
   明堂論 ……………………………二一三
   明堂宅地 …………………………二一四
   吉한 家相과 凶地域 ……………二一四
   明堂地域의 吉凶 …………………二一五
   空氣와 陽宅法 ……………………二一六
   陽宅法 ……………………………二一七
   『陽宅三要』序論(滏陽 趙九峯著) …………二二一

二。 宅地와 家相 ································· 二三

  1. 宅地選擇의 重要性 ················· 二三
  2. 家相의 三大要素 ··················· 二五
    背山臨水論 ························ 二五
    前低後高論 ························ 二六
    前窄後寬論 ························ 二八
  3. 家相과 建築의 重要性
    構造 ······························ 三〇
  4. 吉凶相의 基準法 ··················· 三〇
  5. 坐地의 形態 ······················· 三二
    坐地의 吉凶相 ····················· 三七
    改修例 ···························· 三九
  6. 家相配置의 吉凶 ··················· 三八
  7. 建物配置와 空氣循環 ··············· 三四二

三。 陽宅佩鐵法 ··························· 三四八
························· 三五五

1。 東西舍宅 ································ 三五五
　　古書文獻 陽宅三要 東西舍宅分別論에 ··· 三五六
2。 東西舍宅의 佩鐵法 ························ 三五七
　　東舍宅 ····································· 三五八
　　西舍宅 ····································· 三五八
　　血肉所屬 ··································· 三五九
　　陽宅佩鐵圖 ································ 三六〇
3。 佩鐵位置와 起頭法 ························ 三六一
　　佩鐵固定位置 ······························ 三六一
　　起頭法 ····································· 三六五
4。 變化起頭 ··································· 三六七
　　古書文獻『陽宅三要訣』陽宅總綱 ······· 三六七
5。 佩鐵測定法 ································ 三六九

四。 家相의 吉凶 ································ 三七四

1. 配置의 吉凶 …………………………… 三七四
2. 凶한 建物配置 ………………………… 三七六
3. 建物의 吉凶相 ………………………… 三七八
4. 主와 佩鐵의 正位置 …………………… 三八〇
5. 主位置 看擇法 ………………………… 三八二
6. 佩鐵位置와 起頭法 …………………… 三八四
7. 主와 佩鐵位置 ………………………… 三八六
8. 主와 佩鐵位置 ………………………… 三八八
9. 吉凶舍宅 看擇法 ……………………… 三九〇
10. 아파트 끝號의 起頭法 ………………… 三九二
11. 店舖와 事務室의 看法 ………………… 三九四
12. 아파트의 吉한 構造 …………………… 三九七
13. 아파트의 不吉한 配置 ………………… 三九八

五. 五行의 禍福 …………………………… 三九九

1. 禍福推理法 ································· 三九九
   五行의 疾病 ································ 四〇〇
   古書文獻 陽宅三要 宮星相克斷 ·············· 四〇一
2. ※ 化象家 ··································· 四〇二
   ㈎ 吉相과 離婚家相 ························· 四〇四
   ㈏ 吉相의 基本圖 ··························· 四〇五
3. 離婚家相 ··································· 四〇六
   ㈎ 入住婦去圖 ······························ 四〇六
   ㈏ 入住夫去圖 ······························ 四〇七
4. 離婚되는 家相 ······························ 四〇八
   ㈎ 夫去家相圖 ······························ 四〇八
   ㈏ 不去家相圖 ······························ 四〇九
5. 內主張家相 ································· 四一〇
   ㈎ 內主張家相圖 ···························· 四一一
   ㈏ 婦女持家의 家相圖 ······················· 四一一
6. 村落의 家相看法 ···························· 四一二

7. 家相의 吉凶 ··· 四一四
　㈎ 內富外貧의 家相圖 ······································ 四一四
　㈏ 外富內貧의 家相圖 ······································ 四一五
8. 卯酉相冲圖 ··· 四一六
9. 貰房의 吉한 家相 ·· 四一八
10. 卯酉相冲家相 ·· 四二〇

陰宅篇

一、序論
二、陰陽五行論
三、佩鐵論
四、明堂論
五、尋穴論

一. 序論

1. 風水思想

祖上을 吉地에 모시고자 하는 마음은 옛날이나 지금이나 큰 差가 없는 것 같다. 다만 個人의 能力과 與件이 如意하지 않거나 精誠이 모자라 實踐이 따르지 못하는 것 뿐일 것이다. 또한 우리나라의 風水思想은 士大夫家에 뿌리 깊게 傳來되어 宮中이나 名門大家에서 祖上을 모시는 데는 옛날부터 傳해 내려오는 禮法으로 葬地를 定하여 왔다. 뿐만 아니라 宮闕이나 寺院의 터를 잡고 마을이 形成되는 데도 風水의 理論에 따라 定해져 왔다.

現在 우리나라에서 富와 貴가 兼全하는 家門 중에서 가장 으뜸이라 할 수 있는 尹某氏와 金某氏의 家門의 한 例를 보면 先代에 明堂地를 얻어 그 後孫들이 富와 貴를 누리며 繁昌하고 있다고 말한다. 그 중에서 한 名地는 全羅北道高敞郡의 禪雲寺에 오랜 功을 쌓아 寺刹에 百斗落의 寺畓을 喜捨하고 寺刹林內의 吉地를 얻었다는 逸話가 傳해지고 있어

서오늘날 이를 踏査해 보면 國班級의 明堂地로서 山蔭發福을 참으로 實感케 하는 그 明堂地는 禪雲寺에서 알려주는 事實이었다.

또 濟州道 西歸浦市 甫木洞 앞에는 秀麗한 文筆峯이 있어서 近來 八十餘年間에 三百七十余名의 敎授敎師가 이 마을에서 輩出되기도 했다.

또 水滿里라고 불리우던 數百年된 마을이 댐 工事로 水滿이 되어버린 곳도 있고 또 江原道의 穿空마을에는 鐵道의 터널이 마을 밑으로 지나면서 터널의 空氣疏通을 위해 뚫린 구멍이 그 마을로 나고 있다. 이러한 마을 이름은 開眼된 哲人이 地形地理를 根據로 먼 훗날을 豫見하여 지어준 이름일 것이다. 이 뿐만이 아니라 TV에서 본 雙童마을 하며 淸州의 飛上里와 飛下里에 國際空港이 생기는 등 坊坊曲曲에 이와같은 逸話는 너무나도 많아서 훤히 알고있는 事實이지만 이것은 모두 風水地理의 影響일 것이다.

이와 같이 뿌리깊게 傳授되어온 風水理論은 眞理가 分明하여 오늘에 이르고 있으나 그 接近方法과 理解의 程度에 따라 風水家들 사이에는 많은 異見과 論議가 있는 것도 事實이다.

따라서 現實은 많은 風水家들이 각기 다른 意見을 가지고 是是非非를 말하나 眞理는 하나임이 分明한즉 이런 분들은 아직 開眼이 안 되었거나 失德한 所致가 아닌가 느껴진다. 開眼을 하고도 失德하여 失手를 犯하는 地師도 있겠고 福을 쌓은 亡人은 우연한 因緣으로 吉地를 얻기도 한다.

自古로 風水地理의 深奧한 眞理는 우리 人間의 吉凶禍福의 源泉이 되어 왔음이 틀림없다고 믿어지며 이 深奧한 風水의 眞理에 따라 明堂을 追求하는 것은 곧 우리의 運命을 開拓하는 길이기도 하다.

(古書文獻)

應驗論

⊙ 蓋人之於父母는 猶木之根之類니, 根固則 枝茂라. 故로 父母之體骸가 安寧하면 子孫도 亦安寧하고 父母之體骸가 多侵水火蛇蟻면 子孫도 亦爲之應而多乾焦勞瘵之疾이니라. 山有生氣하여 體魄이 光淨이면 子孫도 亦爲之應而榮華하고, 地無絡脈하여 體魄이 消爍이면 子孫도 亦爲之應而絶敗하나니. 禍福之驗이 如影之隨하고, 如響之應이니 可不愼哉아.

※ 대개 모든 사람의 父母는 나무의 뿌리와 같은 것이니 뿌리가 견고하면 가지가 무성하나니라. 그러므로 父母의 體骸가 安寧하면 子孫도 역시 安寧하고, 父母의 體骸에 물·바람·뱀·개미가 침노하면 子孫에게도 應하게 되어 마르고 괴로운 疾病이 많이 나게 된다.

山에는 生氣가 있어 體魄이 光淨하면 子孫도 역시 應하여 榮華를 누리게 된다. 땅에 連續된 脈이 없어 體魄이 消爍(소골의 뜻)하면 子孫도 역시 응하여 絕敗하게 된다.

禍福에 應驗이 그림자가 따르는 것 같고, 소리가 응하는 것과 같으니 가히 삼가하지 않이 할 수 없는 것이다.

2. 韓國의 地理史

風水地理가 자연이나 學問的으로 이루어진 것은 中國 黃河의 古代文明時代에 發祥되어 韓國에 까지 傳來된 것이다. 學術에 앞서 옛 祖上들께서는 슬기롭게도 살기좋은 기름진 땅과 香泉을 찾아 바람을 피해 집을 짓고 한 것은 風水地理의 자연을 이용한 것이다.

中國에서는 靑烏子가 『靑烏經』이라는 地理書를 著述한 것이 最初로 體系化되어 많은 發展이 되었고 우리나라에 들어온 것은 高句麗를 비롯하여 新羅 百濟로 傳播되어서 일반인들까지 地理風習을 崇尙하게 된 것이다.

또 『三國遺事』를 보면, 新羅의 昔脫解王이 平民 때에 살던 보금자리가 初生달 같은 形局에서 代를 이어 살다가 非凡한 人物로 成長하게 되어 新羅 四代의 王位까지 누리게 되었고, 平民으로 살던 그 자리를 훗날 風水地理學的으로 보아도 과연 明堂宅地로 判明되었다는 逸話가 있다.

高句麗 淵蓋蘇文이 平壤城을 改築하여 新月城을 滿月城으로 고치고, 百濟의 公州都城도 扶餘의 牛月形局을 찾아 遷都하였다고 한다.

『道詵國師實錄』을 보면, 道詵國師는 新羅末葉에 胎生한 崔氏의 後孫으로서 智慧와 非常한 재주가 뛰어났으며, 中國 唐나라에 가서 有名한 一行禪師에게서 風水地理를 공부하여

地理에 無不通知했고, 地理道師로서 지금까지도 그 行蹟이 전해지고 있다.

『國史精錄』의 高麗篇에는 道詵禪師가 王建太祖의 아버지인 王隆의 집터를 잡아주며 王이 태어날 것을 豫言한 것이 王建太祖가 되었고, 西紀 九一七年 王位에 오르자 高麗王都 開城 방곡곡에 明堂地를 所占으로써 國師가 되어 道詵國師로서 登場하게 된 것이다. 그 후 全國坊 道詵國師로부터 시작된 것이라 한다.

高麗 中葉에는 妙淸이라는 地理에 능통한 術士가 開城의 都城을 平壤城으로 옮기자 하여 國勢의 차이를 잘 보았던 것이다.

또, 李太祖朝에는 漢陽都城을 찾아 遷都하니 現서울로서, 漢陽國勢는 都城으로 말하면 世界에서도 唯一無二한 局勢라 地理風水學은 날로 발전한 것을 史的 根據로써 알 수 있다.

다시 되돌아보면 高句麗末에 羅學天先師는 天文地理에 無不通知했고, 또 高句麗 十一代 王 文宗 때에는 張袞이라는 明師를 太師鑑候로 임명한 바 있고, 二十代 神宗 때에는 地理 道師들을 비롯하여 百官들에게까지 命하여 國內의 山川形勢를 살펴 硏究하도록 하고, 各地 의 地名도 山川形勢의 地理局勢에 알맞게 붙이도록 하였으니, 그 地名에 대한 神祕한 逸話 가 오늘까지도 祕訣로써 전해지고 있는 것이다.

大小都市를 비롯 村落까지도 明堂地로 옮겨 地名을 붙이고, 地方官廳이나 民間들의 墓地

와 집터를 所占하는 등 高麗王朝 五百年에 道詵國師를 비롯하여 中葉에 妙淸先師, 末葉에 羅學天明師들이 많은 業績을 세웠다.

一三八三年 李太祖 登極時에도 正堂文學 權仲和의 獻上에 따라 都邑地를 忠淸道 鷄龍山下의 新都安이라는 곳에 都城을 정하여 礎石까지 놓은 것을, 京畿左右道 都觀察史 河崙이 上書하여 다음과 같은 이유로 반대하였다.

『李太祖實錄』 二年 十二月 日條에 記述된 반대이유는,

첫째, 都邑은 나라의 가운데 있어야 하는데 鷄龍山은 南쪽에 치우쳐 있어서 마땅치 않고,

둘째, 그곳의 山은 乾方에서 오고 물은 巽方으로 나가니 이는 곧 水破長生(물이 장생방을 친다)이 되어 宋朝 胡舜申의 葬法에 따르면 衰敗之地가 된다는 것이었다.

따라서 李太祖는 權仲和와 南在 鄭道傳 등 여러 臣下와 河崙으로 하여금 高麗時代의 陵과 山局形勢를 대조하여 胡舜申의 葬法의 타당성을 조사하게 했던 바 吉凶이 거의 可合하므로 李太祖는 鷄龍山 都邑建立을 停罷케 하고, 河崙을 불러 새로운 候補地를 선정케 했던 바, 河崙은 母岳山 南쪽(지금의 서울 延禧洞일대)를 指定, 建議하므로, 太祖는 權仲和, 趙俊 등에게 踏査케 하였던 바, 이들은 狹小하다는 이유로 反對하였음이 『太祖實錄』 三年 二月條에 祥述되어 있다. 그 후 太祖 三年 七月 太祖가 諸臣과 함께 母岳山을 보고 돌아오던 중 高麗朝의 離宮인 漢陽에 이르러 諸臣과 협의하여 이곳을 新都로 정하기에 이르렀다.

그러나 宮闕의 위치를 놓고 兩論이 있었으니, 즉 鄭道傳 등 儒家에서는 北岳山下 子座를 주장하였고, 無學大師는 仁旺山下의 乾座를 주장하였으나, 北岳山下 子座로 정하였던 것이다. 이렇듯 風水思想은 우리나라에서 지대한 영향을 미쳤다.

風水地理의 風習은 三國時代로부터 高麗·李朝에 이르기까지 儒家의 明師와 佛家의 道師들에 의해 이루어진 地理史는 萬人의 關心事가 되어서 世代는 다르나 오늘날까지 전래되고 있는 것이다.

儒家에서 地理의 明師로서는 鄭道傳, 南師古, 朴相儀, 李芝函, 孟思誠, 尹參議, 李懿信, 李鎬冕, 安鼎福, 鄭斗鄉, 蔡成禹, 成兪正 등을 들 수 있고, 佛家에는 無學大師, 西山大師, 泗溟大師, 性圓大師, 性智大師, 一指大師, 一耳大師, 普雨大師, 眞默大師의 道師들이었고 이들이 著述한 地理書는 千秋에 遺傳되고 있다.

3。 地理와 羅經의 由來

風水地理에 사용되는 羅經, 즉 佩鐵測定法은 가장 중요한 法이라 할 수 있다. 羅經의 由來를 살펴보면, 黃帝 軒轅氏가 방향을 알기 위하여 指南車를 製作하여 사용한 것이 指南鐵의 始初가 된 것이다. 그 후 易學이 周公代에 더욱 발전하였으니 地理法도 周代에 始作하면서 羅經도 周公에 의하여 十二羅經이 製作되었다는 說이 있으며, 地理가 날로 성행함에 따라 羅經도 수차에 걸쳐 改作・修正하여 사용되고 있으며, 그 羅經을 輸入하여 옛 先師들이 항상 차고 다녔다하여 「佩」찰 패자를 붙여서 佩鐵로 부르게 되어 現在도 佩鐵로 사용되고 있는 것이다.

佩鐵의 使用方法은 古書의 著書마다 佩鐵看法이 다르게 主張되어 있으나, 佩鐵의 貴中함이 傳來된 것은 中國 清나라 때 天文地理에 能通한 梅殼天氏가 三十六線의 康熙輪圖를 製作하여 貴中함이 偉大한 器具로 傳來되어 오늘날까지도 佩鐵의 重要性은 누구나 다 아는 事實로 墓를 쓰는 데는 「쇠」를, 즉 佩鐵을 놔야 한다는 認識에 젖어 있다.

그러나 옛 地理明師들은 地理의 眞法을 說하는 것은 天機를 망파하여 漏泄하는 것이라 하여 地理學問의 脈을 傳授하지 않았다는 傳說이 있으며 事實도 그러하였다.

明師들이 남긴 述書로서 佩鐵使用法 등은 他人이 使用하여 山의 理致를 알 수 있도록 된 方式의 글이 없고, 地理法書 또한 實地山勢의 理致를 알도록 된 方法의 글이 아니고, 詩의 句節이 아니면 解釋이 難解한 句節이라 그 解釋으로는 山理를 볼 수 없도록 된 術書이다.

그러나 山理에 대한 名言임에는 分明한 것이다. 後學者들의 術書解釋에 難點이 되도록 한 것은 天機漏泄을 피하는 한편, 德이 있는 者 爲先에 至極精誠의 踏山實習으로 山理를 터득하여 此法을 使用하라는 明師의 句節이라는 뜻으로서 德人이 逢吉地하라는 것이 眞理의 글인 것이다.

그간 名師의 참뜻은 모르고 古書解釋이 區區各各이어서 佩鐵의 使用法은 地師마다 一定한 基準없이 使用方法이 다르게 된 것이다. 本書에서는 佩鐵使用方法이나 使用하는 데 있으며, 이것이 佩鐵使用의 眞法이라 思料된다.

佩鐵의 使用目的은 山脈의 山川精氣가 흐르고 멈추는 것을 살펴서 穴의 眞否를 判別·使用하는 데 있으며, 이것이 佩鐵使用의 眞法이라 思料된다.

山의 理致를 보는 方法도 詳細하게 되어 實地山理에 맞도록 記述되어 있다.

二. 陰陽五行論

1. 序說

陰陽五行이란 太極이 分兩儀된 과정에서부터 비롯된 것으로, 兩儀란 天地요 陰陽이니 陰陽이란 日月의 象徵인 바 陽의 日과 陰의 月은 陽天·陰地요 陽動·陰靜의 變化로 五行이 생기니, 宇宙萬象의 生成原理의 自然의 妙法인 것이니, 陰陽五行은 어떠한 學問이라 한마디로 說明할 수 없는 偉大한 學問으로 그 眞理는 無窮無限한 것이다.

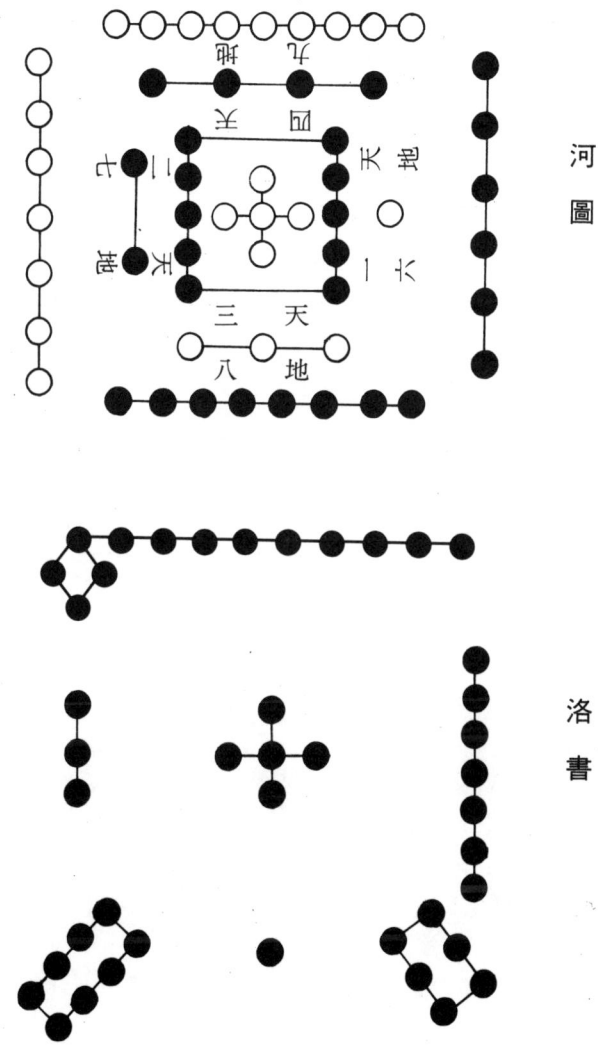

太極卦 序說

易書 『繫辭』에 「易有太極 是生兩儀 生四象 生八卦也」라 했다.

太極卦序圖	乾三連	兌上切	離虛中	震下連	巽下切	坎中連	艮上連	坤三切
	乾	酉	午	卯	巽	子	艮	坤
	☰	☱	☲	☳	☴	☵	☶	☷
八卦	乾	兌	離	震	巽	坎	艮	坤
四象	太陽		少陰		少陽		太陰	
兩儀	陽				陰			
太極								

邵子가 이르기를
一이 分하여 二가 生하고
二가 分하여 四가 生하고
四가 分하여 八이 生하여
八卦가 된다고 하였다.

八卦血肉圖

```
  坤母         乾父
  ☷           ☰

  ☱ ☲ ☴       ☳ ☵ ☶
```

兌＝得坤上爻……少女
離＝得坤中爻……中女
巽＝得坤初爻……長女

艮＝得乾上爻……少男
坎＝得乾中爻……中男
震＝得乾初爻……長男

文王 八卦 方位圖

文王 八卦方位
・乾老父≡居西北屬金
・坤老母≡≡居西南屬土
・震長男≡≡居正東屬木
・巽長女≡居東南屬木
・坎中男≡≡居正北屬水
・離中女≡居正南屬火
・艮少男≡≡居東北屬土
・兌少女≡居正西屬金

五行相生相克

相生……火生土　土生金　金生水　木生火

相克……火克金　金克木　木克土　土克水　水克火

數理……北에 一·六 水, 南에 二·七 火, 東에 三·八 木, 西에 四·九 金, 中央에 五十 土

三合五行

乾甲丁　亥卯未　木局 三·八 數　艮丙辛　寅午戌火局二·七數

巽庚癸　巳酉丑　金局四·九數　坤乙壬　申子辰水局一·六數

相生相克, 三合五行, 數理로써 男女老少를 區別하고, 모든 吉凶禍福의 年條를 推算하는 데 使用하고, 中央 五十 土는 各方位에 付在하니 零數를 加算하여 推算하는데 이용하게 된다.

※ 五行의 作用原理

相生은 吉하게 보고, 相克은 不吉하게 보는 法이다. 그러나 相生・相克이 調和를 이루는 것은 宇宙萬象의 造化, 原理이므로 相生과 相克의 反復作用으로 生滅消長이 있는 것이라 生도 克도 不吉이 없는 게 또한 眞理이다.

- 陽이 生하면 陰이 死하고,
- 陰이 生하면 陽이 死한다.
- 相生・相克은 太强則 折이다.

※ 相生病

金은 能히 生水하나, 水가 많으면 金은 沈하는 作用을 일으킨다.

※ 相生 母衰子旺

金 能生 水하나、 水多하면 金은 沈(잠기고)
水 能生 木하나、 木多하면 水는 縮(졸마들고)
木 能生 火하나、 火多하면 木은 焚(탄다)
火 能生 土하나、 土多하면 火는 晦(희미함)
土 能生 金하나、 金多하면 土는 虛(弱해짐)

※ 相生 母慈滅子

金賴 土하나、 土多하면 金은 埋(묻히고)
水賴 金하나、 金多하면 水는 濁(더러워지고)
木賴 水하나、 水多하면 木은 浮(물에 뜬다)
火賴 木하나、 木多하면 火는 息(도리어 火가 꺼짐)
土賴 火하나、 火多하면 土는 裂(土가 파열)

※ 相克病

金은 能히 克木하나, 木이 多하면 金 缺(금이 이그러짐)
水은 能히 克火하나, 火가 多하면 水 熱(熱에 無力해짐)
木은 能히 克土하나, 土가 多하면 木 折(木이 부러진다)
火은 能히 克金하나, 金이 多하면 火 息(火기가 적어짐)
土은 能히 克水하나, 水가 多하면 土 流(土가 散流한다)

※ 相克喜

金木相克에 春木은 無金不成器
火金相克에 秋金無火에 是不奇(丈鐵入爐에 方 成器)
金實無聲・金空則有聲
金逢火…製鍊・金逢水…灑麗
水土相克…水無土…恐冷
　　　　　土不逢水…恐巢
木土相克…木不逢土…不着根
　　　　　土不逢木…不疎通

三. 佩鐵論

1. 序 說 (佩鐵의 原理)

古云 佩鐵의 制定은 根本이 太極에 있다. 地球는 南과 北을 極으로 한 磁石으로 形成되어 있어서 佩鐵의 中心圓內에 設置된 磁針은 N·S로 恒常 一直을 向하고 있다.

圓外 第一線……黃泉水(地下 壙內侵入水를 測定한다)

第二線……八曜風(殺風을 測定한다)

第三線……三合五行法(吉凶禍福 및 時期를 推理한다)

第四線……二十四方位(佩鐵의 根源은 모두 四線에 있다)

四線은 生死龍 判別에 適用되니 佩鐵에 의한 測定에서 山脈陰陽의 順理配合과 逆理配合으로서 正配合山脈과 散脈, 또는 混合脈으로 區別된다. 그 外 四個線은 四重線 原理의 補助役割에 適用된다.

第五線……陰穴과 陽穴의 穴相에서 精氣가 循環交流하는 角度에 맞추어 分金하며, 屈曲變化의 精密測定을 하도록 되어 있다. 地理에 適用되는 佩鐵의 五重線은 五行의 理致이니, 地理自然의 原理가 記述되어 있다. (六重線부터 三十六線의 康熙輪圖는 天文學으로서 天地造化의 相生·相克의 理致가 記述되어 있다)

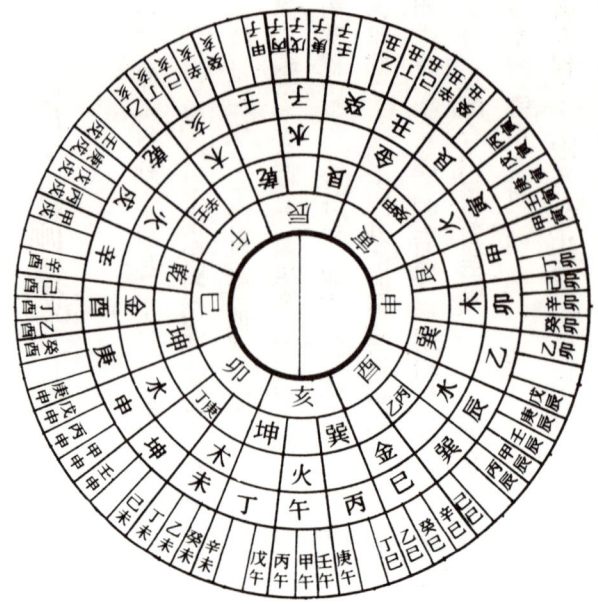

佩鐵五重圖

一線…黃泉水 測定法
二線…八曜風 測定法
三線…三合五行法
四線…二十四方位 山脈測定法
五線…葬法(裁穴 및 分金法)

2. 佩鐵의 使用法

風水地理에 適用되는 佩鐵의 使用法은 五重圖線까지이다. 佩鐵五重線의 使用範圍는 穴에 대한 諸般測定에 使用되며, 家相을 測定하는 데도 使用된다.

佩鐵의 中心圓內의 磁針은 N 表示가 必히 되어 있으며, N 表示끝은 항상 北쪽만 가리키고 있다.

佩鐵의 固定方法은 N 끝이 四線 子字中心에 가도록 하여, 子午로 正一直線이 되어야 한다. 佩鐵의 測定距離는 4~5 내지 10미터 이내를 보는 것이다.

佩鐵의 固定位置는 旣存墓所일 때는 床石 中心에다 固定하고, 龍尾를 쳐다보아 山脈의 順理配合과 逆理配合을 判別하여, 穴의 眞否를 判斷하는 것이다. 새로 穴을 所占할 때는 當坂中心에서 固定하는 法이나, 方法은 우선 入首中心點에서 氈唇中心點에다 「실」를 띠우고 一直된 「실」 밑에 佩鐵을 固定하여 佩鐵四線을 보면, 「실」이 某字 또는 某字사이로 通過한 것을 보아서 山脈의 配合과 不配合을 判別하여 穴의 眞否가 判斷되며, 穴의 眞否에 대한 吉凶禍福을 상세히 論할 수 있도록 되어 있고, 吉凶禍福에 대한 發福時效 등을 推理 및 推算할 수 있도록 되어 있다. 佩鐵五重線의 論은 다음과 같다(明山測定圖 參照)

明穴 測定圖

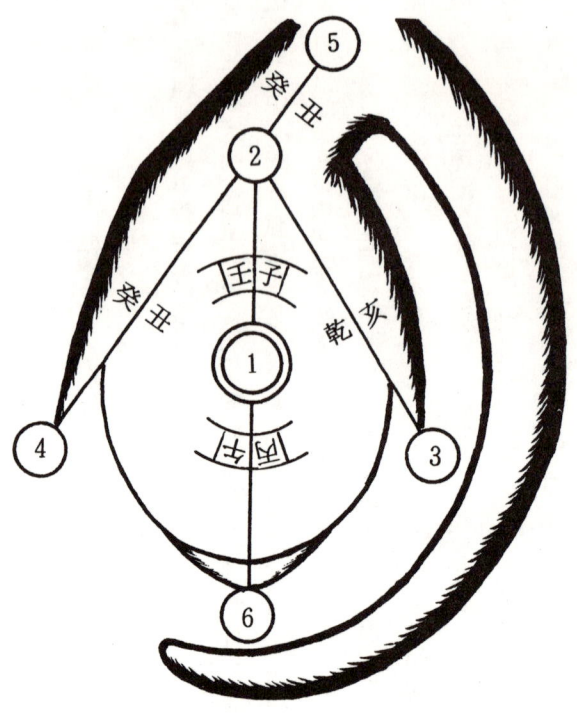

○表는 佩鐵固定位置

① 에서 ② 로 向해 測定하면 壬子 正配合 貴格節。

② 에서 ⑤ 로 向해 測定하면 癸丑 正配合 富格節。

④ 에서 ② 로 向해 測定하면 癸丑 正配合 富格節。

③ 에서 ② 로 向해 測定하면 乾亥 正配合 孫格節。

⑥ 에서 ② 로 向해 最終測定으로 檢査한다。

第一線 黃泉水 測定法

黃泉水 測定法은 地下에 모든 陰陽水를 測定하도록 되어 있다.

黃泉水를 보는 一線에 八方位는 辰·寅·申·酉·亥·卯·巳·午로써, 四線에 地支字와 聯關性으로 보도록 指定된 方位이다. 測定方法은 穴의 當坂이 되었다싶을 때, 或 泉水나 雨水가 스며들지 않았나를 測定하여보는 緊要한 方法으로서, 測定要領은 그 當坂中心에 佩鐵을 固定한 다음, 壬子脈 當坂으로 測定이 되었다면 第一線에는 辰字가 쓰여 있으니 그 辰字를 第四線에 三合인 申·子·辰字를 찾아 그 方向을 2~3미터 이내를 내다보면 黃泉水 侵入의 흔적을 알 수 있는 것이니, 물이 侵入된 곳이라면 그 當坂은 非穴로 看做하는 것이다.

黃泉水殺의 害

墓所에 黃泉冷水가 侵入하면 遺體가 더디 부패되는 오랜 期間을 財敗·人敗·病敗等의 害를 當하게 되고, 雨水의 侵入은 魄骨이 速히 消骨되므로 子孫에 害는 크나 禍가 速히 나간다.

黃泉殺이라 하는 것은 地下에 泉水나 雨水가 壙內에 侵入되는 것을 말함이니, 黃字는 天玄地黃으로 地를 이름이요, 殺者는 壙內의 侵入水를 말함이다.

水에는 陰陽水가 있는 것이니 地上에 있는 모든 물은 陽水요, 地下에 있는 모든 물은 陰

(古書文獻)

⊙ 黃泉殺者는 地下에 泉水나 雨水가 侵入於壙內者是也라, 黃字 天玄 地黃으로 稱地理陰陽水하니 地上之諸水는 陽水也요 地下之諸水는 陰 水也라, 又 陰中有陽하고, 陽中有陰之理是也라. 地上之流動水는 陽 也요 浸漬之水는 陰也라, 又 地下에 侵入雨水者는 陽水也요, 泉水者 는 陰水也라. 地下之陰陽水를 莫論하고 侵入壙內者는 爲殺也니, 爲子 孫之損財 夭絕 百病을 難免矣라.

水인 것이다. 또, 陰中有陽이요 陽中有陰의 理致로써, 地上의 流動水는 陽이 되고, 괴어 있는 물은 陰이 되는 것이다. 또, 地下에 雨水가 侵入된 것은 陽水요, 泉水는 陰水이다. 地下의 陰陽水를 莫論하고 壙內에 侵入되는 것은 殺이 되는 것이니, 그 子孫은 損財 夭絕 百病을 면하기 어려운 것이다.

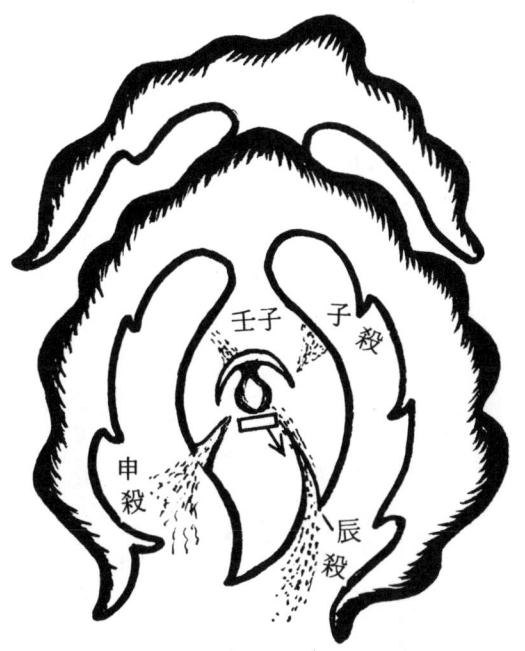

黃泉殺侵入圖

第二線　八曜風殺法

八曜風의 殺이란 無數한 方向에서 直射直冲하는 바람을 뜻하며, 모든 陰陽風을 말한다.

八曜風看法은, 例를 들어 壬子 當坂이라면 二線에 乾字를, 四線에 乾甲丁方向을 찾아 當坂에 殺風을 받아 虛해지지 않았나 살펴본 다음에는 乾甲丁方向의 保局이 斷切되지 않았나 바라보아서, 當處가 虛해졌거나 保局이 斷切되었다면 非穴이 되는 當坂이다.

古云 八曜風殺看法은 重要하나 山理라 하는 것은 保局形成에 단절된 곳에도 온전한 當坂이 있고, 保局形勢가 좋게 보이는 곳에도 當坂이 風殺를 맞아 虛한 곳도 있으니, 保局形勢를 온전히 볼 줄 안다면 그는 道眼일 것이다. (특히 참작할 것은 八曜風 十六字 十六方位에서 부터오는 바람을 맞는 것이 殺風이 되는 것이라 壙中에 魄骨이 흑색으로 타는 것이다.)

第二線 八曜風의 十六字 十六方位는 四線 天干의 三合字에 適用하여 殺方向을 보는 것이다.

(古書文獻)

◉ 古云八曜風之看殺法은 最要者也니, 山理者는 保局形成이 斷切之處에도 有完全之 當坂하고, 保局形勢가 雖秀麗之處라도 當坂이 受於殺風하여 有空虛之處하니 善看保局勢者는 非道眼則不可能也라.

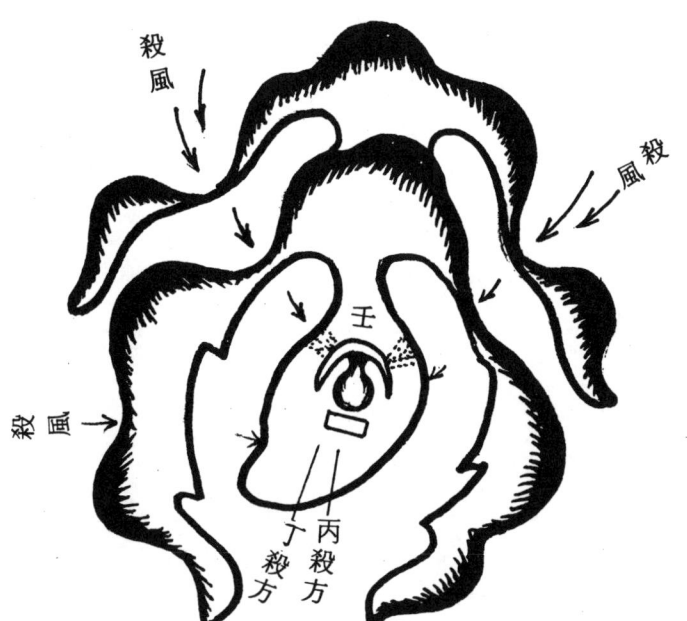

第三線 三合五行法

第三線의 五行은 四線 二四方位에 三合五行으로 配屬되어 있다. 風水地理에는 三合五行이 適用되어 陰宅과 陽宅에도 吉凶禍福을 보는데 老少와 長次孫을 分別하며, 運期도 推算하는 것이다.

第四線에 壬子・乙辰・坤申宮에 水字가 配屬되고, 乾亥・甲卯・丁未에 木이요, 艮寅・丙午・辛戌에 火가 巽巳・庚酉・癸丑에 金이 해당되며, 土는 中央에 배정된 것이다.

河洛戌는 一・六 水요, 二・七은 火요, 三・八은 木이요, 四・九는 金이요, 中央의 五・0 土는 各方位에 該當시킨다.

(古書文獻)

八十八向眞訣 雙山五行

◉ 乾亥同宮에 木長生位 艮寅同宮에 火長生位
巽巳同宮에 金長生位 坤申同宮에 水長生位

第四線 二十四方位

佩鐵의 根源은 第四線에 있으니, 干支의 配合으로 同宮이 되는 것은, 四胎는 四抱와 配合이오, 同宮이 되는 것이다.

- 四胎…乾坤艮巽과 四抱…寅申巳亥와 配合
- 四順…甲庚丙壬과 四正…子午卯酉와 配合
- 四强…乙辛丁癸와 四藏…辰戌丑未와 配合

二十四方位의 配屬은 天干 十干 中에서 戊己字는 中央土로 定하여졌고, 乾坤艮巽을 合하여 十二天干字와 地支 十二字가 地理自然의 法에 適用되어 干支인 陰陽을 配合하는데, 始

甲卯同宮에 木旺位 丙午同宮에 火旺位
庚酉同宮에 金旺位 壬子同宮에 水旺位
丁未同宮에 木旺位 辛戌同宮에 火墓位
癸丑同宮에 金墓位 乙辰同宮에 火墓位
羅經의 二四字가 天干・地支의 二個字와 合하여 同宮이 되니 總十二宮이 된다.

點인 玄武에서 天干陽의 壬字와 地支陰의 子字로써 循環自然의 順理에 따라 바른 配合順序를 壬子·癸丑·艮寅·甲卯·乙辰·巽巳·丙午·丁未·坤申·庚酉·辛戌·乾亥順序로 十二同宮의 配合으로 配屬되었다.

山脈은 同宮配合이 되는 곳이 生龍이라, 結穴이 可能하고 同宮配合에서 벗어나 不配되면 死龍이니 結穴이 不可하다는 하나의 法이 公式化된 同宮配合法이다.

靜陰 靜陽法

配合된 二十四方位를 靜陰·靜陽으로 分別해 보면, 天氣下臨에 十二靜陽方位에 壬·子·癸·寅·甲·乙·辰·午·坤·申·戌·乾이 되고, 地氣上昇에 靜陰의 十二方位는 丑·艮·卯·巽·巳·丙·丁·未·庚·酉·辛·亥方位로 되어 있다.

靜陰·靜陽은 生死龍節 變化에 天氣 地氣의 陰陽方位가 가려지는 것이니 禍福論法에 男女로 分別하는 것이다. 또, 天干字는 年上者를 看做하고, 地支字는 年少者로 看做하는 것이다.

禍福論法

반드시 銘心할 것은 어느 墓地를 莫論하고 左右旋이 있게 마련이다. 吉凶禍福을 論할 때 반드시 起頭字를 爲主로 하여 推理를 해야 佩鐵에 의해 測定된 方法 그 墓地에 吉凶禍福이 適用되는 것이다.

(古書文獻)

配 合 論

⊙ 世間萬事는 要雌雄이니
單雄單雄는 無配合이니라.

※ 세상萬事는 陰陽을 要하고, 홀로 陽이 되고 홀로 陰이 된 것은 配合이 없느니라.

⊙ 氣者爲雄 體爲雌라
雌雄交會方融結이라.

※ 氣라는 것은 陽이 되고 體는 陰이 되는 것이니, 陰陽이 서로 交會하면 방양으로 變化하여 融結되느니라.

⊙ 動處是生 靜處死하니,
生者正配요 不配死라.

⊙ 陽必配陰陰配陽이니,
陰陽配合是爲奇니라.

※ 陽은 반드시 陰과 짝이 되고, 陰은 陽과 짝이 되니 陰과 陽이 配合되면 이것이 바로

기이함이 된다.(結穴된다는 뜻이다.)

※ 動하는 곳은 바로 生龍이오, 고요한 곳은 死龍이니, 生龍이라는 것은 正配合된 것이요, 不配合된 것은 死龍인 것이다.

康熙輪圖

干支 正配合法（同宮法）

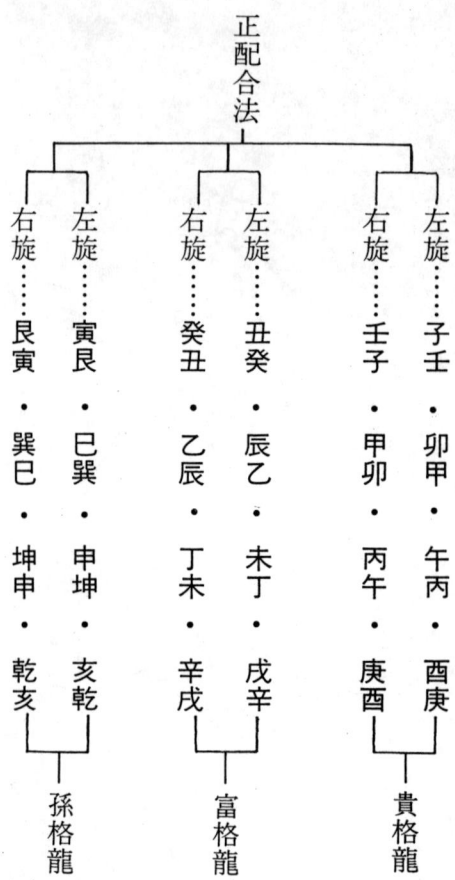

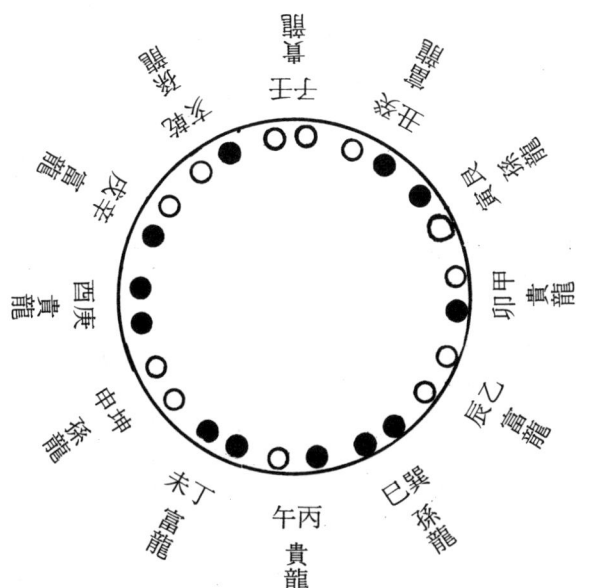

干支 正配合圖(同宮法)

· 左右旋이 分明해야 眞穴이다.
● 表는 靜陰의 表示이다.
○ 表는 靜陽의 表示이다.

干支配合理致

● 四正四順之正配는 融結處之貴爲主라.

● 四藏四强之正配는 融結處之富爲主라.

● 四抱四胎之正配는 融結處之孫爲主라.

※ 四正(子午卯酉)에 四順(甲庚丙壬)이 正配合이 되어서 融結하는 곳에서는 貴함이 爲主가 된다. (貴의 穴坂이 된다는 뜻이다.)

※ 四藏(辰戌丑未)에 四强(乙辛丁癸)이 正配合이 되어서 結穴하는 곳에서는 富가 爲主가 된다. (富의 穴坂이 된다는 뜻이다.)

※ 四抱(寅申巳亥)에 四胎(乾坤艮巽)가 正配合이 되어서 結穴하는 곳에서는 子孫이 爲主가 된다. (孫의 穴坂이 된다는 뜻이다.)

● 四抱入首四藏坐는 萬石巨富代代出이라.

● 四藏入首四包坐는 百子千孫可期論이라.

● 四抱入首四正坐는 忠烈群賢連續出이라.

※ 寅申巳亥入首에 辰戌丑未坐에는 萬石巨富가 代代로 난다.
※ 辰戌丑未入首에 寅申巳亥坐에는 百子千孫을 可히 기약할 것을 論할 수 있다.
※ 寅申巳亥入首에 子午卯酉坐에는 忠과 孝에 群賢이 連하여 나느니라.

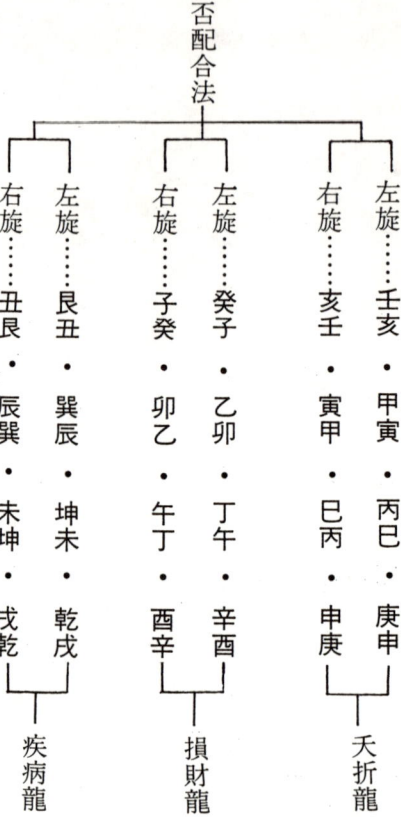

干支 否配合法

干支 否配合圖

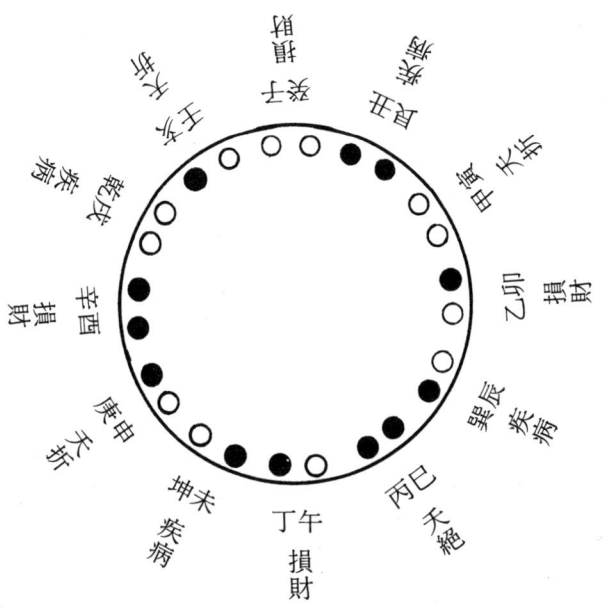

- 夭折節은……死亡의 뜻.
- 損害節은……破産 우려.
- 疾病節은……百病이 온다.

64

⊙ 四强氣遇四正脈은
　有子孫之損財多라。

⊙ 四順氣遇四包脈은
　有子孫之夭壽多라。

⊙ 四藏脈遇四維氣는
　有子孫之百病出이라。

※ 四强氣의 (乙辛丁癸)가 四正脈의 (子午卯酉)와 만나면 子孫에 많은 損財가 있게 된다.

※ 四順氣의 (甲庚丙壬)이 四抱脈의 (寅申巳亥)를 만나면 子孫에 많은 夭壽가 있게 된다.

※ 四藏脈의 (辰戌丑未)가 四維氣의 (乾坤艮巽)을 만나면 子孫에 百病이 나는 일이 있다.

⊙ 丑脈之艮氣犯은
　子孫之百病出이라。

⊙ 申脈之庚氣犯은
　有子孫之短命이라。

⊙ 子脈之癸氣遇는
　有子孫之貧寒이라。

※ 丑脈에 艮氣가 犯하면 子孫에게 백가지 병이 난다.

※ 申脈에 庚氣가 犯하면 子孫에게 短命함이 있으리라.

※ 子脈에 癸氣를 만나면 子孫이 가난하게 살게 되는 일이 있다.

否配合의 禍福論法

理氣로써 禍福을 推理하는 方法은 墓所를 測定했을 때 左·右旋을 分別하여 그 起頭字를 爲主로 하여 靜陰·靜陽은 男女를 分別하고, 天干 地支字는 年上 年少者를 分別하여 三合 五行으로 應用하여 다음과 같은 例로 推理한다면 만가지의 禍福을 알아낼 수 있을 것이다.

* 子癸龍은…純陽이라 性格이 亂暴해지면서 詐欺 賭博 淫亂으로 敗하게 된다.
* 丑艮龍은…純陰이라 內臟病으로 因하여 百病이 생기고 子息은 女兒出産이 많을 것이다.
* 寅甲龍은…男子에 死亡이 많고, 右旋은 寅午戌生이 火로 因하여 當하게 되며, 左旋 亥卯未生이 木으로 因한 죽음을 當한다.
* 卯乙龍은…右旋에는 內主張과 淫亂으로 敗하며 左旋은…男子의 淫亂과 賭博으로 敗하게 된다.
* 辰巽龍은…半陰半陽이라 淫行이 많고 右旋이면 男子의 年少者요、左旋이면 年老者에 女子가 淫行하게 된다.
* 巳丙龍은…右旋이면 女人이 쇠붙이로 죽음을 當하게 되며, 左旋이면 寅年戌生이 火로 인한 死亡이다.
* 午丁龍은…右旋이 많고、左旋은 年老者의 女子가 淫行으로 財敗한다.
* 未坤龍은…未坤來脈은 絶脈이 많아서 寡居 養子하고 病敗한다.

※ 申庚龍은…右旋은 男子로서 申子辰生이 溺死하게 되고, 左旋은 女子, 巳酉丑生이 以金致死하게 된다.

※ 酉辛龍은…純陰이라 內臟病이 많고 문둥병이 나는 수가 있다.

※ 戌乾龍은…純陽이라 鰥寡가 많고, 性格이 亂暴해지고 호탕해지며, 酒色雜技로 破産하게 된다.

※ 亥壬龍은…右旋이면 女子中 亥卯未生이 木으로 因하여 亥卯未 年月日時에 死亡하는 것이오, 左旋은 男子, 申子辰生이 水로 因한 死亡이다. ※(끝으로 銘心할 것은 起頭字 爲主로 推理하는 것이다.)

이상과 같은 推理는 여러 方法을 利用했으나 대강에 속한다. 이 學問에 理解가 된다면 수많은 禍福의 推理가 可能하게 될 것이다.

正配合 三字混合法

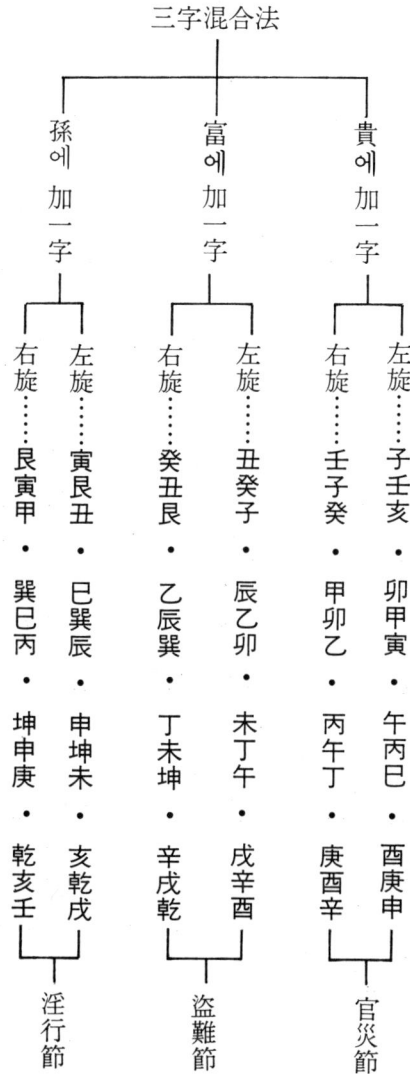

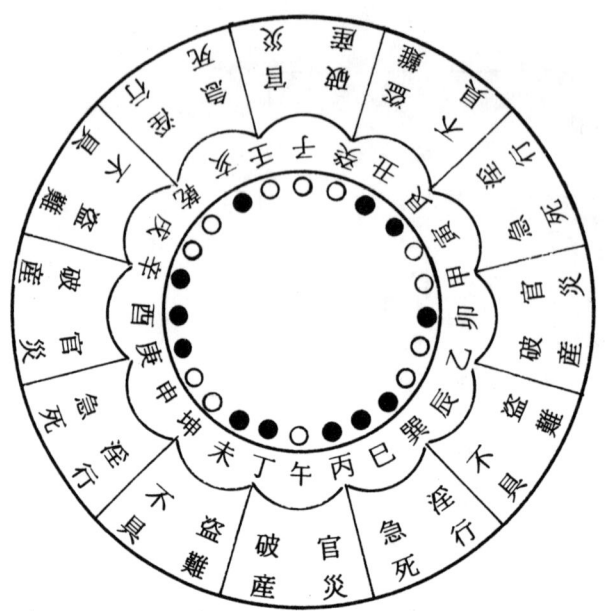

正配合 三字混合法圖

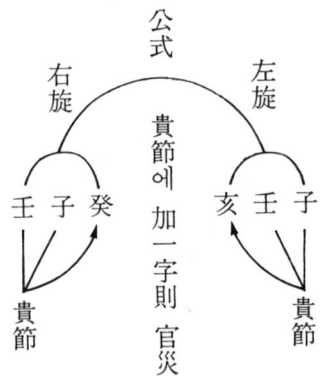

公式 貴節에 加一字則 官災

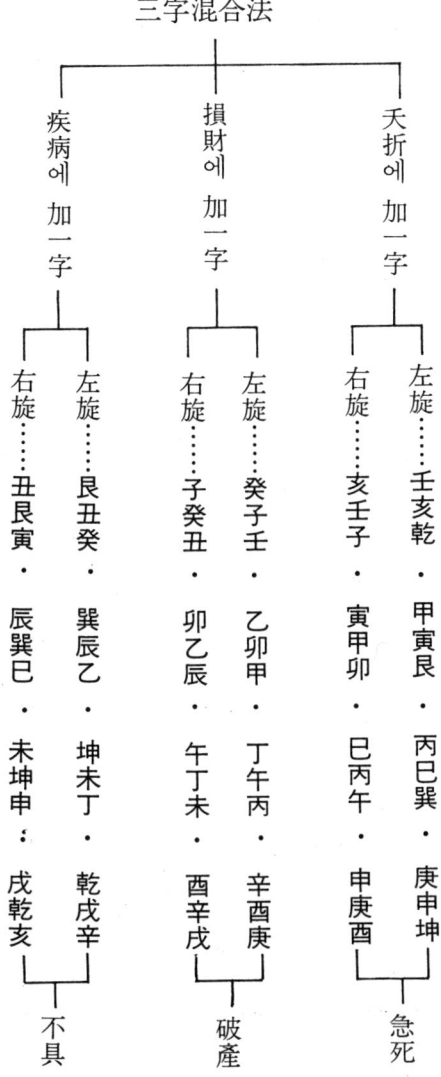

否配合 三字混合法

三字混合法

- 夭折에 加一字
  - 左旋……壬亥乾・甲寅艮・丙巳巽・庚申坤
  - 右旋……亥壬子・寅甲卯・巳丙午・申庚酉
  - 急死

- 損財에 加一字
  - 左旋……癸子壬・乙卯甲・丁午丙・辛酉庚
  - 右旋……子癸丑・卯乙辰・午丁未・酉辛戌
  - 破産

- 疾病에 加一字
  - 左旋……艮丑癸・巽辰乙・坤未丁・乾戌辛
  - 右旋……丑艮寅・辰巽巳・未坤申・戌乾亥
  - 不具

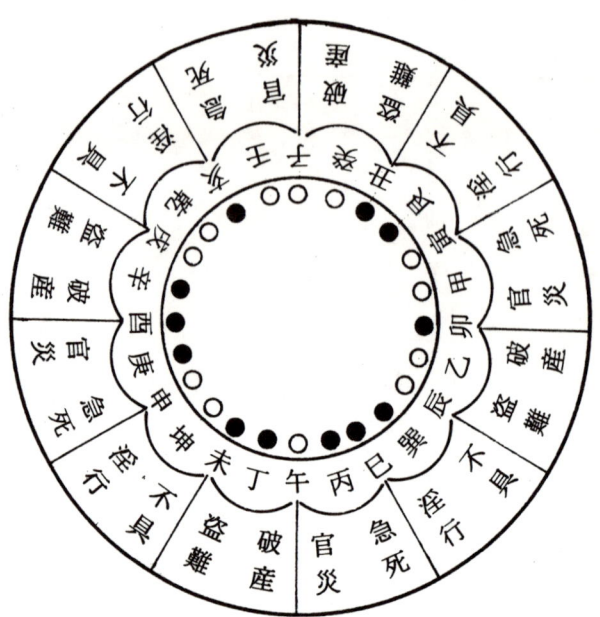

否配合 三字混合法圖

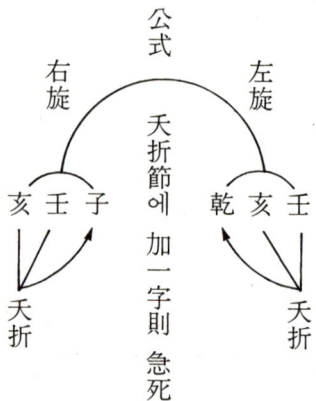

公式 夭折節에 加一字則 急死

三字混合의 公式法

- 貴龍에……加一字則 官災
- 富龍에……加一字則 盜難
- 孫龍에……加一字則 淫行
- 夭折龍에……加一字則 急死
- 損財龍에……加一字則 破產
- 疾病龍에……加一字則 不具
- ● 純陰 三字混合에…문둥병 子孫이 난다.
- ○ 純陽 三字混合에…精神病者가 난다.

  ※ 官災龍에 ⎰ 左旋이면…… 敗訴하고,
       　　　　 ⎱ 右旋이면…… 勝訴한다.

  ※ 盜難龍에 ⎰ 左旋이면…… 盜賊、詐欺를 하고,
       　　　　 ⎱ 右旋이면…… 盜賊、詐欺를 當하고,

  ※ 淫行龍에 ⎰ 窺峯이 없으면 淫行子孫을 두고,
       　　　　 ⎱ 窺峯이 있으면 側子가 난다.

否配合理致

- ⦿ 乙氣犯於卯脈하면
  有子孫而不盛이라.

- ⦿ 戌殺犯於乾體하면
  有鰥寡之多出이라.

※ 乙氣가 卯脈에 犯하여 乙卯로 否配合이 되어서 子孫에게 繁昌을 못하게 되는 일이 있느니라 했다. (乙을 天干字로 氣라하고 卯는 地支字라 卯脈이라한다.)

※ 戌殺이 乾體에 범하면 戌乾亥로 混合脈이 되어서 과부 홀아비가 많이 나게 되는 일이 있다. (乾體란 乾亥 正配合을 뜻함)

⊙ 丑脈遇之艮殺은
　有子孫之百病이라.

※ 丑山의 脈이 艮殺를 만나면 子孫에게 百病을 앓게 되는 일이 있나니라. (즉, 丑艮으로 否配合이 되었다는 뜻)

⊙ 子體遇之癸殺은
　有子孫之官災라.

※ 壬子 配合脈에 癸殺을 만나면 子孫에게 官災口舌이 있으리라. (子體란 壬子正配合을 뜻하고 癸字가 正配合에 범하니 殺이 된다는 뜻)

第五線　葬法(裁穴 및 分金法)

裁穴法

裁穴이란 穴의 當坂에 穴心을 바로 찾아 最適의 安坐 地點에 金井틀을 正確히 놓아 穿壙 作業을 하도록 하는 것이 裁穴하는 方法인 것이다.

裁穴의 目的은 山川精氣가 屍身에게 어떠한 方法이라도 몽땅 받들 수 있도록 裁穴하는 것이다. 이를 秋毫라도 誤差가 없도록 하기 위하여 實例圖와 같이 상세히 說明한다.

우선 裁穴方法은 入首中心點과 氈脣中心點에다 縱線으로 「실」을 띠우고, 다음은 兩蟬翼 末端部位에다 橫線을 띠워서 縱橫線 交叉點에 棺의 下端이 닿도록 하는 것은 大畧의 方法으로 하고, 裁穴에 根本의 精密方法은 入首精氣發初之處에 棺이 닿도록 하는 것이다. 이상과 같이 穿壙作業을 하자면 從土精으로 作業을 해야 한다. 다음 實例圖에서 山川精氣를 몽땅 받을 수 있는 理致와, 氣의 交流變化現象은 分金法에서 理解될 것이다.

山川精氣를 몽땅 받도록 그 當坂內의 어느 地點에다 坐를 定하느냐 하는 것이 제일 큰 問題이다. 그러므로 裁穴의 正坐란, 예를 들면 성냥불이 초 심지에 닿도록 해서 불이 붙는 理致와 같이 入首聚氣의 강한 部位까지 가까이 닿도록 坐를 定하는 것이 正坐인 것이다.

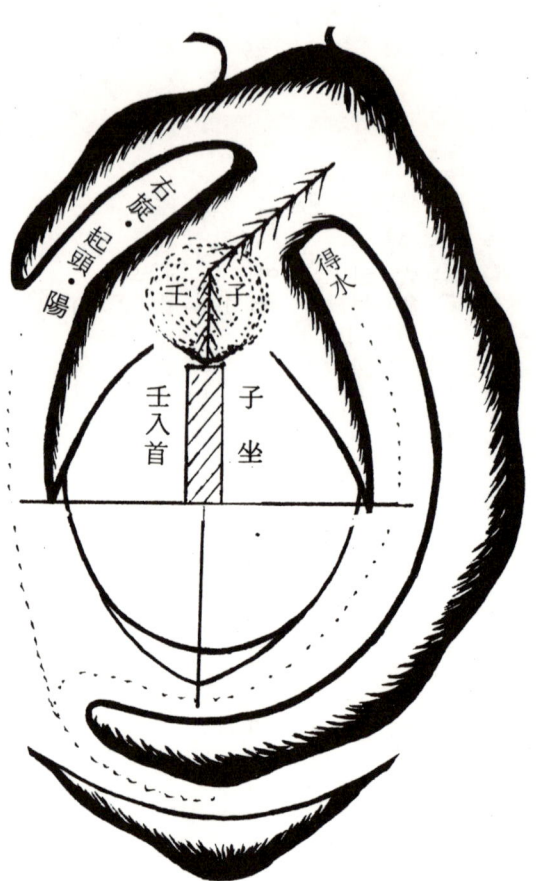

裁穴圖

窩象의 裁穴法

後撑을 받치면서 正常的으로 窩穴象을 갖추었다. 窩穴이란 陰穴로써 富坂인 바 이 圖形도 富坂으로 되었으니, 當坂 下部位가 旺하여 精氣의 交流循環도 下部位에서 循環되니 裁穴에 있어서 正坐를 取하는 것은 下部位로 位置하도록 坐를 定함이 正常的인 裁穴이라 할 수 있다. 後撑으로 뭉친 것은 入首聚氣가 아니고, 精氣를 當坂으로 運送하는 役割의 後撑인 것이다. 그러나 窩穴象에 뒤가 岩石으로 된 入首聚氣라면, 聚氣地點에 가까이 하는 것이다.

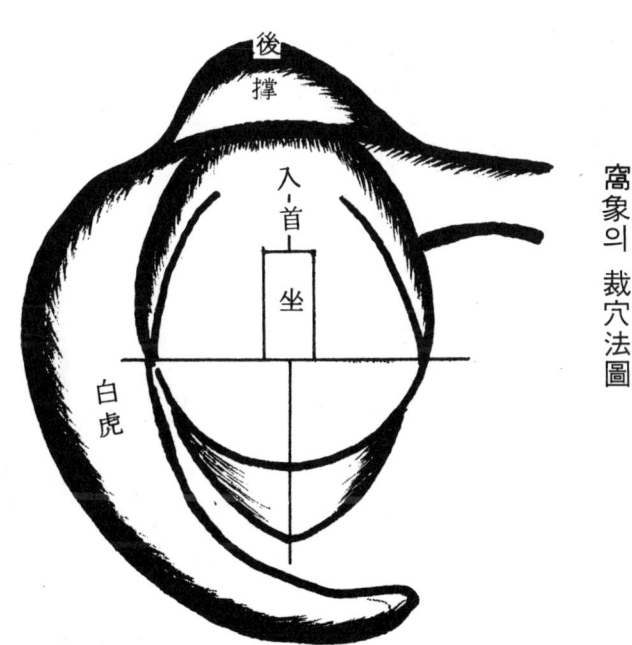

窩象의 裁穴法圖

裁穴의 이모저모

裁穴이란 精氣의 聚氣地點을 바로 찾아서 취하는 것이다. 精氣란 正突聚氣로써 貴格의 明穴을 結穴하기도 하고, 入首가 聚氣 없이도 富貴穴을 結穴하기도 하니, 聚氣된 穴象은 聚氣地點에 닿도록 裁穴하는 것이 正常的인 法이요, 聚氣 없이 結穴되는 곳은 當坂 下部位에서 結凝이 커지면서 結穴되니, 精氣는 當坂 下部位에 循環되니 下部位에 裁穴함이 正常的인 精氣를 받는 方法이 되는 것이다.

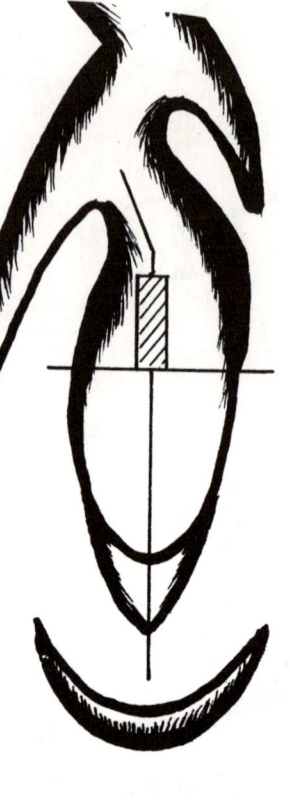

裁穴法圖

結凝이 적을 때는 入首部位에 가까이 裁穴해야 精氣를 받을 수 있다.

分金法

第五線의 六十甲子는 陰陽配合이 順理된 當坂의 精氣가 交流하는 理致가 應用된 細線으로써 屍身이 精氣를 고루 받도록 循環角度에 맞추어진 指定된 分金法이다. 裁穴의 正位置는 入首聚氣의 精氣初發地點에 당도록 裁穴한 곳에 分金法의 應用이란 예를 들면, 萬物의 氣脈은 上下左右對角으로 交流循環하며, 陽은 順行하고 陰은 逆行하니 穴坂의 配合된 山川精氣도 똑같은 理致이라, 分金法도 이와 같은 理致로 應用된 것이다. 가령 壬子로 右旋된 穴坂이라면 壬入首 子坐로 할 것이며, 分金方法은 子字欄下에 三間中 丙子와 午字欄下에 壬午中心으로 連結시켜서 中心 一直線에다 棺의 上下中心이 一致되도록 하는 것이 正常된 分金法이다. (五線에 丙子—壬午式을 한다) 이상과 같은 方式으로 마지막線에 位置시킨 것은 陰이 다하면 陽이 始作하니, 陽의 始發시킨 法이 分金의 指定된 法이다. 그러나 아무리 明穴이라도 裁穴分金에 秋毫의 誤差가 있다면 혹 落胎나 削奪官職과 復職되는 변이 따르며 富穴에는 事業者가 이와 같은 害를 當하게 되니 裁穴分金에 深思熟考할 일이다.

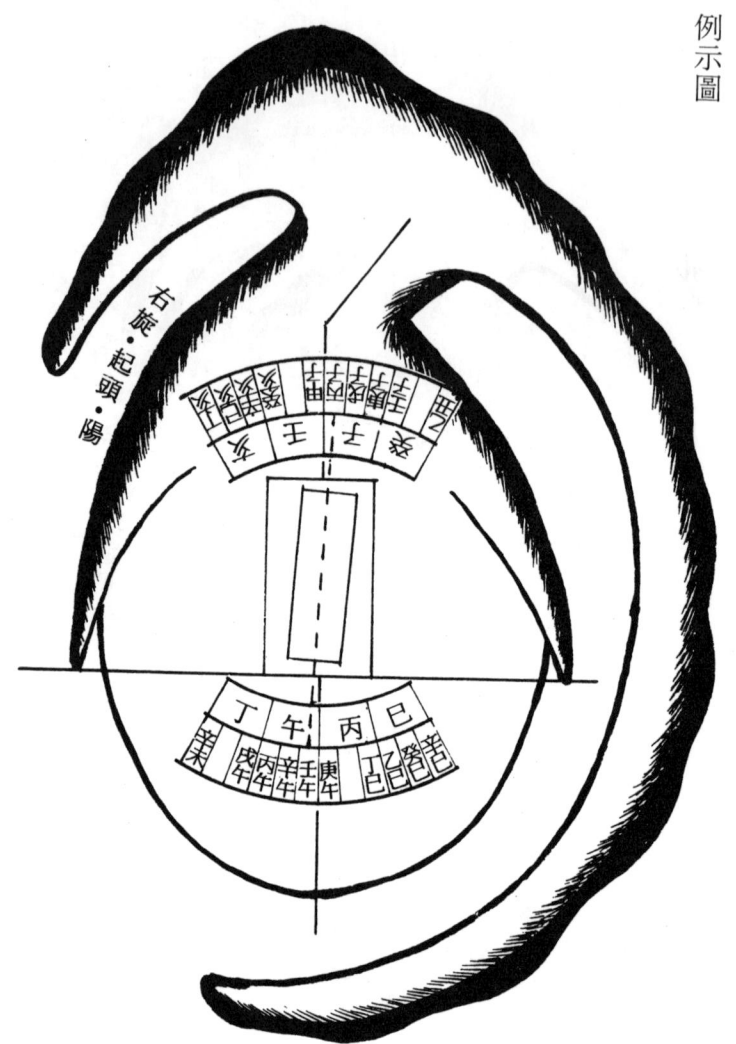

例示圖

右旋 分金法圖

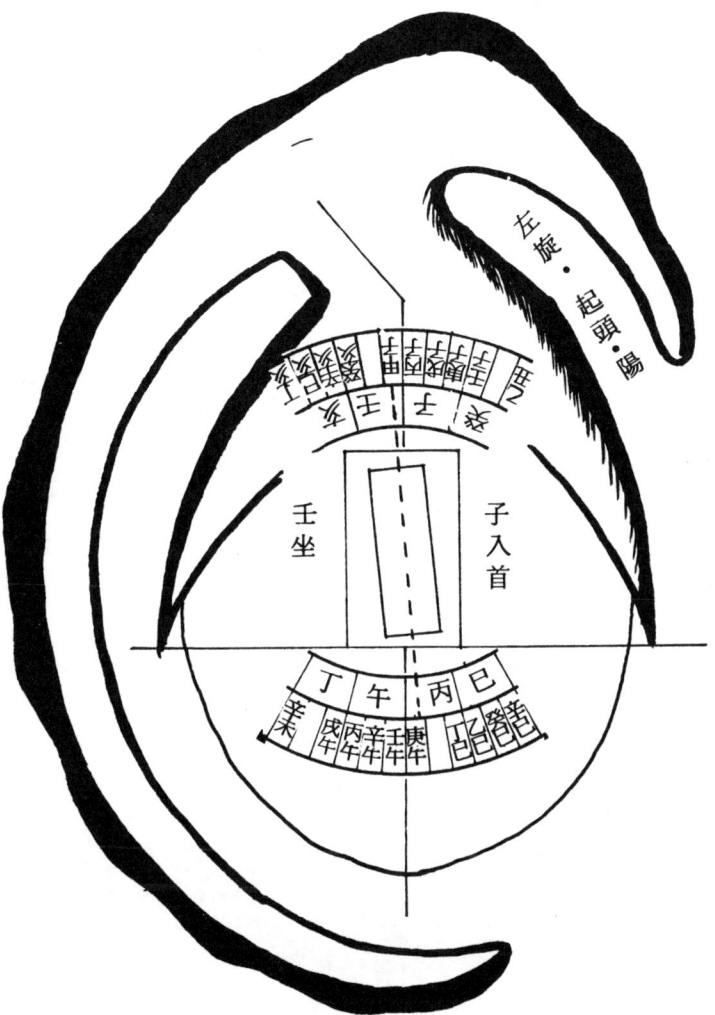

(사진) 揚平郡의 七邑山

(사진) 龍門山 落脈의 盤谷마을의 大地

四. 明堂論

1. 明堂局勢論

明堂이란 穴의 保局內 平野를 말한다.

明堂에는 大明堂, 中明堂, 小明堂이 있다. 大明堂은 平地大野에 羅城을 이룬 곳이오, 中明堂은 明穴이 結穴되는 作局內를 말하며, 小明堂은 結穴된 穴坂內를 말한다. 즉 穴心을 뜻하는 것이다. 小明堂은 墓를 쓰는 明堂이요, 大明堂內는 生活터전의 局勢이며, 또한 小明堂으로 古書에 이르되, 圓暈이 微分八字하여 挾輔穴之兩邊하고, 合乎 小明堂之處也라 했으니, 즉 穴相의 둥근 鷄卵形 같은 윤곽을 이룬 穴相을 小明堂이라 한 것이다.

(古書文獻)

明 堂 論

⊙ 明堂者는 穴前之坪이니 所謂明堂者는 天子朝天下之所也라.

※ 明堂이란 것은 곧 穴前에 平平한 들판이니, 이른바 明堂이라 하는 것은 天子가 天下를 朝會받는 곳이라 할 수 있다.

◉ 更言則 穴之明堂者는 受山水之 朝也니, 立穴에 先得明堂之正이라 하니라.

※ 다시 말하면 穴의 明堂이라 하는 것은 山과 물에 朝會를 받는 것이니, 穴를 定함에 먼저 明堂이 바른 것을 얻으라 하였다.

◉ 雖有明堂이라도 若傾・瀉・倒・側・冲・破 則眞穴不融이니라.

※ 비록 明堂이 있다 하더라도 만약 기울어지고 빠져나가고 꺼꾸러지고 冲하고 편측되고 깨진즉 穴이 融結치 못하는 것이다.

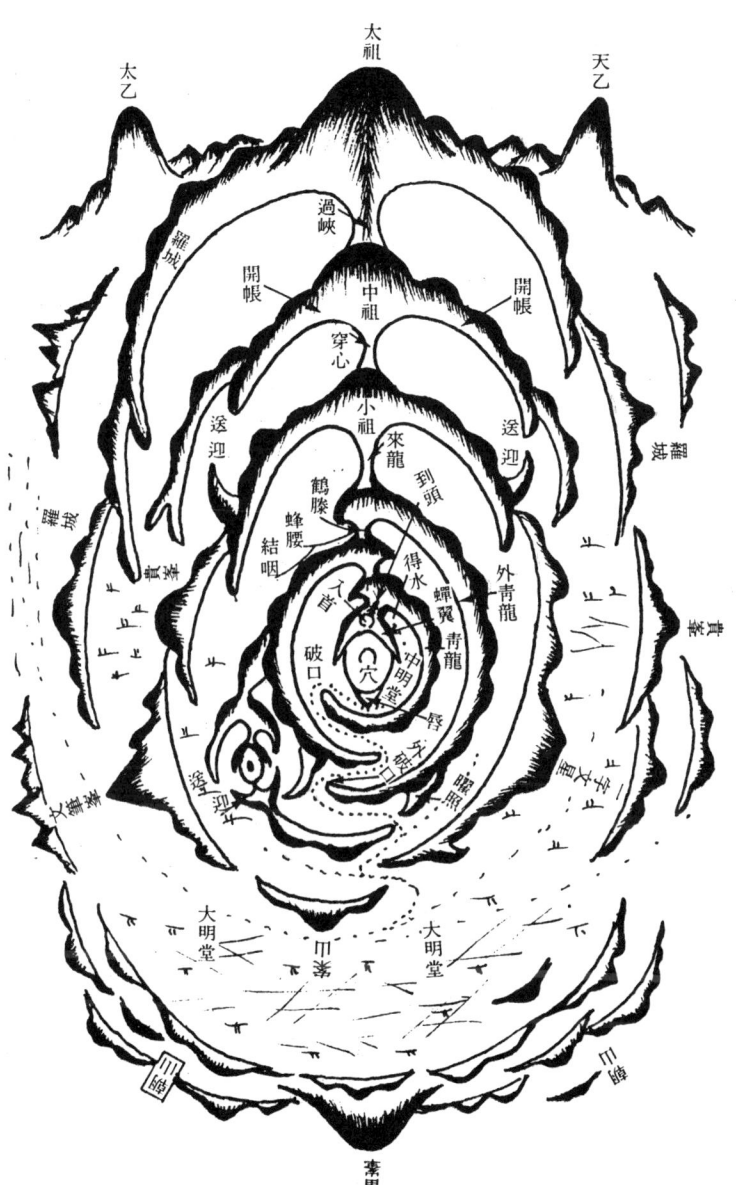

明堂局勢圖 및 述語

2. 主山論

主山이란 穴의 祖宗山을 말한다.
主山에는 太祖峯、中祖峯、小祖峯이 있다.
太祖山은 植物에 比喩해 보면 뿌리와 같은 곳이요, 葉과 같아서 野山에서 起峯한 것이 圓峯을 이루면 母體 主山이 되어 가까운 곳에 中祖 小祖로 剝換·變化하여 大地에 結穴 되는 것이요, 太祖峯이 秀麗하다면 가까운 곳에 結穴 이 있고, 太祖가 險峻하면 멀리 가야 剝換되는 것이다.

(古書文獻)

主山論에

◉ 穴後에 有萬丈祖宗之山이라도 旣腦之後에 不現이 爲貴요、水口에 雖 有千尋華表라도 穴處에 不現이 爲貴니라.

精校地理正宗 **主山論**

◉ 太祖山은 乃龍初起發脈之山이니 猶人之有始祖也라.

※ 太祖山이란 本山龍에 出脈하는 初起峯이 된 山峯을 말함이요, 사람에 비유하면 始祖할아버지가 있는 것과 같다.

太祖峯論

◉ 太祖는 貴其聳拔이요、 龍身은 貴其活動이니 一起一伏하여 勇躍有力이오.

※ 穴뒤에 萬길의 祖宗의 主山이 있어도 그 머리뒤에 보이지 않는 것이 貴함이 되는 것이다. 破口에는 千길 華表라도 보이지 않은 것이 貴함이 된다.

(太祖峯과 中祖峯이 안보이면서 穴體가 旺할 때 태어나는 子孫이 내다 하고 큰소리치는 貴한 人物이 되어 勢道를 누리게 되고 破口에 岩石으로 막아주는 것은 大吉한 것이나 안 보여야 富貴大發이 悠遠한 것이라 貴함이 된다는 뜻이다.)

楊救貧著書 **明山論**에

※ 太祖山은 그 용발한 것이 貴함이 되고, 龍身은 그 活動한 것이 貴한 것이니, 한번 엎드리고 한번 일어나 뛰는 듯이 힘이 있어야 한다.

⊙ 千里來龍에 問祖宗生死라 하고, 去水凶來水吉이라.

※ 千里來龍에 祖宗(根本이 된 山)에 生死를 물으라 하였고, 가는 물은 凶하고 오는 물은 吉하다.

陰陽二宅全書 **主山論**

⊙ 毋論 直龍 橫龍 騎龍 回龍하며、其貴賤이 總於發祖山이니 察之하라.

※ 直龍 橫龍 騎龍 回龍을 論할 것 없다. 各龍의 貴賤에 眞理는 모두 太祖主山에서 보내는 것이니 세밀하게 살펴야 한다.

地理正宗 **主山論**에

⊙ 乃龍盡頭의 一峯이 卽 結穴之主山이니、所謂 玄武腦也라.

※ 이 來龍盡處의 한 봉우리에 둥근 머리는 즉 結穴의 主山이니, 다시 말하면 玄武의 (玄武는 入首를 뜻함) 腦인 것이다.

古書 **主山論**

⊙ 地之大小는 須觀祖宗之力量이요、貴賤은 在乎本身之融結이라.

※ 穴地의 大小는 모름지기 根本이 되는 主山의 力量을 볼 것이요, 貴하고 賤한 것은 本身(穴坂)에 화하여 맺은 곳에 있다.

主山의 禍福歌 (明言句節)

◉ 太祖端正은 君子產이요,
　太祖偏斜는 小人出이라,

◉ 秀麗聳拔은 多成貴요,
　肥大重厚는 多成富라.

※ 太祖主山이 端正하면 君子가 태어나고, 太祖峯이 기울면 小人이 태어난다.

※ 수려하게 솟아서 빼지면 많은 貴가 나고, 비대하고 후중하면 많은 富를 이룬다. (文筆峯이 수려하면 貴한 인물이 많이 나고 富峯砂格이 후중하면 부자가 많이 난다는 뜻)

◉ 天柱高於照應하면,
　子孫出於長壽라.

◉ 山束聳而落地하면,
　貴人出於 子孫이라.

※ 하늘을 찌를 듯한 柱山이 높이 서서 穴地에 應氣하면 子孫이 나서 長壽하게 된다.

※ 山이 뭉기고 솟아 떨어지는 穴地에는 貴人子孫이 나게 된다. (龍이 뭉기고 入首가 正突聚氣되면서 結穴되는 穴地에는 貴한 人物이 난다는 뜻이다)

◉ 壬亥右旋 双行이면、
　榮華多於財祿이라.

◉ 主山後之窺峯은
　盜賊出於子孫이니라.

※ 壬子節龍이 乾亥當坂으로 右旋으로 双行되면、榮華하고 財祿이 많으니라 했다.

※ 主山 뒤에 窺峯이 비치면 盜賊질하는 子孫이 난다. (非穴일때 主山에 규봉이 비치면 도적질할 子孫이 난다는 뜻이다)

3. 龍論

龍이란 變化的 生氣로써 神妙한 理致가 있는 것이다.
龍에는 幹龍, 枝龍, 來龍이 있다. 幹龍은 主山으로부터 흐르는 元줄기 龍을 말하며, 枝龍은 幹龍에서 分枝된 가지龍이다. 來龍이란 穴處까지에 連結되어 오는 龍을 말하나 入首가까이 도달한 龍은 4~5미터 이내로 짧게 二·三節의 生氣있는 變化가 있어야 結穴하게 되는 것이라 生龍이라 하고, 變化가 없으면 直龍이라 死龍이 되는 것이다.

* 生龍에 旺龍 盤龍 隱龍 獨龍 飛龍 回龍이 있고,
* 死龍에 衰龍 狂龍 賤龍 片龍 騎龍 直龍이 있다.

(古書文獻)

龍論

⊙ 山本靜이나 動則成龍하고、水本動이나 靜則 結地也라.

※ 山은 본시 고요하나 動한즉 龍을 이루고, 물은 본시 動하는 것이나 고요해진 즉 結穴 되나니라.

* 動者는 : 起伏轉折하고 翔舞嬌嫩이다.

註 ⎛起伏轉折=일어나고 엎드리고 轉環하고 꺾어지고
    ⎝翔舞嬌嫩=나래치고 춤추고 곱고 아리따운 것

* 靜者는 : 灣抱悠揚하고 淳潴澄凝이다.

註 ⎛灣抱悠揚=구비쳐 안기고 멀고 悠揚(나부낀다)하는 것이다.
    ⎝淳潴澄凝=물이 모여 벙벙하고 맑고 엉기어 보이는 것

◉ 枝幹者는 正則是幹이오 傍則是枝니, 幹龍之地는 富貴悠遠하고, 枝龍之地는 富貴易過니라.

※ 枝龍과 幹龍이란 것은 바른즉 元龍이 되고, 곁붙은 것은 枝龍이 되니, 幹龍의 곳은 富貴가 悠遠하고, 枝龍인 곳은 富貴가 쉽게 지나가느니라. (幹龍의 結穴은 大地이요 枝龍의 結穴은 小地라는 뜻이다.)

◉ 幹龍者는 龍之正脈也요、枝龍者는 龍之分脈也라.

　　三授格
　　　・正授格……幹龍之穴
　　　・分授格……枝龍之穴
　　　・傍授格……枝龍中枝穴

※ 幹龍이란 龍의 正脈이오、枝龍이란 龍의 脈이 나눈 것이다.

◉ 龍之變化가 有幹化枝하고 有枝化幹하니、尋龍에 不必專尋正幹이니라.

※ 龍의 變化가 幹龍으로서 枝龍으로 化함이 있고, 枝龍으로서 幹龍으로 化함이 있으니, 龍을 찾을 때에는 기필고 전연 正幹만 찾을 것이 아니다. (幹龍과 枝龍을 막론하고 厚富한 龍을 幹龍으로 보라는 뜻이다.)

地理指掌册中 龍 論

⊙ 天下之山川形勢가 怪怪奇奇하여 無一不以라, 有如此堂堂正大之局이 不易라.

※ 天下에 山川情勢가 奇異하고 怪異한 것은 變幻하는 理致가 많은 것이라, 하나도 그와 같음은 있지 아니하니 당당하고 正大함이 쉽지 아니하다.

山脈과 生氣龍

⊙ 龍卽脈之謂也니 無生氣則 無精無脈이나, 氣吉則 山明秀麗而形必吉이요, 氣凶則 山粗水瀉而形必凶이니라.

※ 龍이란 즉 脈을 말함이나, 生氣가 없은즉 精氣가 없는 無脈이나, 氣가 吉한즉 山이 밝고 수려하여 形容이 반드시 吉하고, 氣가 凶한즉 山은 소조하고 물은 새어서 形容은 반드시 凶한 것이다.

龍論

◉ 陽中有陰하고 陰中有陽이니、 所謂山本靜而妙在動處하고、 水本動而妙在靜處니라。

※ 陽 가운데 陰이 있고 陰 가운데 陽이 있으니、 이른바 山은 본디 고요하되 妙한 것은 고요한데 있는 것이다.

◉ 龍之不能變化者는 非龍也라、 肥不離肥하고 瘦不離瘦는 乃不成變化者也라。

※ 龍이 능히 變化하지 못한 것은 龍이 아니니、 살찐 것이 살찐데 떠나지 못하고、 야윈 것이 야윈데 떠나지 못한 것은 이의 變化를 이루지 못한 것이다.

◉ 龍祖貴則 子孫이 亦貴요、 龍祖賤則 子孫도 亦賤이니 何爲貴요、 高聳端正이 是也요、 何謂賤고 依弱低斜니라。

剝換論

※ 龍祖가 貴한즉 子孫이 또한 貴하고, 龍祖가 賤한즉 子孫도 또한 賤하니, 무엇이 貴함인고 하면 높고 솟고 端正한 것이요, 무엇이 賤함인고 하면 의지되고 낮고 약하고 비낀 것이 賤한 것이다.

◉ 龍之形勢가 自老變嫩하고 自粗變細하고 自凶變吉이라.

※ 龍의 形勢가 늙음으로부터 고운 것으로 변하고, 소조함으로 부터 세밀함으로 변하고 凶함으로부터 吉함으로 변한다. (이와 같은 현상을 剝換이라 한다.)

◉ 且如金星發祖하여 剝出水星하고, 又剝出木星하여 迢迢生峯하고, 節節合格하여 爲富貴之地하고,

※ 또한 만일 金星으로 發祖하여 水星剝出하고, 또 木星을 剝出하며 迢迢히 높게 峯을 세우고, 節節이 合格하여 富貴의 穴地가 되는 것이다.

◉ 若遇相克則 貴有救星이니、如金星行龍에 木星作穴이면 左右에 得火星하여 以制하고、或得水星하여 以助則亦爲吉也라.

※ 만일 相克을 만나면 救濟하는 星峯이 있는 것이 貴한 것이니, 만일 金星行龍에 木星으로 作穴하면 左右에 火星을 얻어서 制禦하고 或水星을 얻어서 도우면 또한 吉地가 된다.

◉ 如凶星發龍하여 退皮換骨하고、變出吉星하여 作小祖山而結穴則 亦爲美也라.

※ 만일 凶星을 發龍하여 退皮換骨하고、吉星으로 變出하여 小祖山이 되어 結穴하면, 또한 아름다운 穴地가 되나니라.

◉ 若遠祖是吉星으로 剝出凶星하여 作小祖山者는 爲凶地也라.

※ 만일 遠祖山이 吉星으로 凶星을 剝出하여 小祖山이 된 것은 凶地인 것이다.

過 峽 論

⊙ 若起祖가 迢迢須至入穴에 全無跌斷過峽則 俱無變化라 必不融結也니라.

※ 만약 起祖가 멀고 멀리 와서 入穴하는데 전혀 跌斷過峽(끊어질 듯한 것)이 없으면 다 變化가 없는지라 반드시 穴이 융결되지 못한다.

⊙ 星必以剝換으로 爲貴하고、形必以特達로 爲尊이니라.

※ 星은 반드시 剝換으로써 貴함을 삼고, (剝換은 從大剝小하고 自粗變細한것이다.) 形은 반드시 特達함으로써 높음을 삼는다 하였다.

⊙ 龍之過峽은 如人之咽喉니 龍之生死가 關於過峽하니 乃山之跌斷細嫩하고 脫胎換骨者也라.

※ 龍의 過峽은 사람의 목이 가늘어진 것과 같은 것이니, 龍의 生死가 過峽에 달렸으나, 山이 跌斷(끊어질 듯한 것)되고 細嫩(가늘고 고운 것) 脫胎(때를 버서)되어 換骨된 것이다.

◉ 無峽則無龍이요 無帳則無峽이라、若無開帳而但大斷高起者는 只爲他人하여 起槍護衞者之俱니라.

※ 峽이 없으면 龍이 없고、帳이 없으면 峽이 없다. 만일 開帳이 없다면 크게 끊어지고, 높이 일어난 것은 다만 他人을 위하여 槍을 잡고 護衞함을 갖춘 것이다.

◉ 過峽은 斷而復斷하여 多護多從이라.

※ 過峽은 끊어질듯 끊어질듯 해서 많이 호위하고、많이 쫏아야 한다.

4. 五行의 山體論

龍은 반드시 五星으로써 行動한 연후에야 방양으로 貴함을 이루는 것이다.

- 金體는……本是 맑은 것이니, 둥글고 둥글며 모든 周圍가 정결하고、가지가 많이 퍼져 있고、
- 木體는……本是 곧으니 높고 솟고 가지가 많이 퍼져 있고、
- 水體는……本是 柔하니 구불구불하게 움직여 흐르고、
- 火體는……本是 (燥)조하니 불꽃같이 뾰쪽하고 높고 날카롭고、
- 土體는……本是 (濁)탁하니 모나고 平平하고 厚重한 것이다.

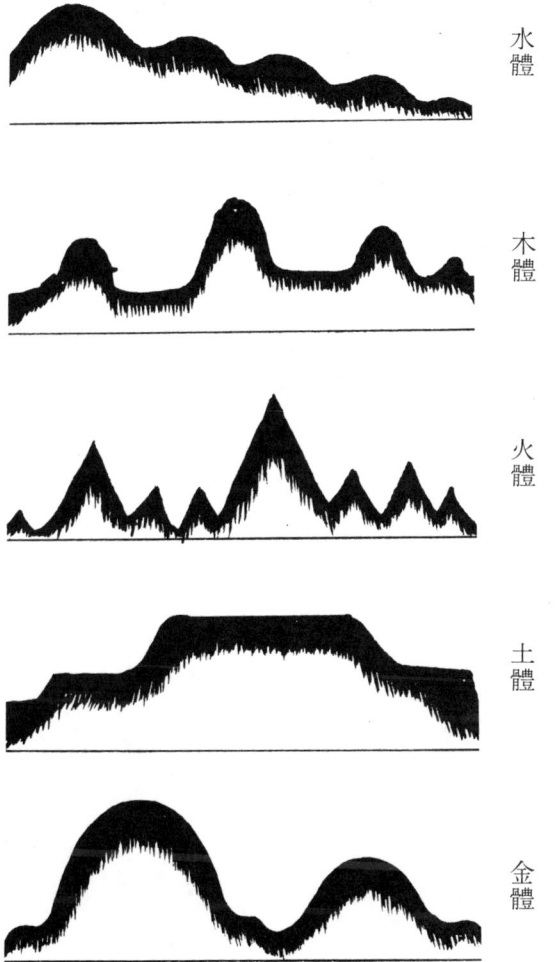

五行의 山體圖

(古書文獻)

五星의 山體

金體는……本淸하니 團圓周淨하고、
木體는……本直하니 高聳條達하고、
水體는……本柔하니 屈曲流動하고、
火體는……本燥하니 尖焰峭銳하고、
土體는……本濁하니 方平厚重이라。

五星의 剝換

◉ 五星必以剝換으로 爲貴요、形必以特達로 爲尊하니 剝者는＝從大剝小요、換者는＝自粗變細요、特者는＝峯巒이 特秀聳拔이요、達者는＝體態

明淨舒暢하여 與衆山으로 不同이라. 然이나 天下之山이 金水行龍이요, 結穴之山則 惟土·木·金 三吉之星이니, 蓋山水融結은 在於陰陽二氣之交媾與 動靜이니 水行山行하고, 水止山止者는 是陰不離陽하고, 陽不離陰이니 山本靜이나, 動則成龍하고 水本動하나, 靜則結地니라.

※ 이 五星은 반드시 剝換으로 貴하게 되고, 그 形은 반드시 특별히 나타남으로써 尊貴함이 되니,

- 剝者는……큰 것이 적게 되어 따르는 것이 剝이오,
- 換者는……스스로 추한 탈을 벗어 변하여 곱게 되는 것이오,
- 特者는……봉우리가 特殊하게 솟아서 빼어 있는 것이오,
- 達者는……體態가 明淨하고 舒暢(패여서 화창하게 된 것)하여 보통 山으로 더불어 같지 않은 것이다.

그러나 天下에 山이 金水體에 行龍이요, 結穴의 山인즉, 오직 土·木·金의 三吉의 星이다.

대개 山水의 融結은 天地陰陽二氣가 서로 엉키어 交媾하여 動하고, 靜한 것이니, 水

變化 龍의 動靜

⦿ 動者는＝起伏轉折하고, 翔舞嬌嫩하고, 靜者는＝灣抱悠揚하고, 渟瀦澄凝이 是也요.

故로 山則必於動處에 求其勢요, 水則必於靜處에 觀其妙니, 氣之吉凶을 不能自見而 見於山水者니 氣吉則 山明水麗而 形必吉이요, 氣凶則 山粗水瀉而 形必凶이라.

※ 動者는＝起伏하고 전환하고 折抱하고, 나래치는 듯하고 춤추는 듯하고 아리땁고 고운 것이오,

※ 靜者는＝灣抱(돌여안고) 悠揚(멀고 날리는 것)하고, 澄瀦(물이 잔잔하고 꽉 차 있는

行·山行하고 水止山止하는 것은 이 陰이 陽을 떠나지 않고, 陽이 陰을 떠나지 않은 것이니, 山은 본래 고요하나 動하는 것은 龍을 이루고, 물은 본래 動하나 고요한즉 穴地를 맺는 것이다.

모양)인 것이다.

그러므로 山인즉 반드시 動處에 그 勢를 求하고, 물인즉 반드시 靜處에 그 妙한 것을 관찰 할 것이니, 氣의 吉凶은 능히 스스로 나타나지 못하고, 山水에서 나타나는 것이니, 氣가 吉한즉 山은 밝고, 水는 고와야 形이 반드시 吉하고, 氣가 凶한즉 山이 초조하고 물이 격류(激流)하여 반드시 그 形像이 凶한 것이다.

5. 生氣論

氣라 하는 것은 無形·無體하여 難觀·難量이나, 그 氣의 力量은 無窮無盡한 것이다. 天氣가 下臨하고 地氣가 上昇하는 氣의 理致 가운데 世上의 萬物現象이 造化를 이루는 것이다. 氣로써 生成하고 氣의 不足으로 死하는 것이 大自然이다.

山水의 生氣

山은 氣의 變化로서 退皮換骨하여 陽明한 生龍을 이루고, 氣를 받지 못한 山은 死龍이라 無力하여 음습하고 醜한 山을 말하며 水도 動하는 데에서 氣를 받게 되어서 生水가 되고 괴어 있는 물은 氣와 調和를 이루지 못하여 死水가 되는 것이다.

土質의 生氣

土質에도 生氣와 死氣가 있다. 生氣로는 潤氣있는 土로서 赤色, 紫黃色, 黃色, 白色에 强한 것을 말하며, 死土란 陰濕하거나 모래와 같이 無力한 燥土를 말한다.

草木으로 본 氣象

生龍은 草木의 색깔이 연두색으로 보이고, 死龍의 草木은 짙은 녹색으로 보인다.

岩石의 氣象

岩石에도 吉凶의 氣가 있다. 氣가 있는 岩石은 꺼풀을 벗으며, 그 꺼풀이 흙과 연결된 岩石이요, 흙과 岩石이 分離된 것은 凶한 氣의 岩石이며, 穴處附近에 露出되는 岩石은 融化하여 赤黃色 혹은 白色을 띤 것이 吉한 氣象이며, 더욱 많이 融化된 것은 非石非土로서 가장 貴함이 되는 氣象이다.

結穴의 氣象

主山은 장엄하고 밝은 氣象이 있어야 하고, 龍은 變化的 生氣로서 動하니 動하는 것은 生氣의 根本이요, 生氣는 精氣의 根本이다. 動한즉 暈이 생기고, 또는 入首가 正突聚氣로 結凝되는 것은 精氣의 根本이니, 瑞氣하고 光彩가 나는 氣象이 되는 것이다. 蟬翼은 入首에서 퍼져 나와 牛角모양의 氣象이라야 하고, 그 밑에 穴坂은 精氣로서 크게 結凝되어 氣가 멈추는 氣象이 되어야 穴象에 따라 餘氣가 氈이나 唇이 밝은 氣象으로 穴坂을 받쳐 주어야 하나의 穴象이 結穴되는 것이라, 그 氣象이 非石非土로 强하고 潤澤하여 雜草없이 밝은 氣象이 되는 것이다.

(古書文獻)

生氣 水火論

⊙ 水火者는 生氣之根也니、火者는 天之神氣요、水者는 地之精氣니、土中之煖氣는 火也요、土中之潤氣는 水也니、煖潤이 相蒸而生氣出焉하나니、有火無水則 燥烈也니、燥烈者는 殺氣也라。乘之則 發凶禍하고、有水無火則 卑濕也니、卑濕者는 死氣也니、乘之則 主退敗라。觀於地面而 觀萬物이면 大寒則凍死하고 大旱則 燥死하나니 地中도 亦然이니라。

※ 水火란 것은 生氣의 根本이니、火는 天의 神氣요、물은 地의 精氣라 하니、흙 가운데 따뜻한 氣는 불이요、土中에 潤氣는 물이니 따뜻하고 윤택함이 서로 쪄서 生氣가 나느니라.

불만 있고 물이 없는즉 燥烈(마른것)한 것이니、燥烈이라하는 것은 殺氣라 타게 되면 凶禍를 發하고、물만 있고 불이 없으면 습한 것이니 卑濕한 것은 死氣이니 타면 주로 退敗하느니라.

地面을 보고 만물을 보면、크게 추운즉 얼어 죽고、크게 더우면 말라죽으니、地中도 또한 그러하니라.

生氣論

⊙ 動者는 生氣之機也니 動則暈必圓矣라. 圓者는 生氣之表也니 因其暈之圓而察其氣之動하고, 察其氣之動而知其氣之生矣니라.

※ 動이라 하는 것은 生氣의 기틀이니 動하면 暈이 반드시 둥글어지는 것이다. 둥근것은 生氣의 表이니, 그 暈의 둥근 것으로 因하여 그 氣의 動함을 살피고, 그 氣의 움직임을 살펴서 그 氣의 生함을 아느니라.

⊙ 經에 曰葬乘生氣라 하니 言生乘於圓暈動氣之中이 是也라.

※ 經에 이르기를 葬事에는 生氣를 타라하였으니 生氣는 圓暈에 動氣하는 가운데에서 타 나온다고 말한 것이 이것이니라.(장사를 지내는데 生氣를 탄다는것은 屍身에게 山川精氣를 받게 하는 것이니 그 穴이 圓暈즉 蟬翼 밑에서 氣가 動하는 가운데에서 精氣를 받는 것을 말한다. 예로 그 穴이 壬子穴로서 長官이 날 자리라면 葬事後 申子辰年月日時에 태어 나는 者가 그 生氣를 받아 長官이 될 人物이 태어 나는 것이다.)

⊙ 生氣所聚之處는 氣上에 必有動氣하나니, 動氣者는 何也요. 卽凹突之穴暈이 是也라.

※ 生氣가 모이는 곳은 그 위에 반드시 움직이는 氣가 있으니, 움직이는 氣란 것이 무엇인고. 곧 凹와 突의 穴暈이 이것이다.

⊙ 生氣가 潛于下則 暈形이 現於上하니, 如魚在水中一動에 其水上에 自成一暈하나니. 見暈에 可以知魚也라.

※ 生氣가 밑에 잠기었으면 暈形이 위로 나타나니 고기가 물 가운데 있어 한번 움직이면 물위에 스스로 한暈이 이루어지나니. 暈을 보면 가히 고기인 줄 아느니라. (暈을 보고 밑에 生氣가 있는 줄 알 것이다)

⊙ 項細者는 氣從也요, 鉗口者는 氣所融結也요, 氈唇者는 氣之所自止也라.

※ 목이 가느른 것은 氣가 쫓는 것이요, 鉗口란 것은 氣가 融結하는 바요, **氈唇**이란 것은 氣가 스스로 그치는 바이다.

地理三會集 原氣論

◉ 觀山之氣는 無形之氣也니 欲其行而不止하고, 界山之氣는 有形之氣也니 欲其凝而不動하고, 凝氣는 所以止行之氣也니라.

※ 山의 氣를 보면 形象은 없으나 가고자 하는 데는 그치지 않이하고, 山에 分合된 境界의 (穴相의 輪廓을 뜻함) 氣는 形象이 있는 氣이니, 엉키고자 한 그 氣는 움직이지 아니하고, 뭉친 氣는 (穴坂을 뜻함) 이 곳에 行龍이 그친 기운이라 했다.

地理三會集 原氣論

◉ 貫脈而生穴上靈光이 謂之生氣요, 運動不息은 謂之行氣니라.

※ 龍에 脈이 通하면 生龍穴坂 위에 精氣의 靈氣가 光彩가 나니, 이를 말하여 生氣라 하고, 動하는 變化가 쉬지 않으면 이를 일러 氣脈이 흐른다고 한다.

葬乘生氣

⊙ 葬乘生氣코 莫乘死氣니 龍旺이 不如脈旺이오, 脈旺이 不如氣旺이니 二者를 極其詳察葬事하라. 古云 葬乘生氣는 此之謂也니라.

※ 葬事에는 生氣를 타고 死氣는 타지 말라 하니, 龍이 旺한 것이 脈이 旺한 것만 같지 못하고, 脈이 旺한 것이 氣가 旺한 것만 같지 못한 것이니, 그 氣脈을 지극히 자세히 살펴 葬事하는 것이 옛말에 이르기를 葬事에는 生氣를 타라한 것은 이와 같음이니라. (葬乘生氣란 즉 明穴에 葬事하라는 뜻이오. 莫乘死氣란 非穴에 葬事하지 말라는 뜻이다)

6. 龍의 氣脈論

脈이란 것은 山의 主體根本을 말한다.

脈으로서 山形・山體를 이루는 것이나, 結穴에 있어서 脈이란 것은 氣를 받아서 融化된 氣脈을 말하며, 氣脈은 숨어서 體가 없으나, 結穴할 龍에는 動하는 變化로써 氣脈에 起伏 또는 屈曲으로 變化하여 모습의 現狀을 나타내니, 그 색상이 光彩가 있고 瑞氣가 나며, 土質이 강하여 潤氣가 있는 것을 볼 수 있고, 特異한 妙理는 雜草가 없이 밝은 것이니 이로써 감지되는 것이다.

〈古書文獻〉

氣脈論

⊙ 脈者는 雖隱於無體而微露於土外요 氣者는 無形無體하여 隱於脈中者也라.

※ 脈이란 것은 비록 體가 없으나, 숨어서 적게 흙 밖에 露出되나, 氣는 無形無體하여 脈中에 숨어 있는 것이다.

◉ 氣乘風散이요 脈遇水止니, 穴者는 乘氣脈者也라.

※ 氣는 바람을 타서 흩어지고, 脈은 물을 만나서 그치는 것이니, 穴이란 것은 氣와 脈을 탄 것이다.

◉ 細微活動軟薄者 爲脈이요, 露脣露肉하여 肥軟者는 爲氣니라.

※ 細微하고 活動하고 軟하고 薄(얇은 것)한 것은 脈이 되고, 脣이 드러나고 肉質이 드러나서 살찌고 軟한 것은 氣가 되느니라.

◉ 脈者는 氣之根이요, 氣者는 脈之情이니, 龍無脈이면 不現穴이요, 無氣면 不成穴이니라.

地理正宗 **氣脈論**

- 觀山脈之難明이요 看地氣之不易이니, 山脈은 觀於妙理요, 地氣는

- 山中明顯이 爲脈이요 地中肥動이 爲氣라.

　※ 山中에서 밝게 나타난 것이 脈이 되고, 地中에서 살이 쪄 움직이는 것이 氣가 되는 것이다.

- 山不得脈이면 蟻食其棺이요, 洋中不扶氣면 水浸其骨이라.

　※ 山이 脈을 얻지 못하면 개미가 棺을 侵食하고, 洋中에서 氣를 붙들지 못하면 물에 그 白骨이 잠기느니라.

　※ 脈이라 하는 것은 氣의 根本이요, 氣란 것은 脈의 情이니, 龍이 脈이 없으면 穴이 나타나지 아니하고, 氣가 없으면 穴을 이루지 못하느니라.

出於道眼이니、 山中明顯이 爲脈이요 地中肥動이 爲氣니라。

※ 山의 脈을 보는 것은 밝히기 어려운 것이요、 地의 氣를 보는 것도 쉽지 않은 것이니、 山의 脈은 妙한 理致로 볼 것이요、 地의 氣를 알아내는 것은 地理에 道通한 眼目이라야 알 수 있다 하며、 山中에 밝게 나타나는 것이 脈이 되는 것이요、 地中에서 살찐 것과 動하는 것이 氣가 되는 것이니라 했다.

龍訣歌 (明言句節)

◉ 識龍難識生死訣이니
不識死生不足說이라.

◉ 無峽無從은 龍孤單이요
坦蕩平夷은 龍放岡이라.

※ 龍은 알되 生하고 死하는 妙訣은 알기 어려우니, 生死를 알지 못하고서 족히 말하지 못한다.

※ 峽이 없어서 쫓음이 없는 것은 龍이 외롭고 단순함이요(獨龍의 뜻), 헤넓고 平平한 것을 龍이 山줄기를 놓아 버린 것이다. (賤龍의 뜻)

⊙ 屈曲活動은 龍之生이요
醜粗梗直은 龍之死라。

※ 屈曲하고 활동하는 것은 龍이 生하는 理致요 이 死하는 것이다.

⊙ 斷而不斷은 龍脫殺이요
穿田渡水는 龍過峽이라。

※ 끊어진 듯하되 끊어지지 아니한 것은 龍이 殺氣를 벗음이요、平田을 뚫고 물을 건넌 것은 龍의 過峽이니라。

⊙ 東扯西拽는 龍翻花요、
分枝劈脈은 龍鬼脚이라。

⊙ 起不能伏伏不起하면、
此龍劫弱無力矣니라。

※ 東으로 끌고 西로 당기는 것은 龍이 꽃을 뒤침이요 가지가 나누어지고 脈이 뻐에진 것은 龍의 鬼脚이니라。(鬼脚은 우중충하다는 뜻)

※ 일어나서 능히 엎드리지 아니하고、엎드려서는 일어나지 아니하면 이 龍은 겁되고 약하고 힘이 없느니라。

117

◉ 尖利破碎는 龍帶殺이오,
歪斜倒側는 龍醜拙이라.

◉ 無帳無幕은 卽成空이오,
兩帳兩幕은 是貴龍이라.

※ 뽀족하고 날카롭고 깨지고 부서진 것은 龍이 殺을 띤것이요, 왜냐고 비끼고 꺼꾸러지고 기울어진 것은 龍이 추하고 졸열함이다.

※ 帳도 없고 幕도 없는 것은 곧 공허함을 일음이요, 兩帳과 兩幕은 이것이 貴한 龍이다.

◉ 起而卽伏伏卽起니,
此龍氣旺力無比라.

◉ 世間萬事要雌雄이오,
單雄單雌無配合이라.

※ 세상의 만사는 陰陽을 要하는 것이요, 陽이 홀로 되거나 陰이 홀로 된 것은 配合이 없는 것이다.

※ 龍이 일어나고 곧 엎드리고, 엎드렸다 곧 일어나면, 이 龍에 氣가 旺해져서 그 힘은 비할데 없는 것이다.

⊙ 貴龍은 重重穿出帳하고、
賤龍은 無帳空雄强이라。

※ 貴한 龍은 거듭거듭 帳을 뚫고 나오고、賤한 龍은 帳이 없어 공연히 강하여 웅장하기만 하다.

⊙ 貴龍多自穿心出이오、
富龍只從傍上生이라。

※ 貴한 龍은 스스로 많이 中心을 뚫고 나오는 것이요、富龍은 다만 곁을 쫓아 높이 生하나니라.

⊙ 高大爲雄 底爲雌하니、
雌雄이 交合 方融結이라。

※ 높고 큰 것은 陽이 되고、얕은 것은 陰이 되니、陰陽이 交合하면 곧 밝게 화하여 맺어진다.(結穴된다는 뜻)

⊙ 大山忽小粗中細요、
先雄後雌當熟視하라。

※ 큰 山이 홀연히 적어지고 엉성한 가운데 細軟(부드러운 것)되고、먼저는 陽이요 후에 陰이 된 것을 마땅히 익혀 보라.

⊙ 小山이 忽大 細中粗하고、
先雌後雄은 必結地라。

⊙ 龍不起頂이면 龍不眞이오、
穴不起頂이면 穴不眞이라.

※ 적은 山이 갑자기 크고 가늘어진 중에 커져서 먼저 陰이 되고 후에 陽이 된 것은 반드시 結穴이 된 곳이다.

※ 龍이 봉우리를 일으키지 못하면 龍이 참되지 못하고、穴의 이마가 일어나지 못하면 그 穴이 참되지 못하다. (入首聚氣가 없으면 非穴이라는 뜻이다)

⊙ 陰陽不受無結地면、
何用誇談砂秀麗요.

⊙ 坐下若無眞氣脈이면、
面前空有萬重山이라.

※ 陰陽을 받지 못해서 結地가 없으면、어찌 砂格에 秀麗한 것을 자랑하여 말하리오.

※ 坐坂 아래에 만일 참다운 氣와 脈이 없으면 面前에는 공연히 萬重山이 있나니라.

⊙ 龍有機關之妙巧하니、
藏踪閃跡難尋見이라.

⊙ 龍有變化는 誠難測하니、
或顯或隱 認不得이라。

※ 龍에 變化가 있음을 진실로 헤아리기 어려우니, 혹 나타나고 혹 숨기도 하니 (妙法의 아름을 얻지 못한다.

※ 龍에 機關(結穴조직의 뜻)이 있는 것은 巧妙한 (理致가) 있으니, 자취를 감추고 흔적을 번쩍 이나 (그 穴心은) 찾아보기 어려우니라.

⊙ 崎嶇峻險은 龍之怒요,
　踊躍翔舞는 龍之喜라.

※ 울퉁불퉁하고 높고 험준한 것은 龍의 怒함이요, 뛰고 나래치고 춤추는 形象은 龍에 기쁨이다.

⊙ 左右灣環來相抱면,
　前賓後主皆相照라.

※ 靑龍·白虎가 활 같이 돌아와 서로 穴象을 안으면 앞에는 손님이요(案朝山의 뜻) 뒤에는 主人이니(主山의 뜻) 다 서로 照應되나니라.

⊙ 左右或高又或低하고,
　背內面外誰得知오.

⊙ 應樂尤眞에 官鬼假이니,
　挾輔無情에 不相惹니라.

※ 응하는 樂山은 더욱 참되나, 朝外貴峯과 鬼星이 거짓되면 끼고 보필한 것이 무정하여 서로 끌이지 아니하나니라.

※ 靑龍·白虎가 혹 높고 또 혹 낮으면 앞으로는 둥지고 밖으로는 對面한 것을 누가 만족히 알리오.

◉ 橈棹向後龍尙去요,
橈棹向前龍已住라.

※ 요도가 (枝脚이) 뒤로 向하면 龍은 항상 가는 것이오, 枝脚이 앞으로 向하면 龍은 이미 머무르게 된다.

◉ 向前有順向後逆이니,
逆則凶芳順則吉이라.

※ 앞으로 향하면 順함이 있고, 뒤로 향하면 逆하게 되니, 逆한즉 凶한 것이오, 順한즉 吉한 것이다.

◉ 邊順邊逆方分偏이요,
邊有邊無是護列이라.

◉ 帶倉帶庫는 是富龍이요,
帶旗帶鼓는 是貴龍이라.

※ 한 가에는 순하고 한 가에는 역하였으면 방양으로 나눠 치우쳐짐이요, 한 가에는 있고 한 가에는 없는 것이라야 이것이 전호함이니라.

※ (帶倉) 후하고 (帶庫) 살찐 것은 이것이 富龍이요, (帶旗) 등고 하고 (帶鼓) 一字文星砂 格이라면 이것이 貴한 龍이다.

◉ 倉庫旗鼓兩邊帶는,
　富貴雙全眞可愛라.

※ 倉庫砂나 (富峯) 旗鼓砂 (一字文星)가 양변으로 두른 것은 富와 貴가 쌍전하여 참으로 가히 사랑스럽다.

※ 過峽이 잡아 당김이 있고, 또 호위함이 없으면 克한 風吹를 입어 脈의 모양이 드러나 게 된다.

◉ 過峽有抉又無護면,
　克被風吹露脈頰이라.

◉ 過峽無抉又無護하니,
　風吹氣散龍虛度이라.

◉ 過峽宜狹不宜闊하니,
　長則力弱氣已殘이라.

※ 과협을 끌어냄이 없고 호위함이 없으면, 바람이 불어 氣가 흐트러져 龍이 헛되이지 나가게 된다.

※ 과협은 좁은 것이 마땅하고, 넓은 것은 마땅치 아니하니, 長즉 힘이 약하여 氣가 이미 쇠잔함이니라.

7. 青龍과 白虎論

龍虎란 穴地左右의 保局砂로서 作局된 龍勢를 말한다.

龍虎는 반드시 陽明해야 하고, 順行으로 回環된 것이 有情해야 하며, 下砂는 교차가 깊이 交鎖함이 아름다워야 하고, 龍虎능선의 높이가 바르게 균형을 이루어야 하고, 作局은 單獨으로 形成되어야 그 結穴이 참된 것이며, 龍虎의 重疊으로 많은 交鎖가 形成되어서 應氣되어야 그 結凝이 커져서 大地를 이룰 수 있는 것이나, 龍虎의 참다운 應氣가 없이는 結穴할 수 없다는 것을 알아야 한다.

龍虎란 氣가 없으면 死龍이 되어서 龍虎의 內面에 砂汰로 屈曲이 많거나 추한 枝脚이 많아지니, 그것이 곧 殺이 되어서 結穴이 不可한 것이다.

(古書文獻)

龍 虎 論

⊙ 龍虎者는 穴之左右砂也니, 彎抱有情이 爲吉이오 狹走無情이 爲凶이라.

※ 龍虎라 하는 것은 穴左右의 砂格이니, 彎抱한 것이 有情하면 吉한 것이 된다 했고, 좁게 다라난 듯하며 無情하면 凶함이 되는 것이라 하였다.

⊙ 且龍虎高則 穴在高處요, 龍虎低則 穴在低處니라.

※ 또한 龍虎가 높은즉 穴이 높은 곳에 있고, 龍虎가 낮은즉 穴이 낮은 곳에 있는 것이니라.

⊙ 龍虎는 直長則 穴不眞이요, 短縮則 穴不結이니라.

※ 龍虎는 곧고 길면 穴이 참되지 못하고, 단축하면 穴을 맺지 못하느니라고 했다.

◉ 龍虎腰低하여 越見風射則 穴不結이라 凶禍必至니라.

※ 靑龍과 白虎의 허리가 낮아 넘겨다 보이고 바람이 冲射하면, 穴이 맺지 못하여서 凶한 禍가 반드시 이를 것이다. (實習한 예를들면 靑龍이 斷切되면, 穴의 上部가 斷切된 것은 長子의 夭折이요 中部位는 中子요 下部位는 末子가 해당된다. 白虎의 斷切은 女子들에게 해당 된다.)

地理正宗 龍虎論

◉ 夫砂在左右曰 護衛요、在前後曰 照應이라.

※ 대개 左右에 있는 砂를 이르되 호위라 하고、前後에 있는 것을 일러서는 조응이라 한다.

靑龍의 禍福歌 （明言句節）

⦿ 靑龍砂之如坐는
其子孫之絕祀라.

⦿ 細靑龍而頭大면
有童子之奉祀라

※ 靑龍砂가 앉은 것 같으면 그 子孫에게 제사가 끊어진다. (절손을 한다는 뜻)

※ 가느른 靑龍이 머리만 커지면 어린 아이가 제사를 받들게 됨이 있느니라. (子孫이 夭折한다는 뜻이다.)

⦿ 靑龍內之走砂는
有子孫之乞食이라.

⦿ 靑龍頭之立石은
出文章之才士라.

※ 靑龍 안에 다라나는 듯한 凶砂가 있으면 子孫에 결식함이 있게 된다.

※ 靑龍 上部位에 立石이 있으면 文章에다 재주 있는 선비가 배출된다.

⊙ 靑龍山之肩絕이면
　長子孫之絕代라.

⊙ 靑龍山如死巳면
　有子孫之困窮이라.

※ 靑龍山에 上部位가 斷絕되면 長子孫에 代가 끊긴다.

※ 靑龍山이 죽은 뱀과 같으면 그 자손이 困窮함이 있다.

※ 靑龍山如尖砂면
　日朝夕而是非라.

⊙ 靑龍有蜈蛉砂면
　養他人之奉祀라.

※ 靑龍山이 바늘 같이 가느다란 砂라면 매일 朝夕으로 是非가 난다.

※ 靑龍에 蜈蛉(명영은 굼벵이 같은 벌레임)砂가 있다면 他姓을 養子를 삼아서 제사를 받들게 되느니라.

⊙ 靑龍斷而突起면
　其子孫之客死라.

⊙ 靑龍山背回去면
　夫婦不和生別이라.

※ 靑龍이 그쳐졌다 불쑥 솟으면 그 子孫이 客死하게 된다.

※ 靑龍山이 등을 보이며 돌아가면 夫婦가 화합하지 못하여 생이별하게 된다.

◉ 靑龍肩低越見水면
有男子孫之多敗라.

◉ 靑龍外之眉山은
其子孫之眼盲이라.

※ 靑龍 어깨가 낮아 물이 넘겨다 보이면 男子孫에게 敗하는 일이 많이 있게 된다.

※ 靑龍 밖의 눈썹같이 생긴 山은 그 子孫의 눈이 멀게 되나니라.

◉ 龍與虎而開口하면
有子孫之財敗니라.

◉ 靑龍白虎齊頭면
必不和於兄弟라.

※ 靑龍白虎의 頭部位가 어느 한쪽이 껴안지 않고 가지런하다면 반드시 형제간에 불화하게 된다.(龍虎가 단독으로 作局이 않되면 兩水 兩破가 되어 骨肉相爭하게 된다.)

齊頭形圖
白虎頭　青龍頭
開口

※ 靑龍과 더불어 白虎가 開口하면 子孫에게 재산을 패하는 일이 있게 된다.(어느) 墓地를 막론하고 墓 앞이 환하게 열리면 버는 돈보다는 쓰는 돈이 많아진다.

⊙ 靑龍山兩頭峯은
　子孫死於逢賊이라.

⊙ 靑龍險而逆理면
　子孫出於逆賊이라.

※ 靑龍山의 양쪽 머리가 봉우리라면 子孫이 盜賊을 만나 죽게 된다.

※ 靑龍이 험하고 逆理되면 子孫에게 역적이 나느니라. (靑龍이 겹山된것)

白虎의 禍福歌 (明言句節)

⊙ 白虎峯之圓起하면
　女孫出於登科라.

⊙ 白虎山於舞袖하면
　子孫連於富貴니라.

※ 白虎峯이 둥글게 일어나면 女子孫의 登科가 나게 된다.

※ 白虎山이 춤추는 소매 모습과 같으면 子孫이 계속하여 富貴하게 된다.

◉ 白虎內有主山이면
　主孫婦之奸夫라.

※ 白虎 안에 主山이 있으면 子孫婦에게 간부가 생기느니라.

◉ 白虎頭之險石은
　無奈何之極貧이라.

※ 白虎의 상부위가 험석이라면, 어찌 할 수 없는 극빈자가 되느니라.

◉ 險暗如虎口象은
　未免子孫虎死라.

※ 험한 岩石이 호랑이 입과 같은 모양이 있으면, 子孫이 虎死하는 것을 면할 수 없다. (요즈음 교통 사고로 보는 것이다.)

◉ 虎腰貴有印石은
　頻頻見於顯達이라.

※ 白虎 허리에 귀한 도장모습의 돌이 있으면, 자주자주 (顯達) 벼슬과 덕망 높은 인재를 보게 된다.

⊙ 白虎陵之臥狗石은
　自刎死於獄中也라.

⊙ 白虎山外面去면
　棄正妻而出去라.

※ 白虎 능선에 개와 같은 형상의 岩石이 있으면, 스스로 목을 찔러 獄中에서 죽게 된다.

※ 白虎山이 背去하면 正妻를 버리고 나가게 된다. (實習한 경험…白虎上部位가 솟아 背去된 것은 長子婦가 도망가고, 끝부위가 背去된 것은 末子婦와 딸이 不孝하고 도망간다.)

⊙ 白虎腰間出水는
　女婿問之眼盲이라.

⊙ 白虎險而多屈曲이면
　姑婦相爭結項死라.

※ 白虎 허리 사이에 물이 나면, 사위 중에 눈머는 者가 생긴다.

※ 白虎 능선이 험하게 굴곡이 많으면, 고부간의 싸움으로 목을 매달아 죽게 된다.

龍虎의 禍福歌 （明言句節）

◉ 靑龍外之有峯은
  有子孫之橫財라.

※ 靑龍 밖에 峯이 있으면 子孫에게 橫財數가 있느니라.

◉ 白虎砂之絕腰는
  有子孫之斬刑이라.

※ 白虎砂에 허리가 끊어지면 子孫에 비참하고 끔찍한 형벌이 있게 된다.

◉ 白虎外之七峯이면
  文武科而不絕이라.

※ 白虎外에 七峯이 있으면 文武의 과거가 그치지 않느니라.

◉ 靑龍砂之絕腰는
  有子孫之斬頭니라.

※ 靑龍砂의 허리가 끊어지면 子孫 중에 목이 잘리는 형벌이 있게 된다.

● 千峯不救一人이요
一水能言百子라.

※ 千峯이 한 사람을 救하지 못하고, 한 물은 능히 百子孫을 證言한다.

● 雖吉背去爲凶이요
雖凶抱來爲吉이라.

※ 비록 물이 吉하더라도 背去하면 凶이 되는 것이요, 비록 凶하나 抱來하면 吉함이 되는 것이다.

● 山射水冲出災하고
山尖水深發興이라.

※ 山이 射하고 물이 冲하면 災殃(재앙)이 생기고, 山이 뾰쪽하고 물이 깊으면 發福하나니라.

● 堂水散去窮貧이요
池水黃色淫亂이라.

※ 墓前의 물이 散去하면 貧窮하고(兄弟不和가 있으며) 연못물이 황색이면 음란하게 된다. (子孫들이 소년시절에 內臟病으로 고생하게 된다.)

8。作 局 論

龍虎의 作局이란 結穴에 있어서 根本이 되는 것이다. 作局은 반드시 龍虎의 單獨으로 形成되어야 正常이 되는 것이다. 靑龍作局은 白虎가 없어야 하고 白虎作局은 靑龍이 없어야 그 結穴에 坐가 正常化되는 것이다. 結穴에 保局은 來龍에서 보내는 것이니 많이 보내며 龍虎重疊으로 明堂局이 形成되면 結凝이 더욱 커져서 明穴大地가 形成되는 것이다.

* 靑龍作局은 右旋으로 穴坂이 坐定하고,
* 白虎作局은 左旋으로 穴坂이 坐定한다.

精氣의 聯關

作局은 龍虎의 生氣로써 이루고、龍虎의 生氣는 來龍의 變化에서 이루고、來龍의 變化는 主山의 精氣의 勢로써 이루는 것이다. 結穴은 主山의 氣勢가 來龍과 龍虎의 作局으로 聯關되어 一脈相通하니、富貴孫의 吉凶禍福은 그 穴象에 자취가 다 나타나는 것이다.

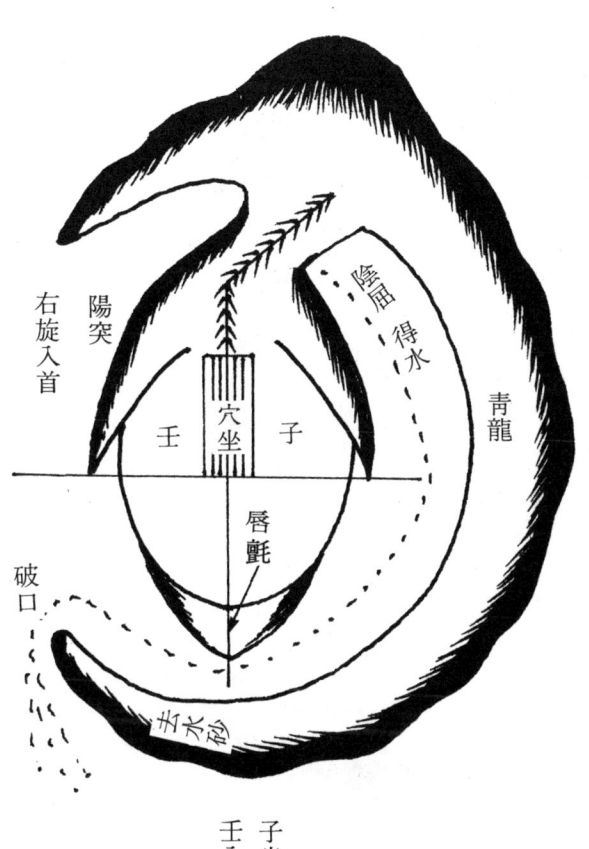

作局圖（右旋）

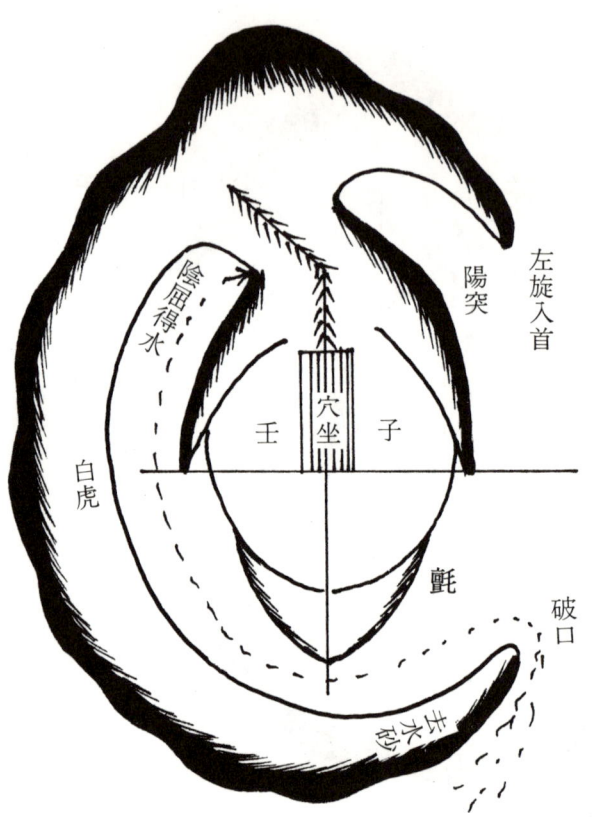

作局圖（左旋）

(古書文獻)

作局法

⊙ 或有龍無虎하고 或有虎無龍하니、無龍이면 要水來左邊이요、無虎면 要水來右邊하니、所謂 右單提 左單提格也라。

※ 혹 靑龍은 있고 白虎가 없으며, 혹 白虎는 있고 靑龍이 없으니, 靑龍이 없으면 물이 左邊으로 오는 것이 필요하고, 白虎가 없으면 물이 右側으로 오는 것이 필요하니, 이른바 左單提는 白虎作局을 뜻하며, 右單提格이란 靑龍作局을 말한 것이다.

⊙ 龍虎는 不宜高壓이요、不宜齊到라。

※ 龍虎는 높아서 눌리면 좋지 못하고, 龍虎가 (어느 한쪽이 싸안지 않고) 가지런히 이르는 것은 좋지 못하다. (均衡이 맞는 作局이 되어야 한다는 뜻)

作局歌 (明言句節)

⊙ 左拱緊護右龍眞이요
　右拱緊護左龍眞이라.

※ 좌로 끼고 긴히 호위하면 右龍이 참되고, 우로 끼고 긴히 호위하면 左龍이 참되다.
(靑龍이나 白虎 단독으로써 作局해야 그 龍穴이 참되다는 뜻이다.)

⊙ 上砂送多其地大요
　下砂收密其地久라.

※ 위로부터 많은 砂格을 보내주어야 그 穴處가 大地가 되는 것이요, 穴前을 下砂가 빽빽하게 걷어주어야 그 穴에 發福이 영구하다는 뜻이다.

⊙ 峽脈右出穴居左요
　峽脈左出穴居右라.

⊙ 若是眞龍定登堂이요
　天生奇穴點中天이라.

※ 山脈이 右側으로 나가면 穴象은 左로 坐定하고, 山脈이 左側으로 나가면 穴象은 右로 坐定한다.

※ 만일 眞龍에 穴이 자리를 定하였다면 堂에 이르니, 하늘에서낸 奇異한 穴이라 中天에 한 點이 떠 있더라.

⊙ 邊順邊逆方分偏이요
　邊有邊無是護列이라.

※ 한 가에는 順하고 한 가에는 逆하였으면, 방양으로 나눠 치우쳐짐이요, 한 가에는 있고 한 가에는 없는 것이래야 이것이 전호함이니라.

※ 만약 이에 읽어매 호위함이 側面으로 달리면 한 변은 돗대(龍을 뜻함)가 있고 한 변은 없느니라.

⊙ 若是列護側面走면
　一邊有棹一邊無라.

⊙ 龍必住於山水하고
　穴當落於回抱라.

⊙ 山本靜而欲動하고
　水本動而欲靜이라.

※ 山은 본디 고요한데 動하고자 하고, 물은 본디 動하되 고요하고자 하나니라.

※ 龍은 반드시 山水로서 멈추게 하고, 穴은 마땅히 回抱한 데서 떨어지나니라. (作局이 되어야 結穴된다는 뜻)

9. 水勢論

水勢란 去來 聚合 分散 灣抱 背去等을 말한다. 得水는 當坂前을 轉環하는 데에 氣가 멎어 結穴하는 것이니, 結穴의 原理는 水勢에 있다. 下水砂의 轉環은 于先으로 보는 尋穴에 緊要한 證據가 되는 것이라 山水同居에는 結穴이 없는는 것이다.

(古書文獻)

水勢論

⊙ 水勢者는 穴前去來之水也니 龍穴之緊證者也라、水勢가 若傾斜冲破 則穴不眞이니 來者去者須要之玄이니라.

※ 수세란 것은 穴 앞에 가고 오는 물이니, (龍穴) 結穴의 긴요한 證據가 되는 것이다. 水勢가 만약 기울어지고 삐뚤어지고 冲하고 破하면 穴이 참되지 못하니, 오는 것 가는

것이 모름지기 之字나 玄字를 要하는 것이다.

◉ 登山占穴에 先看水勢하라. 蓋龍이 非其水則 無以明其來하고, 穴이 無水則 無以明其止라.

※ 登山하여 穴을 所占하는데 먼저 水勢를 볼 것이다. 대개 龍이 그 물이 아니고서는 그 오는 것이 分明함이 없고, 穴이 물이 없음으로써 그 그친 것이 分明하지 못하다 하였다.

◉ 故로 人謂水勢無情이면 莫誇作穴之美라 하니, 水勢多聚면 豈無眞穴之地리오.

※ 그러하므로 옛사람이 이르기를, 水勢가 無情하면 作穴의 아름다움을 자랑하지 말라 하니, 水勢가 많이 모이면 어찌 참된 穴이 된 곳이 없으리오.

◉ 水有朝水護水橫水하니 反此則非矣니라.

※ 물은 朝水와 護水와 橫水가 있으니, 이것에 반대하면 그를 것이니라.

⊙ 水口에 雖有千尋華表라도 穴處에 不見이 爲貴니라.

※ 水口에는 비록 드러난 천길 華表라도 穴處에서 보이지 않는 것이 貴함이 된다.

水勢歌 (明言句節)

⊙ 水不上堂休占穴이요 下砂不轉莫尋龍이라.

⊙ 欲知結地不結地거든 萬物結果先有蔕라.

※ 堂에 물이 오르지 않았거든 穴을 점치지 말고 下水砂가 돌지 않았거든 龍도 찾지 말라.(龍虎의 下砂가 逆流되지 않았거든 龍勢나 結穴를 찾지 말라는 뜻이다.)

※ 穴를 맺었느냐, 穴를 맺지 못하였느냐를 알고자 하거든, 만물의 결과에는 우선 꼭지 꼭지는 入首를 뜻한 말)가 있느니라.(結穴된 것을 알고자 하거든 入首가 있나 먼저 보라는 뜻이다.)

⊙ 時臥只把羅經傳이면
四象水法이 誤千人이라.

⊙ 朝山直來身小曲이요
眞龍屈曲是利人이라.

※ 때로 들어누워 羅經에 傳한 글만 보고 있다면 四象의 水法이 천 사람을 그르친다. (龍勢의 變化는 正配合과 否配合을 측정하여 生死龍을 알도록 佩鐵四線에 전하였거늘 (四象水法) 즉 글의 理致로 山理를 알랴, 잘못하면 많은 사람을 그르친다는 뜻이다.)

※ 朝山이 곧게 오면 몸에 굴곡이 적고, 眞龍이 굴곡하면 사람을 利하게 하느니라.

⊙ 二十四位皆全備하면
千山萬水盡回環이라.

⊙ 更加眼力精奇妙하니
偏是曾楊再出也라.

※ 二十四方位가 모두 온전히 갖추어지면 千山萬水가 다 싸주노니,

※ 다시 眼力을 精氣가 奇妙한데다가 더 한다면 문득 이 曾楊이 (曾楊은 地理의 明師였음) 세상에 다시 나온 것과 같다.

10. 穴象論

穴이란 하나의 生體로써 形象이 있는 것이다. 옛말에도, 이르기를 穴者는 山之花也니 如樹之實也라 하였다.

또 穴象은 氣脈으로 形成되어 그 自體에 山川精氣가 陰陽으로 循環되는 것이라 穴坂의 氣象은 潤氣있는 土質로써 雜草가 안나는 곳이니 瑞氣와 光彩가 나는 것이다. 특히 관찰할 것은 雜草의 有無와 土質의 色相이다.

穴象의 組織에는 반드시 갖추어야 할 五嶽의 要素가 있으니 그것은 즉 入首·蟬翼·當坂·氈唇으로 穴象이 構成되며 이에 한 가지라도 未備된 것은 非穴로 看做하는 것이다. 保局砂格에 있어서는 혹 背反하는 砂가 있다면 結穴하는데 大小地의 差異가 생길 뿐이다. 一砂에 背砂로써 結穴의 可否를 論하지 말고 穴象의 五嶽을 重視하라. 穴象의 五嶽에는 一砂라도 虛한 곳이 있다면 結穴에 可否을 論하는 것이다.

四象의 穴象

穴에는 陰穴과 陽穴이 있다. 이를 形象으로 나누어 본다면 四象의 穴形으로써 窩·鉗·乳·突의 形象이 있다. 窩象과 鉗象은 陰穴에 속하고 乳象과 突象은 陽穴에 속한다. 이밖에 더 다른 形象으로 穴이 된 것은 없다. 혹 形局論에 猛虎出林形에 追狗案이니 飛龍上天에

四象의 穴形

* **窩象穴**……凹處로서 소쿠리와 같은 形象이며, 氈脣으로는 臺와 같이 되어 있어야 眞穴로 본다.

* **鉗象穴**……兩指의 合谷之處와 같은 곳에 穴象이 생기며, 臺와 같이 있어야 하고, 兩枝脚이 안으로 굽어야 한다.

* **乳象穴**……女子의 乳房과 같고, 孕胎한 모습과도 같으며, 특히 蟬翼이 分明해야 眞穴로 보는 것이다.

* **突象穴**……野山의 頂上에 位置하며 무쇠 솥을 엎어놓은 形象이며, 四維에 枝脚이 分明해야 眞穴이다.

그 밖에 孕穴、燕巢穴、蛇頭穴 등의 怪穴도 이 四象의 穴象을 벗어나서는 眞穴이 될 수 없는 것이다.

雲山案이니 蛇頭形穴에 走蛙案이니 燕巢形에 橫樑案이니 하는 등은 보는 地師의 시각에 따라 다를 것이니 穴의 이름은 될 수 없는 것이다. 다만 眞穴을 만났을 때 그 穴의 性情에 맞도록 刑局을 論하여 吉穴의 만남을 즐기는데 노래와 같은 뜻일 뿐이다.

148

① 窩象圖

四象의 穴相圖

④ 突象圖

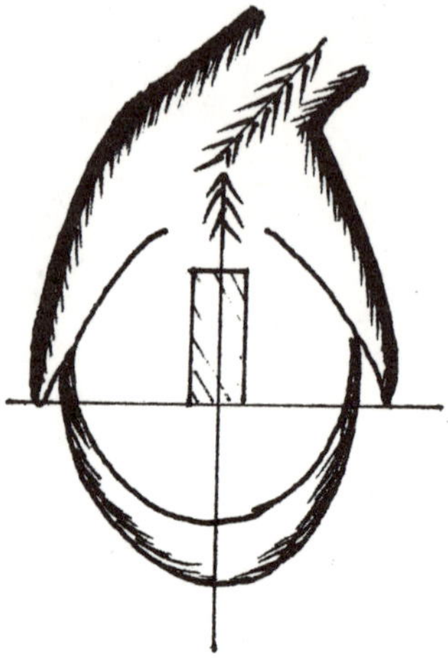

② 鉗象圖

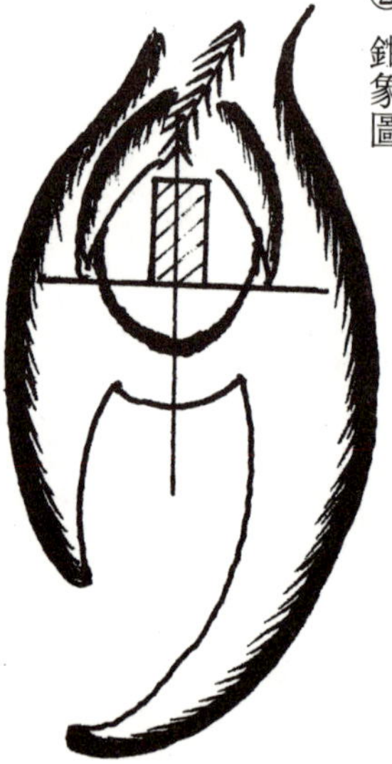

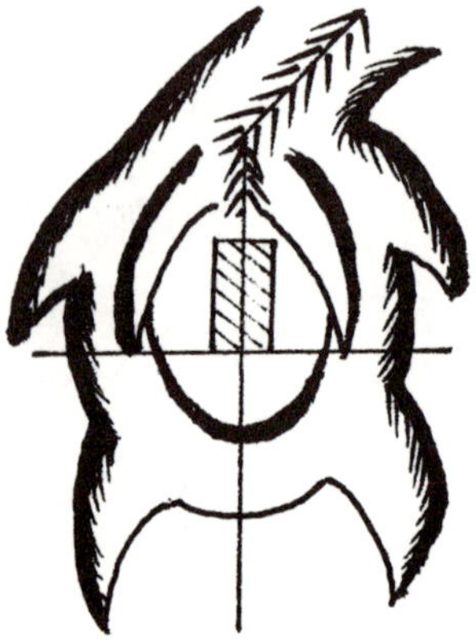

(古書文獻)

穴之四象論

⊙ 且龍有四象하고、峽有四象하고、穴有內外之四象하나니。龍四象者는 老陽、老陰、小陽、小陰也요 峽四象者는 窩・鉗・乳・突이 外四象也요 脈・息・窟・突은 內 四象也라。 形氣論者外 世人은 此理를 難諒이라。

※ 또 龍에 四象이 있고、峽에 四象이 있고、穴에 內外四象이 있으니、
・龍의 四象은 老陽、老陰、小陽、小陰이요、
・峽의 四象은 太强、太柔、小剛、小柔요、
・穴의 內外四象에 窩・鉗・乳・突은 外의 四象이요、脈・息・窟・突은 內의 四象이다。 形氣論者 以外에 世人은 이 理致를 알기 어려운 것이다。

穴 顯 論

⊙ 或見主山이면 或見之穴土하니 忽吐於淸明之日하고、或顯於雨後之時니 光映五彩 非雲非霞라。

※ 혹 主山을 보면 혹 穴象이 나타나서 淸明한 날에는 氣가 忽然히 吐出되어, 혹 비가 개인 뒤에 나타나는 五色光彩가 구름도 아니오 夕陽의 노을도 아니니라.

精枝地理正宗 四 象 論

⊙ 龍之所結 卽本龍補弼 二星主龍 以成果實也。形雖變化 無窮不出 窩·鉗·乳·突 窩曲、鉗直、乳垂、突聳요。

形如覆釜 浮龜

⊙ 石穴法……石穴結於石中 石化而以成土質 似土非土其外 眞土穴、孕育穴、迎接穴、高聚穴、垂頭穴。

※ 石穴은 石中에서 結穴하니, 石이 化하여 土質을 이룬 것이다. 흙 같으면서 흙이 아니라, 그 외에 眞土에서 結穴되는 穴 龍에 쌓여서 옆으로 불거진 孕育穴, 龍이 來八去八 되면서 中央에서 結穴되는 迎接穴 높은 봉우리 위에 聚氣되어 맺는 突穴象과, 머리를 숙인것 같은 乳穴象이 있다.

青烏經 **四 象 論**

⊙ 窩有弦稜砂하고、鉗有落棗砂하고、乳有蟬翼砂하고、突有懸針砂하며、以如必有眞也라。

穴象歌 (明言句節)

◉ 小八字分穴下合하고、
界從眞氣不漏洩이라.

◉ 天生眞穴自奇異하니、
定有陰陽分窟突이라.

※ 적게 八字를 나누어 穴 아래에서 合하여 穴境界는 眞氣를 쫓아 洩氣를 아니한다.(上分下合으로 結穴되어 穴象의 윤곽이 생기면 그 안에 있는 精氣는 밖으로 새어 나가지 않는다는 뜻이다.)

※ 하늘에서 眞穴을 生하여 스스로 奇異하니、定해진 陰陽이 있음을 窟과 突로 나누었더라.

- 窟=凹深而明日 窟이라 하고、
- 突=凸高而顯曰 突이라 한다.

◉ 窩無毬簷爲虛하고
鉗無牛角爲虛라.

◉ 乳無蟬翼是爲虛요
突無帳屏是虛花라.

※ 窩·穴象에는……窩口에 지붕처마 같은 밑에 공 같은 받침이 없으면 虛花가 된다.(非穴이라는 뜻)

※ 鉗·穴象에는……소 뿔 같이 생긴 枝脚이 없으면 虛花이다.

※ 乳·穴象에는……蟬翼이 없으면 虛花가 된다

※ 突·穴象에는……병풍을 두른것 같은 應氣한 山이 없으면 虛花이다. 다시 말하여 穴은 氈唇이 분명해야 하고 鉗穴에는 蟬翼이 소뿔 같이 생겨 길게 나와 鉗口에서 오그려야 하고 乳穴에는 蟬翼이 분명해야 하고 突穴에는 穴象의 四角에 枝脚이 있어야 하며 保局의 應砂가 좋와야 한다는 뜻이다.

◉ 水停山聚氣還停이면,
頓發精神一點明이라.

◉ 鴛兒軟翼傍身付하고,
燕子凝唇斂口生이라.

※ 물이 머무르고 山이 모여 氣가 도로 그치면, 문득 발한 精神의 一點이 밝는다.

※ 꼬꼬리 새끼의 연한 날개는 몸 곁에 붙어있고, 제비 새끼 같이 엉긴 입술을 거두어 生하여 있나니라.

◉ 氣已入帒若扯扯요、
雖扯帒內氣不洩이라.

※ 精氣가 이미 포대에 들어가니 (入首가 聚氣되었다는 뜻) 만약 찢겨 끌려도 비록 찢어진 포대 안의 精氣는 泄氣되지 않는다.

◉ 中乳若重龍虎輕이요、
雖然扯拽氣猶存이라.

※ 가운데 있는 乳穴象이 만약 厚重하다면 龍虎가 輕하더라도、비록 그러나 설예、하더라도 氣는 오히려 保存되느니라.

◉ 大開八字以遮風이면、
小開八字以開穴이라.

※ 크게 八字가 열림으로써 바람을 막고、적게 八字가 열림으로써 開穴되느니라.

◉ 大八字分龍虎合이면、
界定龍脈無扯洩이라.

※ 크게 八字가 나뉘어 靑龍과 白虎가 八字를 이루면、그 境界에서 龍脈을 定하여 설기됨이 없느니라.

⊙ 龍穴但要有界合하니,
設一不界氣亦洩이라.

⊙ 界龍界穴兩相凝이면,
融融生氣穴中居라.

※ 龍의 穴은 다만 界合(穴相의 輪廓)이 있는 것을 要하나, (界)穴相의 境界을 하나라도 설치 못하면 氣는 역시 새어 나가느니라.

※ 龍을 경계로 하고 穴을 경계로 하여 둘이 서로 엉키면, 融融한 生氣가 穴中에 머무느니라.

⊙ 又有陽多無窟突이면,
只有微痕分界合이라.

⊙ 兩岸蟬翼에 微茫砂는,
界股蝦鬚微抱穴이라.

※ 또한 龍에 陽이 많이 있어서 窟하고 突함이 없으면, 다만 적은 흔적의 暈이 있어서 上分下合에 경계가 되는 것이다.

※ 양쪽 언덕의 蟬翼에 微茫한 砂는 境界된 다리에 새우수염이 적게 穴相을 안고 있는 것과 같더라.

155

⊙ 兩岸牛角隱隱砂는, 夾滴蟹眼穴中出이라.

⊙ 此水有名有證佐이면, 隱然盡處穴迎接이라.

※ 이 물에 이름이 있어서 證佐가 되면 은연히 山盡處에 穴을 영접하게 된다.

※ 양쪽 언덕의 소뿔 모양의 은은한 蟬翼砂는, 끼고 떨어지는 윤곽의 蟹目의 모양은 明穴中心에서나 나오더라.

穴訣歌 (明言句節)

⊙ 峽脈右出穴居左하고, 峽脈左出穴居右니라.

⊙ 若是眞龍定登堂이면, 天生奇穴點中天이라.

※ 山脈이 右側으로 나가면 穴相은 左로 坐定하고, 山脈이 左側으로 나가면 穴相은 右로 坐定한다. (左右旋으로 坐定되는 結穴의 理致이다.)

※ 만일 이 眞龍에 穴이 자리를 定하였다면 堂을 이루니, 하늘에서 낸 奇異한 穴이라 한 점이 中天에 떠 있더라. (높은 堂위에 坐定된 明穴의 氣穴象이다.)

◉ 我看星辰在龍上하니
預定前頭穴形象이라.

◉ 金箱玉印面前排하니
蜂屯蟻聚堆金石이라.

※ 이몸의 穴덩어리가 龍上에 있는 것을 보면 미리 前頭에는 穴의 形象이 定하였으리라.

※ 金箱王印과 같은 一字文星의 富峯砂格이 面前에 드러나며 벌의 모임이나 개미 둥우리처럼 金石이 싸이더라. (吉한 砂格이 照立되면 光彩나는 穴象이 結凝된다는 뜻이다.)

◉ 穴若不隨龍上星이면,
定然是假不是眞이라.

◉ 行龍之法無別理이니,
去殺留星而已矣라.

※ 穴이 만약 龍 위의 덩어리로 따르지 못하면, 정연 이것이 거짓이요 참됨이 아니다.

※ 行龍의 法은 특별한 理致가 없으니, 殺을 버리고 덩어리로써 머무를 따름이다.
(穴象은 結凝되지 않았으면 眞穴이 아니라는 뜻이다.)

◉ 地之大小以幹辨이요,
地之貴賤以格辨이라.

◉ 尋龍須尋祖與宗하니,
不辨祖宗何足說이리요.

※ 結地의 大小는 줄기 龍으로써 分別하고、結地의 貴賤은 砂格으로써 分別하라。

※ 龍을 찾는 데는 모름지기 뿌리에 根本을 찾을지니 祖宗을 분별치 못하면 어찌 만족한 말을 하랴。

11. 入首論

入首란 山川精氣의 聚氣로써 結凝된 곳을 말한다.

入首는 明堂이 結穴되기 위하여 來龍盡處에서 精氣가 總集結되어 入首의 聚氣로써 結穴되는 것이다. 비유해 말하면 모든 果實의 꼭지와 같은 곳이니, 마치 꽃을 피우려고 꼭지에 樹液이 모여서 꽃몽우리가 되는 形象과 같다.

入首의 氣象은 山川精氣의 行踪이 나타나는 것이니, 土質이 强하고 潤氣가 있으며 瑞氣와 光彩가 나는 것이다.

入首에는 正突聚氣入首와 束氣入首의 形象이 있다. 聚氣入首의 結穴이 있고, 聚氣의 形象이 없이 脈이 分明한 것도 있고, 未分明한 入首로도 結穴되는 것이니, 緊히 觀察할 것은 來龍의 마지막 二·三·節의 變化를 볼 것이다. 節項이 四·五步로 짧은 것은 生龍이 되는 理致요, 길어지는 것은 無力해지니 死龍이 된 것이다. 山理가 이와 같으니 千里來龍을 論할 것 없다. 마지막 一節의 生死로써 結穴의 可否가 決定되는 것이니, 穴頭에 도달한 一節의 生死를 볼 것이다.

入首에는 正突聚氣한 入首가 가장 吉한 것이다. 正突入首에는 子孫 모두가 크게 富貴發福을 할 수 있는 大地가 結穴되는 것이요, 束氣入首는 次子孫들과 外孫들의 發福之地이다.

聚氣 없는 入首의 結穴에도 그 山形山勢에 따라 大小地의 結穴이 되는 것이다.

入首圖(屈曲變化)

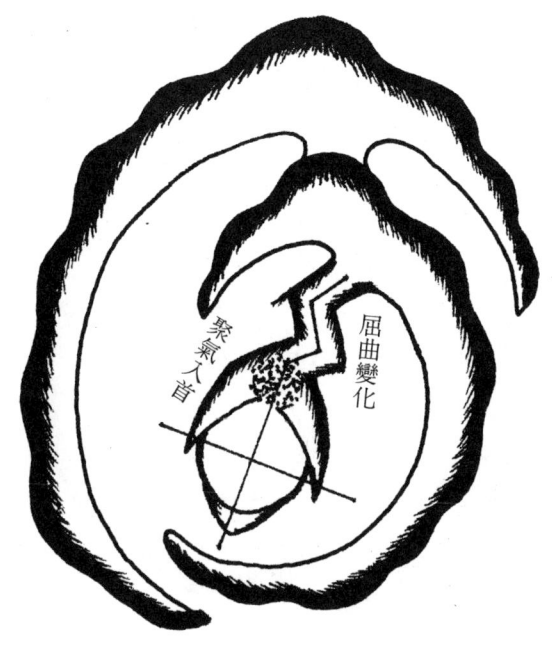

* 入首가 밝은 것은 貴로 보고, 岩石突出은 權勢로 본다.
* 入首聚氣는 長子가 富貴發福한다.
* 入首의 生氣가 없으면 次子가 發福하나, 貴는 없다. 富의 發福을 할 것이다.

入首圖(起伏變化)

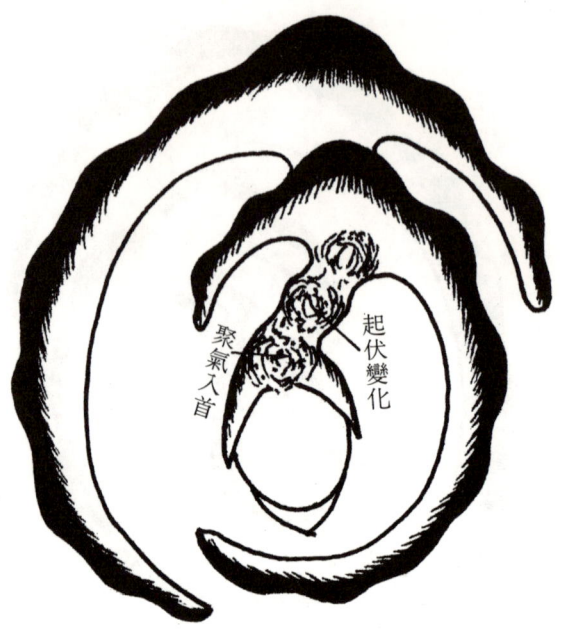

聚氣入首
起伏變化

＊ 入首의 變化形態는 여러가지나、屈曲變化나 起伏變化가 基本이 되는 것이다.

入首圖 (束氣變化)

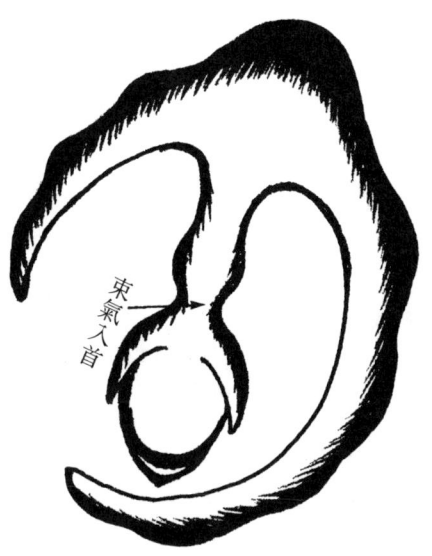

束氣入首

* 束氣入首의 穴은 次孫들의 發福之地이다.
* 長子는 發福도 적으며 獨子를 두게 된다.

入首圖(賤龍入首)

※ 賤龍으로 入首가 퍼지면 有妻에 取妾하고 卑賤者가 出產한다.
※ 入首土質이 無力하면 百病에 不具子孫이 난다.
※ 入首脈이 없으면 夭壽하고 財產이 倒敗한다.

入首圖(庶子發福之地)

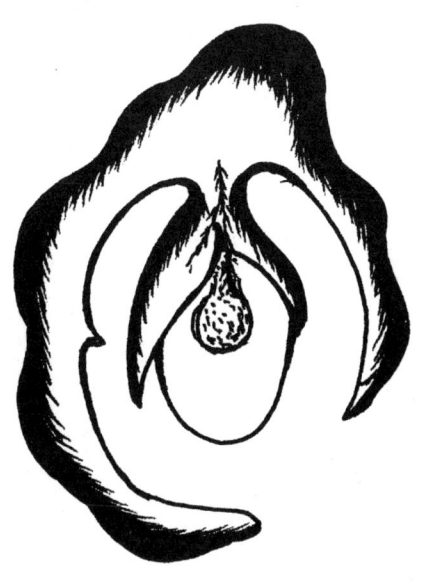

* 入首精氣가 當坂과 右蟬翼으로 나뉘어 通하면 適子 庶子가 생긴다.
* 右蟬翼이 旺하면 庶者의 發福이 旺하고, 適子는 無害하다.
* 非穴일 때 右蟬翼이 旺한 것은 後妻 所生과 一生을 지내게 된다.

入首圖(꼽추不具之地)

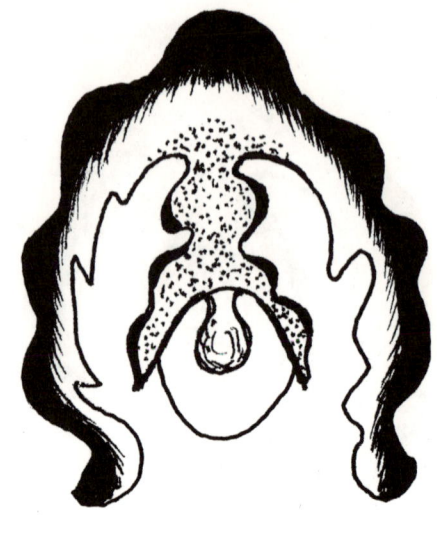

※ 꼽추가 나는 山勢는 白色旺砂土의 非石非土에 대개 많으며, 그림과 같이 龍이 正常變化를 하지 못하고 乾燥한 土質을 말한다.

入首圖(雙童出產之地)

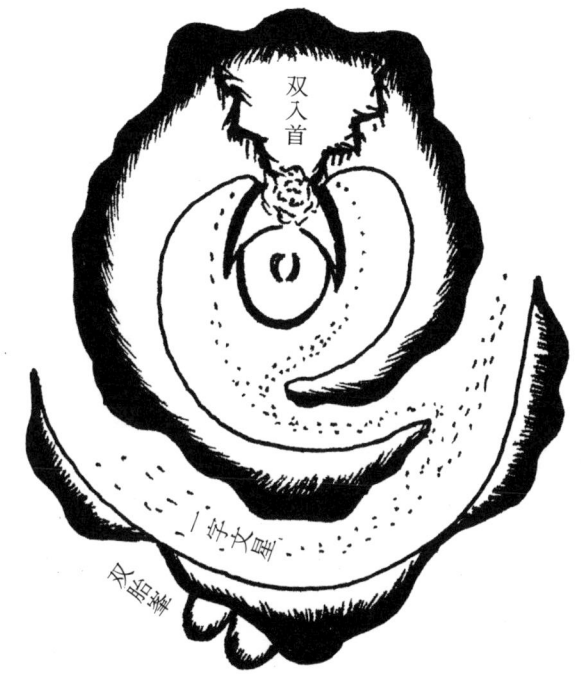

* 雙脈合聚에 明穴이 되며 双童이가 出世한다. 一字文星은 將相의 輩出을 論할 수 있다. (双脈이 아니어도 双胎峯에 双胎出產이다.)

(古書文獻)

入首論

⊙ 入首는 星辰이 端正하고 頂肩이 明淨이라.

※ 入首는 星辰이 端正하고 이마와 어깨가 밝고 깨끗해야 한다. (다시 말하면 入首는 正突聚氣하여 단정하고, 蟬翼과 入首정상이 陽明하여 土質이 潤澤해야 한다는 뜻이다.)

⊙ 最關者는 穴後一節이니, 當尋來脈之長短이라.

※ 가장 關係할 것은 穴後의 一節이니, 마땅히 來脈의 長短을 찾을 것이다. (入首는 變化一節에 生死가 매였으니 節脈이 짧은 것은 生脈이오, 긴 것은 死脈이니, 保龍된 것은 生龍으로 보는 것이 山理의 法인 것이다.)

⊙ 結穴入首는 亦應過峽而成 故로, 陰陽之形이 於此爲別이라, 故로 緊關者는 入首一節也라.

精校地理正宗 **入首論**

◉ 入首者는 乃龍到頭에 忽起하면 爲結穴之主祖라, 古語云 未論千里之來龍하고, 但看到頭之融結이라.

※ 入首란 것은 이 龍의 精氣가 머리에 도달하여 홀연히 일어나 둥글게 되어 結穴하는데, 始初가 되는 主祖體가 된다 하였고, 옛말에도 이르기를 千里의 來龍을 論하지 말고 精氣가 머리에 도달하여 融結한 것을 보라고 하였다.

青烏經 **入首論**

◉ 峽上에 察脈하여 脈又細嫩活動하여 帶結氣束이라.

※ 結穴入首는 또한 過峽을 應하여 이루는 故로, 陰陽의 形象이 이로써 分別함이 되는 것이다. 그런 故로 긴히 必要로 하는 것은 入首의 一節인 것이다.

※ 峽上에서 脈을 살펴서 脈이 또한 가늘고 곱고 활동해서 꼭지가 맺히고 氣가 뭉여야 한다.

靑烏龍經 入 首 論

⊙ 入首者는 乃龍之到頭에 忽起成峯하여 主祖結穴開前이니 所謂父母山 也라.

※ 入首란 것은 이 龍에 精氣가 穴頭에 도달하여 홀연히 일어나 봉을 이루어 穴을 맺는

⊙ 入首者는 上聚行龍之精神하고、下抱明穴之眞氣也라. 故로 入不分明 이면 應不分明이요. 入有分明이면 應有分明이라.

※ 入首란 것은 上으로는 行龍에 精神이 모이고, 아래로는 明穴에 眞氣를 안았다. 그런 故로 들어옴이 分明치 못하여 은근하고 應하는 것도 分明치 못하여 희미하기도 하며, 들어옴이 分明이 되면 應함도 分明함이 있느니라.

地理正宗 **入首論**에

데 祖宗의 主山이 되어 앞에 開穴하니 소위 父母의 山인 것이다.

◉ 乃龍盡頭의 一峯이 卽 結穴之 主山이니、所謂玄武腦也라.

※ 이 龍盡處頭의 한 봉우리는 즉 結穴의 主山이니, 다시 말하면 머리의 腦와 같은 것이라 하였다.

卜氏云 하되

◉ 務要束氣淸眞하니 轉變秀麗則其融結이 方眞이오、又要 細看之則 其入首處는 必須軟肥圓滿하여 形如鼈蓋而氣勢雄壯이면、是乃眞龍眞穴이니라.

※ 전혀 龍勢가 束氣하여 맑고 참됨을 필요로 하니、轉換하고 變化함이 秀麗한즉 그 融

入首歌 〈明言句節〉

● 過峽一線短又細하니,
蜂腰鶴膝束氣聚라.

※ 과협의 한 線은 짧고, 또 가늘어서 峯의 허리나 鶴의 무릎처럼 氣가 묶여서 모여야 한다. (束氣 入首聚氣의 모양을 뜻한 말이다.)

● 軟腰過長不敢裁요,
氣若無力束不來라.

※ 부드러운 허리가 너무 길다면 감히 裁穴하지 못할 것이오, 氣가 만약 힘이 없으면 來龍에 束氣를 하지 못한다.

● 欲知結地不結地는
請君旦看吹響器라.

● 要識束氣不束氣면,
萬物結果看器樣이라.

結되는 것이 方向으로 眞奇한 것이니, 또 要컨대 자세히 본즉 그 入首處에는 반드시 모름지기 豊肥하고 圓滿하여 그 모양이 자라의 뚜껑과 같고 그 氣勢가 雄壯하면 이에 龍이 참되어서 穴이 참되니라.

※ 要컨대 束氣를 했느냐 束氣를 못했느냐를 알려면 온갖 열매가 맺힌 것이나 器類의 모양을 보라.

※ 穴을 맺었느냐 맺지 못하였느냐를 알고자 하거든 그대에게 請하노니 다만 부는 나팔을 보라.

⊙ 入氣孔大氣亦散이오, 入氣小孔氣卽聚라.

⊙ 聚則能腦散不腦하니, 方知結地不結地라.

※ 精氣가 들어가는 구멍이 크면 氣가 또한 흐트러지고, 氣가 들어가는 구멍이 작으면 氣가 곧 모이는 것이다.

※ 氣가 모인즉 능히 통통한 뇌의 덩어리가 되고, 흐트지면 뇌의 덩어리는 穴象의 뜻), 방향으로 穴을 맺었느냐 맺지 못하였느냐를 알 것이다. (結凝된 것은 하나의 穴象이 될수 있으나 흐터지면 穴象이 될수 없다는 뜻이다.)

⊙ 過峽一線에 短又細하니, 蜂腰鶴膝에 束氣聚라.

⊙ 屈曲活動은 龍之生이오, 醜粗硬直은 龍之死라.

※ 굴곡되어 활동하는 것은 龍이 살아 있는 것이오, 추하고 거칠고 뻣뻣하고 곧은 것은 龍이 죽은 것이다.

※ 峽을 일운 한 線은 짧고 또 가늘으니 벌의 허리와 鶴의 무릎 같이 뭄이어 氣가 모인 것이다.

⊙ 識龍固難穴尤難이오, 穴中玄妙難備說이라.

⊙ 來龍勿論短與長하고, 但看到頭之一節하라.

※ 龍을 안다는 것은 진실로 어려운 것이오, 穴은 더욱 어려운 것이라. 穴가운데는 妙하고 神奇하여 갖추어 말하기란 어려운 것이다.

※ 來龍의 짧고 다만 긴 것을 論하지 말고, 다만 이르는 머리(入首)의 一節을 볼지니라.

12. 當坂論

當坂이라 함은 結凝된 平面의 穴相을 말한다. 그 모양을 비유해 말해 보면, 달걀의 좁은 쪽을 위로 하여 뉘여 놓은 것을 내려다 보는 形象이니, 이 圖形과 함께 穴相의 五嶽이 다시 說明된다. 入首는 山川精氣가 聚氣된 곳이다. 聚氣에서 양쪽으로 퍼져 나온 것이 蟬翼이며, 그 蟬翼밑의 둥근 것이 當坂이며, 當坂밑의 받쳐 준 것이 氈唇이 되어서 이와 같이 五嶽을 갖춘 穴의 當坂이 되는 것이다.

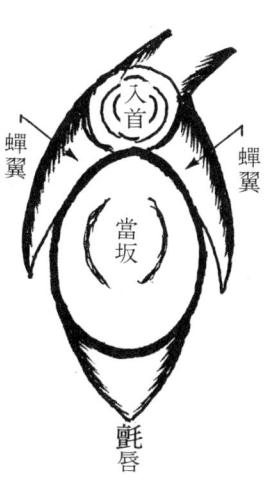

當坂은 輪廓이 分明한 것이다. 이를 古書에는 蟹目(게눈)이라 表現했고, 또 上分下合이라고도 하였다. 當坂의 結凝은 과일과 같이 둥근 形體로 되어 있다. 土質은 非石非土로서 潤氣가 나는 生土이며, 色相이 밝은 것이다. 潤氣가 없거나 乾燥하여 無力한 것은 色相을 不問하고 모두 死土인 것이다.

當坂은 달걀形의 輪廓이 均衡을 이루어야 하고, 坐定한 것이 똑발라야 한다. 土質이 無力한 것은 結穴된 當坂이 아니며, 또 沙태자국과 같은 屈曲은 黃泉水 侵入이요, 柔하여 無力한 것은 八曜風殺을 맞은 것이다. 종운듯 매달린 듯 하거나, 이그러졌거나,

합해 말하면、胎・正・順・强・高・低의 氣象으로 되어야 한다。

(古書文獻)

當坂論

⊙ 兩岸牛角隱隱砂는 夾滴蟹眼穴中出이라。

※ 양 언덕의 소뿔 모양의 은은한 蟬翼砂는 끼고 떨어지는 蟹目 같은 輪廓은 明穴中心에서 나오더라。

⊙ 有分無合則 難裁요、有合無分則 難據라。重重節抱에 薄處可裁요、隱隱毬簷에 簷下是的이라。

※ 나눔이 있고 합함이 없은즉 裁穴하기 어렵고、합함이 있고 나눔이 없은즉 依據하기 어려우니、겹치고 겹쳐서 龍節을 싸준 곳에는 薄한 곳에 可히 裁穴을 할 것이요、은은한 毬簷(蟬翼밑 當坂)에 簷下밑이 적당하다。

◉ 古書에 云 莫誇來龍之美惡하고、但看穴內分合이라 하니라。

※ 고서에 이르기를 來龍이 곱고 미운 것을 말하지 말라、다만 穴內에 나누고 合한 것을 보라 하였다。(穴相 蟹目즉 게눈 같은 윤곽을 보라는 뜻이다。)

◉ 穴處는 陰陽分受하고、窟突이 明白하고、上分下合하고、尖圓枕對하고、四方이 平正이라。

※ 穴處는 陰陽을 나누워 받고、窟(凹深而明曰窟이오)과、突(凸高而顯曰突)이 明白하고、上分下合하고、穴相앞에 氈과 脣은 尖圓하게 대하고 四方이 平正해야 한다。

◉ 朝案이 美하고 明堂이 平하고、水勢가 聚하고 鬼樂이 備하고、龍虎가 纒護하고、脣氈이 正하고、分合이 明則此穴之證也니라。

※ 朝山 案山이 아름답고、明堂이 平正하고、水勢가 모이고、鬼砂와 樂山이 具備하고、龍虎가 전호하고、脣氈이 바르고、上分下合이 (穴相의 뜻) 밝은즉 이 穴에 證據인 것이다。

⊙ 支龍이 得石이면 成胎하고, 隴龍이 遇平이면 有結이라. 支龍이 强則貴요, 不强則不貴라. 隴龍이 斷則結이요, 不斷則不結이라.

※ 枝龍이 돌을 얻으면 胎(當坂)를 이루고, 隴龍이 平平한 곳을 만나면 結穴이 있느니라. 枝龍이 强하면 貴함이 되고, 强하지 못하면 貴하지 못하고, 隴龍이 잘숙한즉 穴을 맺는 것이요, 束氣를 못하면 結穴하지 못한다.

⊙ 古云萬仞이 不如一堆요, 高山이 不如平地라 하니, 陰見陽而始生하고, 陽得陰而發育이라.

※ 예전에 말하기를, 萬길 山이 한 덩어리의 砂만 못하고, 높은 山이 平地만 같지 못하다 하였으니, 陰은 陽이 나타나서 始生되고, 陽은 陰을 얻어야 發育하나니라.

⊙ 有勢而無星者는 不能爲貴요, 有星而無勢者는, 不得爲大니라.

※ 勢만 있고 星(덩어리)이 없는 것은 能히 貴함이 되지 못하고, 星만 있고 勢가 없는 것은 大地가 되는 것을 얻을 수 없다.

⊙ 山勢가 淸而巧者는 主貴요、頑而厚者는 主富라、洋龍得氣爲眞이오、纏身水繞면 爲佳라。

※ 山이 맑고 공교한 것은 貴를 主張하게 되고、頑朴하고 厚한 것은 富를 主張하게 되나니라。平洋龍에는 氣를 얻는 것이 참됨이 되고、몸(當坂)에는 물이 둘러 있는 것이 아름다움이 되나니라。

13. 蟬翼論

蟬翼砂란 穴坂兩邊에 下抱된 것을 말한다. 蟬翼砂는 入首로부터 퍼져나온다. 그 形態는 점차로 가늘어져야 한다. 끝 部位가 커지는 것은 그 入首가 거짓된 것이다.

蟬翼砂는 厚德함을 要한다. 精氣는 厚德한 데서 온전한 融和로 大地結穴하고, 微茫한 蟬翼에 小地結穴한다. 옛말에 蟬翼이 자라뚜껑과 같아야 그 穴이 大地라 하였다. 穴이 밥솥과 같은 그릇이라면 蟬翼은 뚜껑과 같아서 김이 새지 않아야 하고, 바람이 들어갈 수 없어야 하는 중요한 역할이 되는 것이다.

※ 蟬翼砂에는 크고 작은 것이 있다.

· 大者曰…枝脚이라 했고,
· 中者曰…燕翼이오.
· 小者曰…蟬翼이다. 그 外는 暈形으로 蟬翼이 되는 수도 많다.

(古書文獻)

蟬翼歌 (明言句節)

⊙ 邊有微茫　蟬翼砂하며、
　窩口에　分明牛角樣이라.

⊙ 上有微茫八字分
　下有微茫八字合이라.

※ 當坂 옆을 희미한 蟬翼砂(싸준 것)가 있으며, 窩口에 (窩象의 蟬翼이) 소뿔의 모양이 分明해야 한다.

※ 위에서 희미한 八字形으로 나눈 게 있으며, 아래서 희미한 八字가 合하는 것이 있어야 한다.

⊙ 上開八字以遮風하고、
　下閉八字以開穴이라.

⊙ 兩岸牛角隱隱砂는
　夾滴蟹眼穴中出이라.

※ 위에는 八字가 열림으로써 바람을 막고, 아래의 八字를 닫아서 開穴되느니라.

※ 양쪽 언덕의 소뿔모양의 은은한 蟬翼砂는 끼고 떨어지는 蟹目의 윤곽이라 明穴中心에 서나 나오더라.

◉ 山勢速則速發이오、
山勢緩則興遲니라.

※ 山勢가 오곳하게 應氣한 것은 速發하는 것이오, 山勢가 완만하면 興旺함이 늦어지니라.

◉ 窩穴土城巨富요、
穴覆伏瓦饒足이라.

※ 暈으로 된 穴이 土城을 이루면 巨富가 나는 자리요, 穴에 덮인 蟬翼이 기와를 엎어놓은 形象이면 家勢가 豊富하게 된다.

青烏經 **蟬翼論**

※ 不蓋之體는 是謂腐骨이오…… 蟬翼이 덮이지 못한 當坂은 魄骨이 곧 썩는 것을 말한다

※ 不及之體는 生人絶滅이라…… 當坂이 豊滿하지 못한 곳은 一家族이 멸망한다.

※ 騰漏之體는 翻棺敗槨하고…… 精氣가 洩氣된 龍은 墓봉분이 무너지고 棺이 뒤집혀 敗하게 된다.

※ 背因之體는 寒水滴瀝이라…… 山등을 의지하면 冷脈이라, 寒水가 스며든다. (屍體가 썩지 않은 곳이다.)

14. 氈唇論

氈唇이란 穴坂結凝에 餘氣로서 作唇된 것을 말한다.

氈唇에도 氣가 있어야 하고, 大穴에는 두래방석과 같은 氈과 小穴에 새주둥이와 같은 唇이 當坂을 받아야 위의 穴이 참된 것이니, 尋穴하는데 穴證으로 보는 것이다.

氈唇이 큰 것은 그 當坂에 洩氣가 된 것이오, 적고 無力한 것은 虛한 當坂일 것이다.

氈唇의 形態는 여러가지나, 그 中心點이 穴坂의 坐向에 焦點이 된다. 裁穴時에도 이 焦點을 坐向에 基本으로 하여 分金하는 것이다.

185

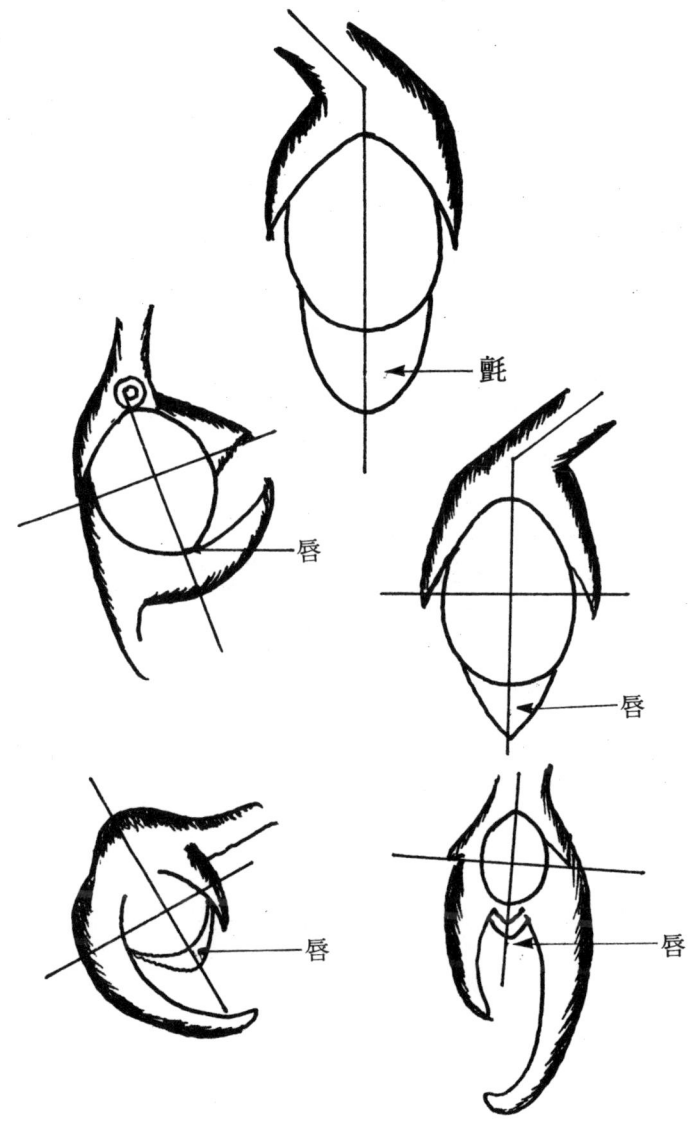

(古書文獻)

氈唇論

⊙ 唇氈者는 穴前에 有餘氣하여 鋪展而爲定穴之證也라.

※ 唇 이란 것은 穴前에 남은 氣가 있어서 펴놓아 穴을 定하는데 證據가 되는 것이다.

⊙ 蓋有穴則必有生氣요, 有生氣則必有餘氣라. 若穴前에 無餘氣則穴不眞이라.

※ 대개 穴이 있으면 반드시 生氣가 있고, 生氣가 있으면 반드시 남은 氣가 있는 것이다. 만일 穴前에 남은 氣가 없은즉 穴이 참되지 못한 것이다.

⊙ 唇氈者는 小者曰 唇이오, 大者曰 氈이니, 唇如牛唇之唇이오, 氈如鋪氈也라. 橫龍結穴에 尤須看이니, 不可忽者라.

氈唇 禍福歌 （明言句節）

⊙ 山無餘氣則 必無子孫이 是也라.

※ 穴地(當坂)에 남은 氣가 없으면 반드시 子孫이 없다는 것이 이것이니라 하였다. (當坂 밑에 餘氣란 즉 氈唇이 없으면 그 當坂에 精氣의 融化가 없는 것이니 子孫을 生할 수 없다는 뜻이다.)

⊙ 穴前下之急空은 醉中路於誤死라.

⊙ 腦後低而唇擧는 落水死與落馬라.

※ 穴 앞이 급한 낭떠러지로 虛하다면 물에 떨어지거나 또한 말에 떨어져 죽게 된다. (落馬死는 現代는 車事故의 誤死로 보아야 한다.)

※ 唇氈이란 것은, 적은 것은 唇이라 하고, 큰 것은 氈이라 하니, 唇은 새주둥이나 입술 같은 것이오, 氈은 방석과 같은 것으로서, 橫龍에 結穴되었을 적에 더욱 모름지기 볼 것이오, 可히 가볍게 여기지 않아야 할 것이다.

187

※ 當坂 뒤가 낮고 前脣이 떠들렸다면 路中에서 술에 취하여 誤死하게 된다. (入首 뒤가 낮은 것은 長子急死나 夭折이요, 墓 앞이 떠들인 것은 末子孫에 不孝不忠이다.)

◉ 堂前吐舌直走하면,
必移鄕而丐乞이라.

◉ 山以地支爲吉하고,
水以天干爲吉이라.

※ 山에는 地支字가 吉하고 물은 天干字가 吉함이 된다.

※ 墓所 앞에 토해 놓은 혓바닥이 곧게 다라나면 반드시 고향을 떠나가서 乞食者가 되느니라 하였다.

15. 樂山論

樂山이란 穴坂의 後面에 應氣된 山을 말한다. 樂山의 形態는 秀美해야 하고, 穴體 後面에 가까이 대한 것은 樂山이 되어 應氣된 것이나, 멀리 대한 것은 氣가 散漫하여 結穴하는데 應氣가 不可한 것이다. 樂山의 應氣로써 結穴되는 穴象들은 沒骨穴形(길게 빠져나온 穴形)이나, 凹腦穴形(暈形으로 오목한 穴形)이나 側骨穴形(橫落坐向)이니 樂山은 穴證으로 볼 것이다.

* 鬼樂이 相符된 것은 大地結穴이오,
* 樂山이 御屛砂로 된 것은 王妣나 將相之地다.

樂山圖(御屏樂山砂)

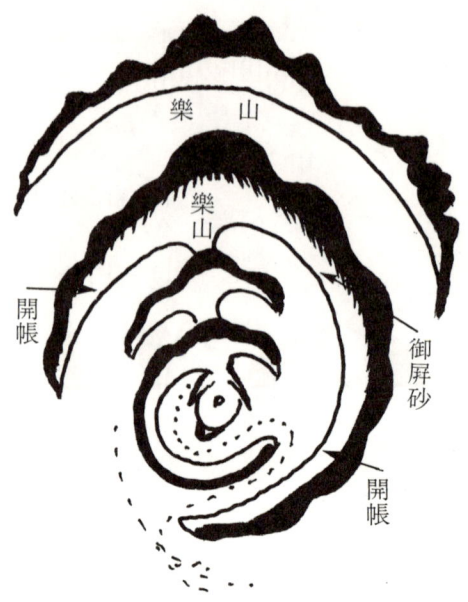

中祖峯이 帳幕을 이루어 御屏砂로 樂이 된 것은 帝王妣가 날 大地이다.

鬼星圖(橫龍結穴)

橫龍結穴에 有鬼有樂하고라 했다。위의 圖形은 鬼星도 있고 樂山도 있다。

(古書文獻)

樂 山 論

⊙ 樂山者는 穴後應氣之山也니、橫龍結穴의 證穴之緊要者也라.

※ 樂山이라 하는 것은 穴 뒤에 應氣된 山이니、橫龍結穴의 穴證으로 긴요한 것이다.

⊙ 樂不可太高하니 太高則有氣壓之勢라.

※ 樂山은 可히 너무 높지 않아야 하는 것이나、너무 높은즉 氣를 누르는 形勢가 있나니라.

⊙ 或星體爲樂者도 亦美하나니、有本身之樂하고、有客山之樂하고、有祖宗之樂이니라.

※ 或自身의 星體에 樂이 된 것도 또한 좋으니、本身의 樂이 있고、客山의 樂도 있고、祖宗山의 樂도 있는 것이다.

◉ 樂山이 若在數百步之外則力量이 細矣니라.

※ 樂山이 만일 數百步 밖에 있은즉 그 역량이 적은 것이다.

◉ 有鬼有樂하고、或有樂無鬼可也요、或有鬼則雖無樂이라도 可也니라.

※ 橫龍에서 結穴하는 데는 鬼가 있고、樂이 있고、혹 樂만 있고、鬼는 없어도 可하고、혹 鬼가 있은즉 비록 樂은 없어도 可하니라 하였다.

16. 鬼星論

鬼星이란 入首나 當坂部位에 精氣充滿의 附氣之星으로 結凝됨을 말한다.

鬼星에는 撞鬼 直鬼 岩石으로 된 鬼가 있다. 鬼는 强하게 뭉쳐야 力量이 큰 것이오, 散漫하거나 길게 빠져 끝이 뭉치면 本身이 泄氣를 當하는 것이다. 鬼가 入首變化에서 生하여 或 一邊이나 兩邊으로 三台星을 이루면 王侯之地가 結穴되고, 穴坂兩邊에 附氣하면 國富之地요、岩石鬼는 勢道之地가 된다.

혹 穴坂前後에 直鬼砂는 枝脚이라 하여 次格으로 看做한다. 특히 橫落坐에는 後撐으로 鬼砂가 된 것은 結穴에 證據로 보는 것이다.

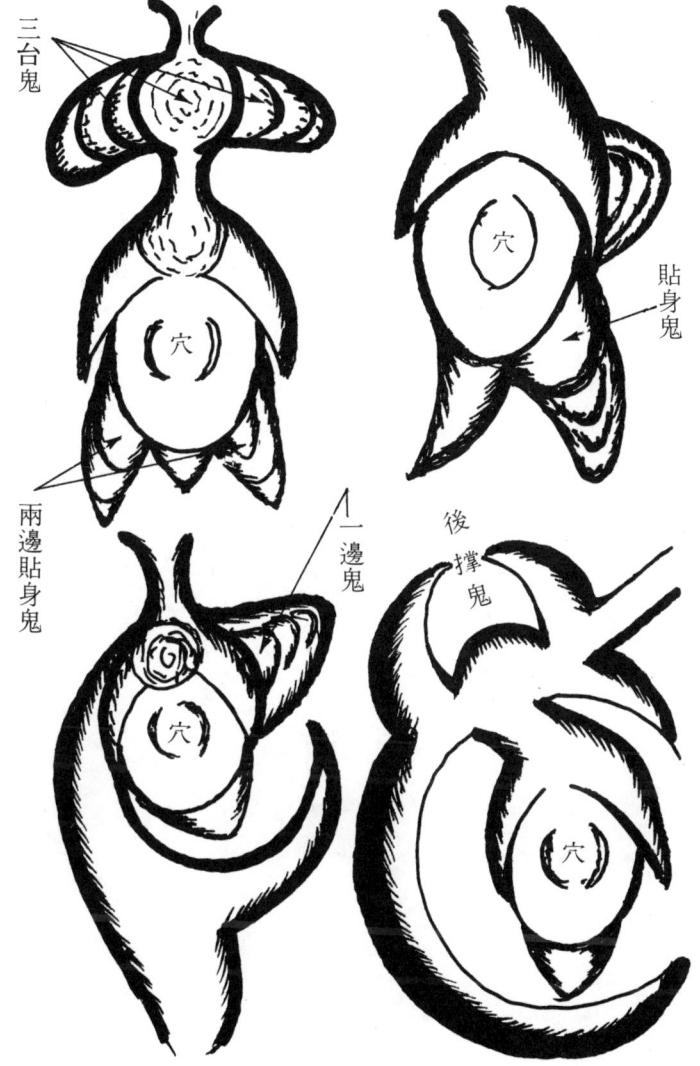

(古書文獻)

鬼星論

⊙ 鬼星者는 在於橫落偏斜之穴後而爲證者也라.

※ 鬼星이란 것은 橫으로 떨어져 비뚤어 된 穴後에 있어서 證據가 되는 것이다.

⊙ 偏穴에 若無鬼則 穴不眞也라.

※ 偏穴에 만일 鬼星이 없으면 穴이 참되지 못하니라.

⊙ 鬼不可 太長이니 太長則奪本身之氣니라.

※ 鬼星은 可히 너무 길면 안되는 것이다. 너무 길은즉 本身(穴坂)에 氣를 빼앗기는 것이다.

◉ 鬼有一邊鬼 兩邊鬼 直鬼 撞鬼 貼身鬼也니라.

※ 鬼는 一邊에 鬼星과 兩邊에 鬼와 곧은 鬼와 뭉친 鬼와 몸에 붙은 鬼砂가 있는 것이다.

17. 案山과 朝山論

案山이란 것은 如拱 如揖 如拜의 形象으로 穴前에 應氣된 砂를 말한다. 案山이란, 옛말에 與夫婦之同坐라 하였으니, 穴의 性情에 짝이 될 만한 形象의 案이 應氣되어야 한다는 것이 結穴의 理致인 것이다.

案의 形象에는 一字文星案, 蛾眉形案, 富峯形案, 橫樑案, 日傘案으로 五形의 案이 있다.

案山의 重要性은, 옛말에 外應萬形之貴砂가 不如近身一抱案이라 했고, 穴前에 萬殺을 막아주는 것이다.

朝山은 龍虎 이외에 羅列된 山을 말하며, 朝案은 穴前에 應氣하는 砂로서 秀媚清巧하고 回抱有情해야 正常이라 할 수 있다.

朝案은 內面에 沙汰로 屈曲이 심하거나, 枝脚이 있어서 背面되었거나 飛走形態의 形象은 모두 凶砂인 것이다.

(古書文獻)

案 山 論

◉ 案山이 聚集하면 必有眞穴이오、飛走면 決無好也라。

※ 案山이 聚集하면 반드시 眞穴이 있고, 나르는듯 도망가면 결코 좋지 못하다.

◉ 葬法에 云、外陽의 秀麗千萬山이 不如近身一抱案이라。

※ 葬法에 이르기를, 外陽의 수려한 千萬山이 가까운 몸에 一抱한 案만 못하다 하였다.

◉ 朝山은 不可破頭요、案山은 不可破顔이라。

※ 朝山은 可히 머리가 깨져서는 안되고, 案山은 얼굴이 깨져서는 아니되는 것이다.

⊙ 朝案者는 在於穴前之砂也라、或峯巒이 高·低·平·圓·拱·揖·拜·者니, 如諸侯가 朝於天子라、故로 曰朝요、如貴人據案分政故로 曰案이니라.

※ 朝山과 案山이라 하는 것은 穴前에 있는 砂格이니, 혹 山이나 峯巒이 높고 낮고 平平하고 둥글고 팔장을 낀듯 읍하는 듯, 절하는 듯하니, 諸侯가 天子에 朝會하는 것과 같은 故로, 이를 일러 朝山이라 하였고, 또 貴人이 책상을 점거하고 政事를 나누는 것과 같은 故로 案이라 한 것이다.

⊙ 且云 案山은 高欲齊眉하고、低欲應心이라.

※ 또 이르기를 案山은 높으면 눈썹에 가지런하고자 하고, 낮으면 가슴에 應하고자 한다.

青烏經
案 山 論

⊙ 案山者는 應穴之砂니 端立留氣하여 如朝 如拜拱揖者爲吉하며、太長

大短者不吉하고 穴高則宜遠이오、穴低則宜近이라.

※ 案山이라 하는 것은 穴을 應氣하는 砂格으로서 모양이 단정하여 氣가 머물러야 하며, 모양은 서로 마주대하여 절하는 듯 읍하는 듯 拱手하는 듯하면 吉한 것이오, 甚히 긴 것과 짧은 것은 모두 불길하며 案山의 形이 아닌 것이다. 또 穴處가 높은즉 마땅히 案山의 위치가 먼 것이오, 穴處가 얕은즉 가까운 것이 당연한 것이라 하였다.

地理正宗 朝山論에

◉ 朝山者 主龍前面之應龍이니、此은 如人君視政而大臣進謁故로 曰朝라.

※ 朝山이란 것은 主山前面에 應氣한 山을 말하니、比喩하면 이에 君王이 政治를 하는데 大臣들이 나아가 배알하는 것과 같은 故로 이를 일러 朝山이라 한 것이다.

地理演會集 朝案辯에

◉ 來龍結穴에 貴有朝案을 常論也라。而有에 有朝無案者하고、有案無朝者하고、又有朝案俱無者니 將何所取用哉아。惟欲水聚于明堂之中耳니라。

來龍에서 穴을 맺을 때 案山과 朝山이 있어야 貴함이 된다는 것을 恒常 論하는 것이나、그러나 朝山은 있으나 案山은 없는 것도 있고、案山은 있으나 朝山이 없는 것도 있으며、또 案山 朝山이 모두 없는 것도 있으니、여기에는 장차 무엇을 가지고 쓴다고 하리오. 오직 물이 明堂中에 모이는 것을 取하고자 하라.

人子須知 案朝論에

◉ 朝與案은 皆穴前之山이라、一目有辨하니 不可紊而爲一也라。蓋近而小者는 稱案이오、遠而高者는 稱朝라。謂之案者는 如貴人據案處分政出令之義요、謂之朝者는 卽賓主相對抗禮之義라 故로 案山은 近小而

※ 朝山은 高遠也라.

※ 무릇 朝山과 案山은 다 穴前의 山이라, 한 눈으로 분별 함이 있으니 可히 어지럽지 아니하고 한결같이 되나니라. 대개 가깝고 적은 것은 案이라 稱하고, 멀고 높은 것은 朝山이라 칭한다. 이른바 案이라 하는 것은 貴重히 書案을 의지하여 正令을 分政하는 뜻이며, 朝라고 하는 것은 卽 賓主가 相對하여 禮를 겨르는 것과 같으니라. 그런故로 案山은 近小하고, 朝山은 높고 먼 것이니라 하였다.

案朝山의 禍福歌 (明言句節)

⊙ 見筆峯之案 有하면,
世世出於文士라.

⊙ 見印峯之案 有하면,
世世出於仁達이라.

※ 文筆峯이 案山으로 있어 보이면 代代로 文士가 나느니라.

※ 印峯이 나타나 案山으로 있으면 代代로 仁慈하고 顯達(벼슬과 덕망이 높이 드러남)할 人材가 나느니라.

⊙ 案山有之雙谷은,
　垂淚流而不祥이라.

※ 案山에 雙谷이 이루어져 있으면 쏟아지는 눈물이 흘러서 祥瑞롭지 못하니라.

⊙ 勿爲長谷案對하라.
　染病致死不祥이라.

※ 긴 골짜기를 案對를 하지 말 것이다. 염병으로 죽음에 이르게 되니 祥瑞롭지 못하니라.

⊙ 懸裙砂之案有면,
　其子孫之淫行이라.

※ 걸어 놓은 치마 같은 砂格이 案對에 있으면 그 子孫에 淫行이 있게 된다.(또 不具子孫出産도 있는 것이다.)

⊙ 案對隱有窺峯이면,
　必急死之不絶이라.

※ 案對에 窺峯이 숨은 듯하게 있으면 반드시 急死당하는 것이 끊어지지 않는다.(窺峯은 흉한 일이 많이 생기는 것이다.)

⊙ 案山有之大岩은
凶禍出於子孫이라.

※ 案山에 大岩이 있으면 凶한 禍가 子孫에게 나게 된다.

⊙ 案山石如虎坐하면,
可畏驚於山君이라.

※ 案山에 岩石이 호랑이가 앉은 것과 같으면 可히 山호랑이에 놀라 두려움을 당하느니라. (요즈음은 교통 사고로 보아야 한다.)

⊙ 案山臥石濕流하면,
頭風中風多病이라.

※ 案山의 드러누운 岩石에 濕氣가 흐르면 頭風(腦病) 中風病이 많이 나느니라. (문둥병

⊙ 弊衣砂之案列이면,
其子孫之丐乞이라.

※ 案山의 드러누운 岩石에 濕氣가 흐르면 頭風(腦病) 中風病이 많이 나느니라. (문둥병 환자가 생긴다.)

※ 衣服이 헤진 것 같은 砂가 案對에 羅列되면, 그 子孫에게 乞人者가 생기느니라. (관재 口舌에 不具子가 많이 생긴다.)

18. 砂格論

砂라 하는 것은 穴地附近에 보이는 모든 山·水·石의 吉凶상태를 말한다.

砂에는 吉한 砂格과 凶한 砂格이 있다.

吉砂란 山의 形象이 秀美한 形態를 말하며 凶砂란 險峻하고 醜惡한 砂를 이르는 것이니 吉凶의 判別로서 穴의 禍福을 論하는 것이나 砂法이란 砂의 大要는 根本이 그 穴의 自體에 있는 것이라.

禍福을 論하는 方法은 우선 穴體를 살펴 大小地의 等差를 判別하고 吉凶砂格과 아울러서 文武富貴와 興亡盛衰를 推算하는 것이다.

富貴禍福의 分別法은 모든 砂에 陽明한 것은 貴함으로 보고, 厚德한 것으로 본다. 砂格은 한 形象에 文武富貴가 다 있는 것으로 看做하되, 砂格이 遠在하면 後代發福이오, 近在하면 當代發福으로 본다. (重疊의 한 겹을 一代 三十年으로 추산한다.)

砂格의 形象이 雄壯한 것은 將相이 날 것이오, 岩石으로 된 砂格이 瑞氣하는 것은 王氣가 서리는 靈氣이니 帝王砂格으로 볼 것이며, 天乙太乙로 聳秀한 것은 聖賢君子가 나며 적게라도 美形의 形象을 이룬다면 鄕村의 어른이 나는 것이다. 또 穴體에 鬼星이 附砂되거나 貴岩이 露出되는 것은 하나의 砂格에 發福時效를 三十年을 附加하는 것이다. (예를 들면 當坂一席之地에 附砂一點을 合하여 二砂之地가 되어 六十年發福之地가 된다.)

凶砂看法에 있어서 無氣力하여 陰濕한 것은 夭壽・疾病・財敗・卑賤者가 나는 것이오, 險峻한 것은 官災・財產倒敗・誤死等이 있고, 醜惡한 것은 淫亂・疾病・不具・妻宮이 不利하다. 墓所附近의 醜한 亂石은 家庭不和에 一朝破產이다. 墓所 左右가 險亂한 것은 本外孫이 放蕩하고 不孝하고 不具者나 卑賤子가 나는 것이다. 醜惡한 山으로 破局된 것은 貧窮・精神疾患・盜賊子孫이 나며 乞食者가 나는 것이다.

砂法의 大義는 結穴된 穴象이 爲主가 되는 것이다. 結穴이 完全하다면 凶砂의 몇 點은 轉禍爲福이 되는 게 眞理오, 특히 明穴大地에는 혹 冲砂가 있는 것이 吉한 變化가 생겨 發財發貴가 더욱 큰 發福을 부르는 것이다.

吉한 砂格歌

* 君王砂……帝王候가 난다。(極貴砂)
* 御屏砂……帝王妃가 난다。
* 賢君砂……聖賢君子가 난다。
* 一字文星砂……將相級이 輩出된다。
* 富峯砂……巨富子孫이 난다。
* 文筆砂……名筆文章이 난다。
* 蛾眉砂……美人子孫이 난다。
* 貴峯砂……郡守級 이상의 官長이 난다。
* 双胎峯砂……雙童이 出産한다。
* 獨峯砂……鄕村의 어른이다。

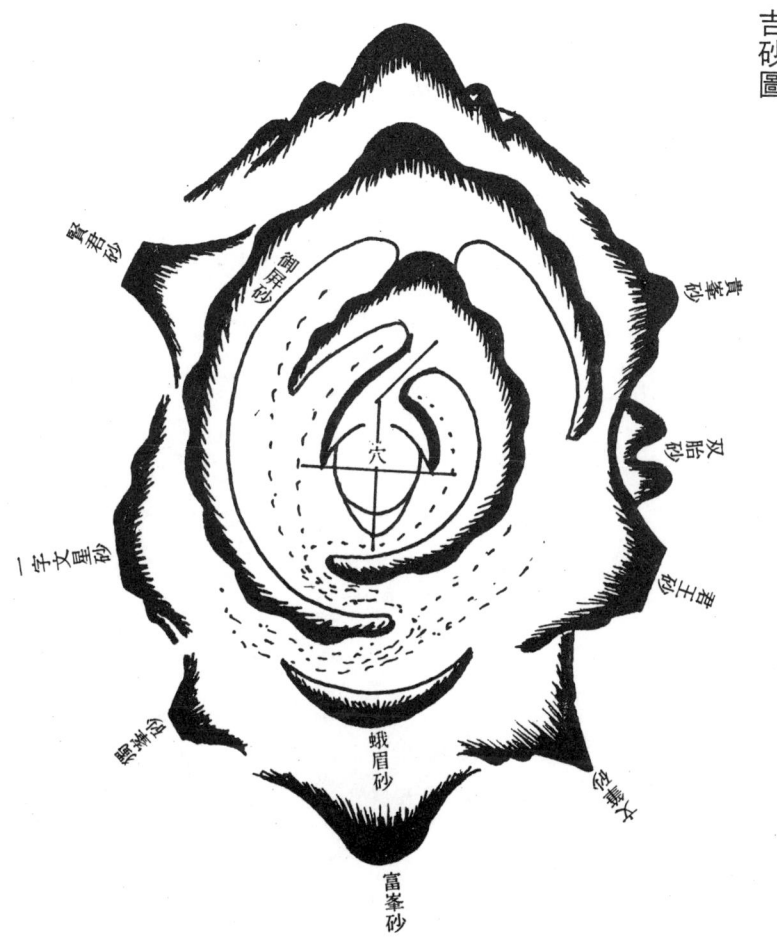

凶한 砂格歌

* 窺峯砂……盜賊子孫이 난다.
* 縣裙砂……不具·淫蕩子孫이 난다.
* 散山砂……家產倒敗하고 不孝子孫이 난다.
* 飛走砂……夜밤逃走者가 난다.
* 天獄砂……獄死·壓死·車事故
* 絕山砂……無後絕孫한다.
* 劍殺砂……以金致死(교통사고가 많다.)
* 結項砂……結項誤死
* 逆理砂……不孝不忠에 逆賊者가 난다.
* 落峯砂……落死者가 난다.

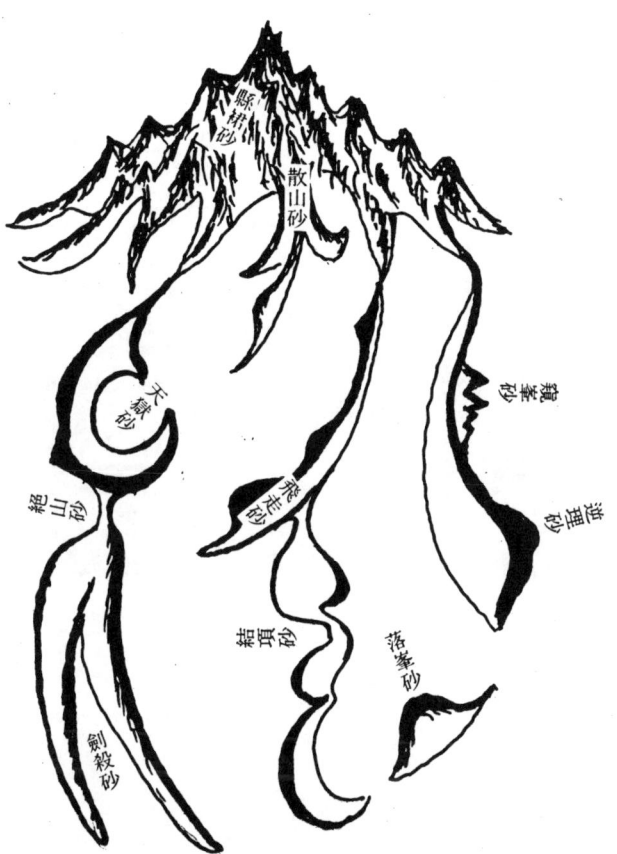

凶砂圖

(古書文獻)

砂格論에

⊙ 峽之兩傍에 帶文帶筆은 主文이오, 帶槍帶旗는 主武요, 天乙太乙玉印金箱은 主極貴요, 帶倉帶鼓는 主富니라.

※ 峽의 兩傍에 文筆을 띤 것은 文士가 나고, 槍旗를 띤 것은 武官이 나고, 天乙太乙로 된 玉印金箱을 具備한 것은 極貴砂이니 聖賢이나, 國王國富나 三公이 나며 倉과 鼓를 띤 것은 富가 나는 것이다.

· 天乙太乙은…높이 솟음을 뜻함
· 槍은…文筆峯
· 鼓은…富峯 또는 一字文星도 된다.

⊙ 龍眞穴的則凶砂가 反爲吉砂요, 龍賤穴假則吉砂가 反爲凶砂라.

※ 龍이 참되고 穴이 分明하다면 凶砂가 도리어 吉砂가 되고, 龍이 賤하고 穴이 거짓된 즉 吉砂가 도리어 凶砂가 된다는 것이다. (이는 砂法의 妙理인 것이다.)

◉ 明師卜氏云하되、坐山이 秀麗면 殺刀가 反爲牙刀요、本主微賤이면 文筆이 化爲畫筆이라.

※ 明師卜氏가 이르되、穴坂이 있는 山이 秀麗하다면 殺刀砂가 도리어 將軍의 감추어진 短刀가 되고、本主(本當坂)가 微賤하다면 글쓰는 붓이 도리어 그림그리는 붓이 된다 하였다.

◉ 訣에 云하되、勿論某體하고 回顧有情이면 爲吉이오、勿拘吉方凶方하고 醜惡背面이면 爲凶이라.

※ 祕訣에 이르되 某星 某體를 論하지 말고、돌아보는 것이 有情하면 吉함이 되고, 吉한 方位와 凶方을 불구하고 추하고 악하고 등을 보인 것은 凶함이 된다.

◉ 古書云 與我背面則爲凶이오、向我拜伏則無害니라.

※ 古書에 云하되、 나와 더불어 背面한즉 凶이 되고、 나를 向하여 拜伏된 것은 害가 없는 것이다.

◉ 龍穴雖凶而不可離吉化凶者는 乃玉帶 御屏帝座等砂也라 觀者詳之니라.

※ 龍穴이 비록 凶하되 可히 吉함이 떠나고, 凶함이 되지 아니하는 것은 이에 玉帶 御屏 帝座等砂格이니 보는 사람이 자세히 살필 것이다.

◉ 有以形體而別吉凶者하니 如尖·圓·方正·結成珍貴之物類者는 爲吉이오, 歪·斜·破·碎하여 生成凶惡之器品者爲凶이 是也라.

※ 山形體에 吉凶의 分別이 있는 것이니, 文筆峯이나 富峯砂나 一字文星과 같은 珍貴하게 結成된 物類는 吉한 砂格이 되고, 山勢가 어긋나고 빗기고 까지고 부서지고 해서 凶惡한 器形을 이룬 것은 凶하다 하는 것이 이것이니라 하였다.

· 尖形은…文筆峯砂格

- 圓形은…富峯砂格
- 方正은…一字文星이다.

禍福歌 (明言句節)

⊙ 龍若結地起星辰이면,
　尖圓方正自分明이라.

⊙ 三吉은 卽是尖圓方이니
　吉地自然分陰陽이라.

※ 龍이 만약 結地되어 星辰(덩어리)이 일어나면 尖(文筆峯)、圓(富峯)、方(一字文星砂格 등)의 바른 것이 스스로 分明하다.

※ 세가지 吉한 것은 곧 이것이 尖·圓·方正의 砂格이오, 吉地는 自然이 陰과 陽이 구분되는 것이다.

- 文筆砂格은…文筆文章이 나고,
- 富峯砂格은…富者가 나는 것이오,
- 一字文星砂格은…王侯將相이 난다. (特異할 때)

⊙ 背對朝之情絶이면,
　非眞龍之虛花니라.

※ 등을 대한 朝山들은 情이 끊어진 것이라, 龍이 참되지 않아서 (死龍이라) 虛花니라.

⊙ 周回百里周密이면,
　世貴一人無比니라.

※ 周圍百里가 둘러서 빽빽하다면 世上의 貴한 한 사람을 비할 데 없나니라. (世貴一人은 君王을 뜻함)

⊙ 外見峯之百千이면,
　世代出於三公이라.

※ 穴處 밖으로 봉우리가 百이나 千이나 보이면, 代代로 三公이 나느니라. (三公은 三政丞의 뜻)

⊙ 案對砂如旗鼓면,
　子孫出於名將이라.

※ 案對에 砂格이 旗나 북과 같으면, 子孫에게 名將이 나느니라.

⊙ 雙立峯而貴秀면,
兄弟出於參榜이라.

⊙ 一字形之文星은
子孫出於文章이라.

※ 봉우리가 双으로 선 것이 貴格으로 秀麗하다면, 兄弟중에서 科擧及第가 나느니라. (雙童이 出産도 한다.)

※ 一字文星이 있으면 子孫에게 文章이 나느니라. (높은 벼슬이 난다.)

⊙ 好品字之案有는
賤人還爲貴榮이라.

⊙ 案外案之三峯은
登高科之三代라.

※ 좋은 品字形으로 案山이 되어 있다면, 賤한 사람이 도리어 貴하게 되어 영화하게 된다.

※ 案山 밖에 세봉우리가 있으면, 높은 벼슬에 三代가 오르게 되나니라. (또 세번 등과가 난다고도 보는 것이다.)

⊙ 水架回抱千里하면、
其必盡美難稱이라.

⊙ 人字水之案列하면、
犯五逆而形亡이라.

※ 물이 비껴 千里를 回抱하면 그것은 반드시 아름다움을 다하여 말하기 어렵다.

※ 人字의 물이 案對에 벌려 있다면 五逆罪를 범하여 형벌로 망하게 된다.

· 五逆…五形之罪의 刑罰類
一. 刺…墨形在面(얼굴에 먹도장을 찍는 刑罰)
二. 劓…割鼻刑(코를 베어 버리는 형벌)
三. 宮…腐形又去勢刑(살을 썩게 하거나, 불알을 까는 형벌)
四. 刖…足斷刑(발뒤꿈치를 자르는 형벌)
五. 斬刑…머리를 베는 刑

⊙ 案山方之獨峯은
有子孫之結項이라.

⊙ 案山沖之尖岩은
有子孫之喪妻라.

※ 案山方向에 무연 독봉이 있으면 子孫에게 結項死(목매여 자살하는 것)가 있게 된다.

※ 案山에서 冲하는 것이 뽀족한 바위라면 子孫에게 喪妻가 있느니라.

五. 尋穴論

1. 踏山尋穴

踏山尋穴에 있어서 우선 生死龍을 區別하여 生龍의 밝은 곳을 찾아 踏查할 것이다. 恒常 穴象의 五嶽을 잊지 말고 去水砂와 水勢를 보아 穴을 所占하되, 結穴이 되었다 싶으면 제일 먼저 入首를 찾아보는 것이다.

入首는 과일로 보면 꼭지와 같은 것이라 入首一節의 生死로써 結穴의 可否가 決定되는 것이다. 옛말에도 未論千里之來龍하고 但看到頭之融結하라(千里에 來龍을 論하지 말고 만 머리에 精氣가 이르러 화하여 맺어진 것을 보라) 하였듯이 入首脈이 살아서 聚氣되었으나 山川精氣를 穴坂으로 補給시킬 수 있는 姿勢가 되어 있느냐를 살필 것이다. 다음은 當坂의 結凝이 되었느냐를 살피고 그 當坂의 土質은 色相이 밝아야 하며, 또 土質의 强柔는 强하면 柔해야 하나 强하면 貴의 穴坂으로 보고 柔하면 富坂으로 볼 것이다. 兩蟬翼은 分明하며 고루 柔해야 하고, 八曜風害를 입지 않았느냐를 살필 것이며, 끝으로 볼 것은 氈이나 唇이 밝게 나타나야 結穴與否의 마지막 證據로 보는 것이다.

그 結穴된 穴地의 大小隔差와 文武富貴의 發福은 그 根本이 穴體에 자취가 다 나타나는 것이다. 結穴에 따른 周圍의 모든 砂格과 保局形勢는 그 穴이 생긴 만큼의 形成이 되어 있는 것이다. 穴의 發福推理는 穴象과 砂格과 保局形勢를 종합하여 推理하는 것이다.

2. 尋穴의 要綱

地理가 全然 生氣에 있을 따름이니, 龍이 根本이 되고, 砂水는 보필하는 것이 되니, 山水에 順行과 逆行과 強柔와 陰陽理致에 모이고 흩어지고 나뉘고 합하는 理致와 오고 멈추고 향하고 등지는 性情일 뿐이다.

祖山으로써 論한즉 그 山이 솟구치고 빼어난 것이 貴함이오, 龍身으로써 論한즉 그 活動하는 것이 貴함이니, 一起一伏으로 뛰고 뛰는 氣勢가 있어야 하고,

過峽으로써 論한즉 끊어질듯 끊어지지 않는 듯하여, 호위함이 많고, 따르는 枝脚에 호위함이 많아야 하고,

落脈으로써 論한즉 탈을 벗어 殺이 없어지고 脈이 가늘고 연약하고 美妙하여 싸고 싼 가운데 穿帳하여 穴坂이 이루어지고, 來八去八이 되어 호위함이 있어 모심이 있어 風害를 받지 않는 것이라야 하고,

入首로써 論한즉 모양이 단정하고 結凝과 蟬翼의 어깨가 밝고 맑으며, 穴處로써 論한즉 精氣의 陰陽을 나누어 받고 窟과 突이 明白하고 穴相의 윤곽이 위에

(古書文獻)

尋地法

⊙ 故로 尋地之法은 專於察氣而 察氣之術은 又觀於形也니、龍上에 看峽하여 峽必迎・送・抱・裏하여 不令風吹氣散이오、峽上에 察脈하여 脈又細嫩活動하여 帶結氣束이오、脈上에 看穴하여 穴必到頭에 明淨團圓하고、正脈正氣로 結陰陽分受하되 微起腦頭하고、微開鉗口하고、微起

서 나누어 아래와 합하고 둥글고 뾰족한 모습이 누워서 대하고 (鷄卵形象과 같고)、四勢로써 論한즉 四方이 平正하고、靑龍은 降下하고 伏從하고、左로는 돌고、右로는 안는 듯하고、朝山이 秀麗하여 特來有情하고、明堂이 平正하고、水口가 交鎖하고、保局의 城이 周密하여 四方이 일그러진 곳이 없고、當坂 뒤의 鬼星과 案山 뒤의 官星砂格이 具備하고、樂山이 병풍 같이 둘러 應氣하여 俱全하고、內外의、물이 돌지 않은 것이 없으며、遠近에 山들이 돌아 읍하지 않는 것이 없어야 이와 같음이 그 아름다운 온전한 大地인 것이다。

氈唇也니、項細者는 氣從也요、鉗口者는 氣所融結也요、氈唇者는 氣之所自止也라. 過峽이 長活而攔動窈窕者는 其去數十數里이니, 或三五里에 結地요、過峽이 促而緊者는 只有三五節結穴이니라.

※ 그러므로 尋地하는 法은 온전히 氣를 살피고, 氣를 살피는 技術은 또한 그 形象을 관찰하라.

龍上에서 峽(山가지)을 보아, 峽은 반드시 來八去八하고, 峽 위에서 脈을 살펴 脈이 또 곱고 바람부는 것과, 氣가 흐트러지지 않아야 하고, 峽上에서 穴을 보아 穴은 반드시 이르러 活動해야 꼭지가 맺어져서 氣가 묶이고, 脈上의 穴을 보아 穴은 반드시 머리에서(入首에서) 밝고 깨끗하고 둥글게 되고, 正脈正氣로 陰과 陽을 나누어 받쳐서 穴이 맺어지니, 微小한 腦頭를 일으키고 微小한 鉗의 穴相이 열리고 微小한 氈唇이 생길지니, 목이 가늘은 것은 氣가 따름이요、鉗口가 된 것은 氣가 融結하는 것이오、氈唇은 氣가 스스로 멈추는 바이다.

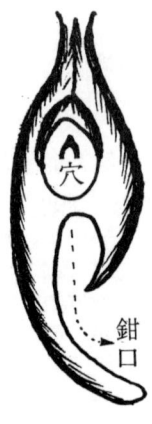

尋穴論에

⊙ 方書에 云하되, 擇地가 非難이라, 擇穴이 難이라 하니

※ 法術書에 이르되, 擇地가 어렵지 아니하고, 擇穴(穴을 가려내는 것)이 어렵다고 하였다.

過峽이 길게 활동하여 벌리고 움직이고 고운 것은 그 가는 (去) 것이 數十里나 혹三里 五里되는 거리에 結地되고, 過峽이 짧고 긴요한 것은 다만 三節이나 五節에서 結穴하게 되는 것이다.

看穴之三證論 (看穴의 必須要旨)

一。 看其氣止者가 一證이오、
二。 止處更有脈作腦者가 二證이오、
三。 腦下五步下에 更有餘氣作唇者三證也라。

最關者는 穴後一節이니 當尋來脈之長短하고、所重者는 坐下諸砂니、宜察暈氣之歇緊이니라.

穴後에 無全脈이면 繼姓不長이오、坐下에 有單山이면 他子抱養이니라.

※
(1) 그 龍에 氣가 멈추는 것이 하나의 證據로 볼 것이오、
(2) 멈춘 곳에 다시 脈이 머리에 뇌를 지은 것이 있어야 둘째 증거가 되고、
(3) 穴坂 밑에 五步下에 다시 남은 氣가 脣을 만든 것이 있어야 세번째 증거가 된다.

가장 관계할 바는 穴後에 一節이니、마땅히 오는 脈에 길고 짧음을 보아 찾아야 하고, 所重한 것은 穴坐下에 모든 砂格이니 마땅히 暈氣가 긴요하게 되었는지 살펴야 한다.

穴 뒤에 온전한 脈이 없으면 姓字가 그쳐져 오래 가지 못한다. 坐下의 獨山은 養子하여 代를 잇는다.

看穴之四科論

一。 乘金者는＝太極之暈也니 圓金이 在於穴後而微微難見者也니、詳見

四科辯論 (覆也)

一。 微暈이 圓開에 必有乘金之形하고、

二。 蝦鬚曲抱에 必有相水之形하고、

三。 蟬翼이 直接에 必有印木之形하고、

四。 光潤이 中黃에 必有穴土之形이니라。

二。 相水者는＝圓暈之水가 微分八字하여 夾輔穴之兩邊하고、合乎 小明堂之處也라。(所謂 金魚 蝦鬚라 是乃微有 水道而不看水道者也라、高一寸은 爲山이오 低一寸은 爲水니、即爲此分水處가 不過一二步也라。)

三。 穴土者는＝分合之內에 有土居中하여 不偏不倚也라。

四。 印木者는＝穴前에 有唇有氈하여 吐出尖圓之形也라。

則必有其顯이니라。

※ (1) 乘金은…太極의 달무리처럼 멍애하고 둥근 봉우리의 金體가 穴體뒤에 있으나 微微하여 보기 어려운 것이다.

(2) 相水는…둥근 달무리의 水道가 적게 八字形으로 나뉘어 穴의 양변을 補弼하는 듯 싸고 돌아 小明堂의 곳에 合하니 다시 말하면, 金魚의 새우 수염이 둥글게 둘러 놓은 것처럼 이렇게 아주 미미하게 水道가 되어 있으나 물은 보이지 않이하나 高一寸은 山이 되는 것이오, 低一寸은 水가 되는 것이라, 즉 相水의 물이 나누이는 곳은 不過 한두 발자국이니라.

(3) 穴土는…上分下合한 안에는 흙으로 되어 있어서 한 곳에 기울지도 아니 하고 의지하지도 않느니라.

(4) 印木은…穴象 앞에 唇이 있고 氈이 있어서 뾰족한 唇形이나 둥그스럼한 圓形 같은 모양을 토하는 듯 나온 것이 있어야 穴象에 精氣가 통하였다는 것으로 結穴에 證據가 되는 것이다.

山勢와 穴形論

⊙ 穴後에 有萬千祖宗之山이라도, 旣腦之後에 不見이 爲貴요, 水口에 雖

有千尋華表라도 穴處에 不見이 爲貴이니라. 微暈이 圓開에 必有乘金之形하고, 蝦鬚가 曲抱에 必有相水之形하고, 蟬翼이 直接에 必有印木之形하고, 光潤이 中黃에 必有穴土之形이오. 氣蒸上昇에 必有煖火之形하고, 小堂이 平夷에 必有取住之形이오, 球簷이 在上에 必爲後依之形이오, 合衿이 在下而爲前親之形이니, 有此則眞穴이오, 無此則假穴이니라.

※ 穴 뒤에 만길의 祖宗의 산이 있을지라도 그 머리 뒤에 穴處에서 보이지 않는 것이 貴한 것이 되고, 水口에 비록 드러난 砂가 千길의 화표가 있어도 穴處에서 보이지 않는 것이 貴함이 되고, 뱀 거북砂가 門을 막아도 보이지 않는 것이 貴함이 된다.

적은 暈이 圓形으로 열리어 반드시 乘金의 形이 되고, 새우 수염과 같은 形이 꾸부러 안긴 것은 반드시 氣道인 相水의 形이 되고, 蟬翼이 直接하여 抱環線인 形이 있어야 한다.

光潤이 中에서 황홀하여 (穴土) 形이 있어야 하고, 氣가 蒸하여 上昇하니 煖火의 形이 있고, 穴坂이 平正하면 반드시 머무름을 取할 수 있는 形이요, 球와 簷이 위에 있는 것은 뒤로 의지하는 形이 되고, 下砂는 옷깃을 여민듯이 교쇄한 것은 앞으로 친하는

情이 있는 形이 되는 것이니, 이와 같은즉 참다운 穴이 되는 것이요, 이러한 것이 없은즉 假穴이 되는 것이다.

看穴之十二吉凶龍論

六 吉龍

龍身起伏하고=龍身은 일어나고 엎드리는 變化가 있어야 하고,

主山垂頭하고=主山은 머리를 구부린듯 應氣되어야 한다.

龍虎灣回하고=靑龍 白虎는 싸고돌아 作局되어야 한다.

外水橫抱라=外水들은 當坂 앞을 가로둘러 싸주어야 한다.

前砂開顔하고=穴前에 모든 砂格은 밝은 얼굴을 열어야 하고,

明堂平正이라=當坂은 平正하여야 한다.

六 凶龍

龍身懶弱하고=龍身이 나약하고,

四生八死의 龍論

四 生氣龍

頓伏屈曲은 生氣龍이오=뭉치고 엎드리고 屈曲한 것은 生氣龍이오、

多護羽翼은 福氣龍이다=나래와 날개가 많이 護衛한 것은 福氣龍이다。

左右顧祖는 應氣龍이오=靑龍 白虎가 主山을 돌아본 것은 應氣龍이요、

重重護回는 旺氣龍이다=겹겹으로 돌아 護衛한 것은 旺氣龍이다。

- 主山如屍하고=主山은 시체 같다。
- 龍虎窺走하고=靑龍白虎는 협착하여 도망가고、
- 前砂相背하고=앞에 砂格은 서로 背面하고、
- 明堂傾泻이라=當坂은 기울어진 것이니라。

八 死氣龍

險惡亂雜은 狂氣龍이오=험악하고 난잡한 山은 狂氣龍이요、

左右尖惡은 殺氣龍이라=左右가 뾰족하고 악한 것은 殺氣龍이다。

分枝細脈은 鬼龍이다=나눈 가지가 가늘은 脈은 鬼龍이다。

分枝急多는 劫龍이오=나눈 가지가 급하고 많으면 劫氣龍이오、

倚仄崩破는 病龍이오=비뚤고 기울고 무너지고 파한 것은 病龍이오、

遊離散亂은 遊龍이다=遊離하고 흩어지고 어지러운 山은 遊龍이다。

龍不轉動은 死龍이오=龍이 돌지 않고 움직이지 않은 것은 死龍이요、

孤單無力은 絕龍이다=고독하고 無力한 것은 絕龍이다。

五患六戒

⊙ 不可道路城郭이요, 莫爲神前佛後하라.

⊙ 不犯泰山初落이요, 勿營八風交吹하라.

※ 道路나 城郭은 옳지 아니하고, 神前이나 부처님 뒤에 하지 말라. (사당 앞이나 절간 뒤에 묘를 쓰지 말라는 뜻)

※ 泰山이 처음 떨어진 데를 犯하지 말고, 八風이 사귀어 부는 데 경영하지 말라. (큰 山 밑이나 바람이 서로 마주치는데 墓를 쓰지 말라. 泰山 밑은 夭折하고 財産敗하고 바람 交吹되는 곳은 벙어리 子孫 出生한다)

⊙ 最忌帶刀懸針이요, 切忌崩敗深坑이라.

⊙ 莫好釖水冲水來요, 莫定溝池傾瀉라.

※ 가장 칼을 띤듯 바늘을 단 듯한 데를 꺼리고, 절대로 무너지고 헤여진 깊은 구렁을 꺼리라. (칼을 띤 곳은 官災口舌에 淫行나고 무너진 곳 주변은 精神疾患나고 깊은 구렁

※ 이 있는 山은 벙어리와 도적 자손나고 以金致死에 敗家한다)

※ 칼 같은 물이나 冲하는 물이 오는 것을 좋아하지 말고, 도랑이나 못이나 定하지 말라. (물이 冲하면 急死와 破産이 많고 도랑이나 연못가에는 少年疾病이 많이 난다)

⊙ 不取淋裹頭水요, 勿爲氣散絶陷라.

⊙ 尤缺尖露醜石하고, 每忌不屈死山이라.

※ 스며드는 물이나 괴여 있는 물머리에 取하지 말고, 氣가 흩어지고 끊어지고 陷한 데 하지 말라. (이상과 같은 곳에 墓를 쓰면 財産敗하고 內臟病에 해마다 人敗가 두렵다)

※ 더욱 뾰족하고 추하게 드러난 돌에 흠이 되고, 매양 屈하지 아니한 죽은 山을 꺼리라. (尖한 것은 가정불화요 추한 것은 비천자나고 관재구설이 많다)

⊙ 擇審行路穿臂하고, 愼定龍虎尖頭하라.

⊙ 愼戒左空右缺하고, 當患前高後低라.

尋穴歌 (明言句節)

⊙ 剝換之處에 有暈이 爲貴요、
險惡之處에 醇化爲吉이라.

⊙ 多石之處에 無石이 爲貴요、
無石之處에 有石이 爲貴니라.

※ 行路 옆구리가 뚫어진 것을 살펴 擇하고、龍虎尖頭에 定함을 조심하라. (尖頭에 穴이 아니면 一朝破産을 면하기 어렵다.)

※ 龍의 때를 벗은 곳에는 暈이 있어야 貴하게 되고, 험악한 곳에는 順하고 變化해야 吉함이 된다.

※ 돌이 많은 곳에는 돌이 없어야 貴함이 되고, 돌이 없는 곳에는 돌이 있는 것이 貴함이 된다.

- 衆山幅輳旺盆旺하며,
百川同歸淸又淸이라.

- 未論千里之來龍하며,
但看到頭之融結하라.

※ 모든 山이 힘차게 뭉친 것은 旺한 것이 더욱 旺해지는 것이오, 백천이 같이 돌아주면 맑고 또 맑으니라.

※ 천리의 來龍을 논하지 말고, 다만 "入首" 머리에 精氣가 도달하여 融結된 것을 보라.

- 山本靜而欲動하며,
水本動而欲靜이라.

- 山脈은 比於將軍하며,
水城은 比於精兵이라.

※ 山은 본래 고요하나 動하고자 하며, 水는 본래 動하는 것이나 고요하고자 하느니라.

※ 山脈은 장군에 비유하고, 물의 城은 깨끗한 병사에 비유한다.

- 正穴은 似於君國이오,
朝對는 似於臣民이라.

- 王長在於九重하고,
將不出於軍幕이라.

※ 眞穴은 나라의 君王과 같고, 朝山과 案對는 臣下와 백성과 같다.

※ 國王은 항상 九重宮闕에 있어야 하고, 將軍은 軍幕을 나가서는 안된다.

● 渾如大將坐軍中이니,
　羅列隊位俱整備이라.

※ 흡사 장군이 군중에 좌정한 모습과 같으니, 나열한 병대의 위치가 함께 정비되었다.

● 若是纏護側面走면,
　一邊有棹一邊無라.

※ 만약 이 전호가 측면으로 달리면 한편은 돛대(枝脚)가 있고, 한편은 없게 된다.(靑龍으로 단독 作局되면 白虎가 없고 白虎作局에는 靑龍이 없어야 하는 단독 作局을 뜻하며 또 강조한 明言이다)

● 占穴豈其識眞的고,
　須辨龍脈之緩急이라.

● 龍急脈急氣自急이면,
　葬急投殺絶人踪이라.

※ 穴을 所占하는데 어찌 그 진실로 적실함을 알이오, 모름지기 龍脈에 緩하고 急한 데를 분별하라. (龍脈에 急한 곳을 피하라는 뜻이다)

※ 龍이 急하면 脈이 急하고 氣가 스스로 急하면 葬事함에 急히 殺이 던져 오므로 사람에 자취가 끊어지리라.

◉ 占穴旣識挨窟突하고,
　須防扯拽氣漏洩이라.

◉ 龍虎兩邊에 要護衛인댄
　不使漏胎并吐舌이라.

※ 穴를 占치되 이미 窟과 突을 가릴 줄 알아야 하고, 모름지기 扯拽(찢어서 그치는 것)하여 氣가 누설됨을 막을 것이니라.

※ 龍虎 양변에서 호위함을 要할진댄, 가령 胎(當坂의 뜻)와 吐舌(氈脣의 뜻)과 아울러 설기되지 않아야 한다.

· 凹深而　明曰窟이요
· 凸高而　顯曰突이라.

238

⊙ 龍不起頂이면 龍不眞하고,
穴不起頂이면 穴不眞이라.

⊙ 來龍勿論短與長하고,
但看到頭之一節하라.

※ 龍이 봉우리를 일으키지 못하면 龍이 참되지 못하고, 穴이 봉우리를 일으키지 못했으면 穴이 참되지 못하다.

※ 내룡이 짧고 다만 긴 것을 논하지 말고, 다만 入首에 이른 一節의 生死를 보라.

⊙ 敦則取弱弱取敦하니,
別般氣象不同群이다.

⊙ 衰翁起處看垂首하고,
稚子行時視動踪이라.

※ 敦厚하면 약한 데서 取하고, 약하면 厚한 데서 取해야 하나니, 別般氣象은 모두 같지 않은 것이다.

※ 쇠한 늙은이가 일어나는 곳에 구부린 머리를 보고, 어린 子息이 行할 때에는 움직이는 발꿈치를 볼지니라.

⦿ 登高山而取窩하여、
　須藏風而留脈이라.

※ 높은 山에 오르면 窩를 取하여、모름지기 바람이 감추어져야 脈이 머물게 된다.

⦿ 下野山而取突하야、
　須得水而留脈이라.

※ 野山에 내려서는 突處를 取하여、모름지기 물을 얻어야 脈이 머물게 되는 것이다.

⦿ 中乳若高龍虎低하면、
　露膽吐舌當點檢이라.

※ 가운데 있는 乳形의 穴處가 마약 높고 靑龍白虎가 낮으면、膽囊(穴坂의 뜻)이 드러나니 吐舌(氈唇의 뜻)을 점검하라.

⦿ 莫云截去便無妨이오、
　截脈傷龍惹大殃이라.

※ 끊어져간 것을 문득 말하지 말라、脈이 끊어지고 龍이 상하면 큰 禍를 끌어 오나니라 하였다. (脈이 끊어지면 子孫이 夭壽한다)

⦿ 巒頭明淨에 體豊肥하면、
　頂圓身正始爲奇니라.

⦿ 五星惟取金木土요、
　名曰三吉爲結穴이라.

※ 五星中 오직 金·木·土星을 取하노니, 이를 말하여 세가지의 吉穴이 맺어지나니라.

※ 봉우리 머리가 밝고 맑아서 自體가 豊肥하면 머리는 둥글고 體는 正하여 비로소 奇異함이 된다.

◉ 有回龍之作穴이면, 若父母之慈愛라.

◉ 龍或住於險難하며, 穴或留於風中이라.

※ 生龍이 혹 험난한 데로 머물기도 하고, 穴이 혹 風中에도 머무는 수가 있느니라.

※ 回龍顧祖의 作穴이 되어 있다면 父母의 자애와 같은 것이다.

맺는 말

遊山歌

⊙ 蓋眞穴則天藏地祕하여 以待有德之人이라.

※ 대개 穴이 참된즉 하늘에서 감추고, 땅에서 비밀히 하여 德이 있는 사람을 기다린다 하였다.

⊙ 養孝行仁多積善이면 餘慶之家必有得이라.

※ 보양하여 孝道하고 仁을 行하여 많이 積善하면, 남은 慶事의 집에 반드시 吉地를 얻음이 있나니라.

⊙ 龍爲家而設作하고,
　穴爲女而靜居하니,

⊙ 尋其家則雖易나,
　見其女則尙難이라.

※ 龍은 집을 삼아서 이루었다 하면, 穴은 女人이 되어, 고요히 있나니라.
※ 그 집을 찾기에는 비록 쉽거니와 그 女人을 보기는 항상 어려우니라.
· 尋穴이 어려워 읊푼 節句로다.

⊙ 有人葬乘氣者는
　富貴榮華定可期라.

⊙ 寄語世間營葬者하노니
　穴在高山求在人이라.

※ 사람에 있어서 葬事에 生氣를 탄다고 한 것은 富貴榮華를 定하여 可히 기약할지니라 하였다.
※ 말을 世上에 葬事하는 이에게 이르노니, 穴은 山에서 높이 맺어 있으니 求함은 사람에게 있다.

⊙ 時人愛此花假穴이오,
　葬後錢財蕩潑雪이라.

※ 요즈음 사람들이 이를 사랑하여 假穴을 꽂으로 잘못본다면, 葬事後에 돈과 財産을 敗하는 것이 눈이 끓는 湯에 들어가 녹는 것과 같다 하였다.

※ 龍身에 또 殺이 떠어 있는 것을 알지 못한 것은 그 때 그 地師가 볼 적에 한쪽 눈이 먼 것 같다 하여 심히 우습더라 한다.

⊙ 不知龍身又帶殺이오,
　甚笑時師眼如瞎이라.

⊙ 下穴에 不看諸卦例하고,
　登山에 勿用帶羅經하라.

※ 穴을 내리는데 모든 卦象과 例法을 보지 말 것이며, 山에 올라 허리에 찬 羅經을 使用하지 말라 했다. (즉 尋穴에 육안으로 穴象을 관찰하라는 뜻)

⊙ 安使盤針論向背라,
　丹藜只足步天機라.

※ 어찌 패철로 하야금 向과 등배를 論하랴, 붉은 단장으로 다만 족히 天機를 指向할 수 있나니라. (하늘에 낸 기이한 穴象의 조직을 形象을 보고 알아서 指向하라는 뜻이다 즉 地理에 形氣學者가 이르는 말이다)

⊙ 崇大廣廈는 半天浮하고、
　玉局金門을 平地收라.

⊙ 深林春返하니 穿黃鳥하고、
　大路塵迷躍紫騮라.

※ 높고 크고 넓은 집이 半空에 떠 있는 듯하고, 玉판과 金門을 平地에서 거두운 듯하다. (좋은 保局形勢에 明穴大地를 두고 을푼句節이다.)

※ 깊은 숲속에 봄이 돌아오니 꾀꼬리가 수풀을 뚫어 붉은 노새가 달리도다. (穴象이 밝아서 수풀 사이로도 비치었고, 大路에 먼지는 희미한데 뛰는 모습과도 같다 하여 明堂의 氣象을 두고 한 말이다.)

⊙ 自古吉地希有하니、
　三凶四吉可用이라.

⊙ 若不得之正穴이면、
　埋向陽之藏風하라.

※ 자고로 吉地는 드물게 있는 것이니, 세가지 凶하고 네가지 吉하다면 가히 葬地로 쓸지니라.

※ 만약 正穴을 얻지 못하면 陽地를 向한 藏風之地에 葬事하라.

246

附錄篇

顯微鏡 地理必讀書
(知異山人 著)

一. 尋穴의 祕法
二. 雜歌賦

一. 尋穴의 祕法

凡 論

◉ 山有變化之元妙하고、水有屈曲之吉凶하나니。欲明其術이면 須察其奧하나니、無知之輩는 不以山川性情之氣脈으로 爲本하고、專以天星理氣 生旺之說로 作書惑人하여 盡以羅經으로 爲上하고、指龍指向에 利口覆人하니 可哀莫甚이라.

豈知山川이 自有山川之生旺하며、貴賤이 自有貴賤之形體리오. 要以龍脈으로 爲本하고、巒頭로 爲本하고、砂水로 爲用하여 察其剝換 順·逆·俯·仰·生·死·緩·急·動·靜·向·背之性情이면、庶幾復得 先師之正宗耳니라.

※ 山은 變化에서 원래 神妙한 理致가 있는 것이오, 물은 屈曲에서 吉凶이 있는 것이니 그 術數의 理致를 밝히고자 하면 모름지기 그 오묘한 곳까지 살펴야 하는 것이니, 이와 같은 것을 알지 못하는 무리들은 山川形勢의 性情의 氣脈으로 根本을 삼지 않고 전혀 天星理氣生旺의 말로써 책을 지어 사람의 현혹하고 羅經만을 제일로 삼고, 龍을 가리키고 向을 가리켜 利益한 말로서 사람의 마음을 돌이켜 복종케 하니 可히 슬픔이 막심하도다.

어찌 山川이 스스로 山川에 生함과 旺함이 있으며, 貴賤이 스스로 貴賤의 形體가 있음을 알리오. 要컨대 龍脈으로써 根本을 삼고, 巒頭로 (봉우리) 體를 삼고, 砂水로 用을 삼아, 그 剝換(山의 때를 벗고) 順·逆·俯·仰·生·死·緩·急·動靜·向·背의 性情을 살피면 거의 다시 先師의 바른 學問의 根本을 얻은 것이라 할 수 있다.

⊙ 相水之法은 山谷에 交鎖爲上이오, 平洋에 織結爲佳라. 山은 以脈爲本이오, 洋은 以水爲主라. 氣如子하고 水爲母하니, 母去則子隨요, 子住則母住하여 行則護하고 住則抱하여 多戀則子貴요 小愛則子賤이니라.

※ 相水의 法은 山谷에 交鎖함이 제일이 되고 平洋에는 織結함이 아름다움이 되니, 山은 脈으로써 根本을 삼고, 洋은 물로써 主를 삼는 것이다.

⊙ 枝幹者는 正則是幹이오, 傍則是枝니, 幹龍之地는 富貴悠遠이오, 枝龍之地는 富貴易過니라.

※ 枝龍과 幹龍이란 것은 바른즉 이것이 幹龍이 되는 것이 山理이며, 곁에 붙은즉 이것이 枝龍이 되는 것이다. 幹龍에 맺은 穴地에는 富貴發福이 悠遠하고, 枝龍의 結穴은 富貴가 쉽게 지나가는 것이다.(幹龍에 結穴은 大地이요 枝龍에는 小地가 結穴된다는 뜻이다)

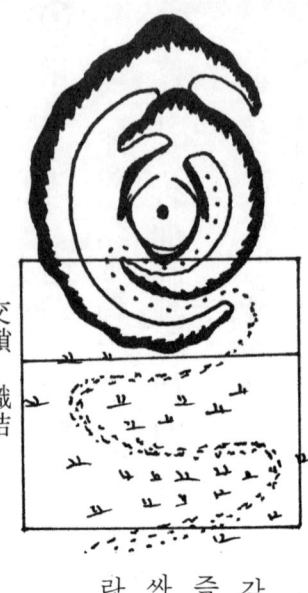

交鎖 織結

비유한다면, 山의 氣는 子와 같고, 물은 母와 같으니, 母가 가면 子가 따름이오, 子가 멈춘즉 母가 멈추어서, 子가 호위하고 멈춘즉 싸주워서 많이 사모하면 子는 貴해지고 적게 사랑하면 子는 賤해지는 것이다.

⊙ 然이나 有枝龍之旺者하여、或數十里生枝生葉하여 力量이 亦大하니、是는 枝之幹也라. 龍之變化가 有幹化枝하고 有枝化幹하니、幹不起峯이면 枝不勢大니、起峯에 龍欲住요 勢大에 化爲幹이니 枝旺則行이오、幹老則休라. 尋地에 不必專尋正幹이라. 但得祖宗이 拔衆하여 龍身이 氣旺하고 山水會集則有大地니라.

※ 그러나 枝龍에 旺한 것이 있으면 혹 數十里를 가지를 내고 입사귀를 내서 力量이 또 한 커지는 것이니, 이것은 枝龍이 幹龍이 되는 龍의 理致이다. 龍의 變化는 幹龍이 枝龍으로 化함이 있고, 枝龍이 幹龍으로 化함이 있으니, 幹龍이 峯을 일으키지 아니하면 枝龍이 形勢가 크지 못하니, 峯이 일어남에 龍은 머물고자 하고, 勢가 크면 化하여 幹龍이 되니, 枝龍이 旺하면 龍이 가고 幹龍도 늙으면 龍이 쉬는 것이다. 龍을 찾을 때 期必코 온전히 正幹만 찾을 것이다. 다만 祖宗山이 될 무리에서 뛰어나와야 龍身이 氣가 旺하고 山水가 會集하면 大地가 있을 것이다.

◉ 有勢而無星者는 不能爲貴요, 有星而無勢者는 不得爲大니, 夫水口에 有百里者하고, 有五十里者하고, 有十里者하고, 有一里者하니, 須用高大하여 緊關이면 無愁內病이오, 無戶면 雖聚나 不豊이니라.

※ 山이 形勢는 있고 덩어리가 없는 것은 貴함이 되지 못하고, 덩어리는 있으나, 勢가 없는 것은 大地가 되는 것을 얻을 수 없으니, 무릇 水口에 百里가 되는 것도 있고, 五十里 十里 一里가 되는 것도 있으니, 모름지기 높고 큼을 이용하여 緊關(교쇄포응)되었으면 그 안에 病되는 缺點의 걱정이 없고, 門戶(水口)가 없으면 비록 모였으나 家勢가 넉넉하지 못하게 되는 것이다.

◉ 古云 萬仞이 不如一堆요, 高山이 不如平地라 하니, 陰見陽이 始生이오, 陽得陰而發育하여 隱隱隆隆에 奇脈異踪이 斷續連行에 或隱或顯하고, 微茫界合에 低田作堂하고, 高田作砂하여, 細觀微砂에 四面이 皆遮라. 大小는 須觀祖宗之力量이오, 貴賤은 在乎本身之融結이오, 纏身水繞면 淸而巧者는 主貴요, 頑而厚者는 主富라. 洋龍이 得氣爲眞이오, 爲佳라.

※ 옛말에、萬길의 山이 聚氣한 한 덩어리만 못하고、高山이 平地만、같지 못하다 하니、陰은 陽을 보아야 始生하고、陽은 陰을 얻어서 發育하여 은은하고 뚜렷하여、기이한 脈이나 이상한 자취가 그쳐지고 이어져서 連行함에 혹 숨고、 或 나타나서 희미한 穴의 윤곽을 合쳤으니 낮은 들에는 堂의 局을 짓고、높은 곳에는 作砂(砂格이 되어서)하여 자세히 보면 微砂까지도 四面이 모두 막혔으니、大地나 小地나 하는 것은 모름지기 祖宗山의 力量을 보고 貴賤은 本身(穴坂)의 맺은 곳에 있다. 맑고 교묘한 것은 貴를 主張하고、완만하고 厚富한 것은 富를 主張하는 것이다. 平地의 龍은 氣를 얻는 것이 참되게 되는 것이오, 身(當坂)을 얽어매고 물이 돌아주면 아름다움이 되는 것이다.

⊙ 凡觀出脈에 要於介字之中이니、分龍落頭면 皆不可無介字라. 紇兔兔有分水則脈自淸이니 不拘山隴平地하고、有束氣면 紇兔兔能結穴이니라.

※ 무릇 龍의 脈이 나온 것을 보면 介字에 中心을 要할 것이니、龍이 나뉘는 데서 떨어지는 머리는 모두 可히 介字가 없지 않느니라. 겨우 分水가 있은즉 스스로 脈이 맑으니 山언덕이나 平地를 不拘하고 束氣가 있으면 겨우 結穴은 능히 할 수 있는 것이다.

⊙ 脈者는 氣之根이요、氣者는 穴之情이니、龍無脈이면 不現穴이오、無氣

면 穴不成이라. 認脈에 可以觀龍이오, 識氣면 可以占穴이라.

※ 脈이란 것은 氣의 根本이 되는 것이오, 氣란 것은 穴象의 精氣를 뜻하니, 龍에 脈이 없으면 穴이 나타나지 않고, 氣가 없으면 穴象을 이루지 못하는 것이라. 脈을 알면 可히 龍을 볼 줄 알 것이며, 氣를 알면 可히 穴를 所占할 수 있는 것이다.

◉ 有脈在身에 其體自動하고, 有氣在體면 其體自肥니라. 脈受淸氣者는 是眞이오, 土厚脈伏者는 定要界淸이니, 若氣脈이 上下之生氣하나니. 細微活動軟薄者는 爲脈이오 露脣露肉하여 肥軟者는 爲氣니라.

※ 脈이 있어서 體가 保存되므로 그 體는 스스로 움직이고, 氣가 있어서 體가 保存되면 그 體는 스스로 살이 찌는 것이다. 脈이 맑은 氣를 받는 것은 이것이 참됨이오, 土質이 후하고 脈이 잠복한 것은 穴을 定하는데 穴相의 윤곽이 맑음을 必要로 하는 것이니, 만일 氣와 脈이 같이 나타나지 않으면 모름지기 左右上下에 生氣를 볼 것이다.

세미하고 활동하고 연박한 것은 脈이 되고, 唇氈이 露出하고 肉質이 노출하여 살찌고 연한 것은 氣가 되는 것이다.

⊙ 惟葬乘生氣하고 莫乘其死氣니라. 龍旺이 不如脈旺이오, 脈旺이 不如氣旺이라. 脈多隱하고 氣多現하니 氣不可以陰이오, 脈不可以陽이라. 又 脈無陽이면 不旺이오, 氣無陰이면 不顯이니, 氣可以陰하지 않고, 脈은 可히 陽하지 못한다. 또 脈에 陽이 없으면 旺하지 못하고, 氣는 陰이 없으면 나타나지 못한 것이 있고, 脈이 나타나고 氣가 나타나지 못한 마땅히 그 生死를 보고, 脈이 나타나면 또한 모름지기 밝고 어둠을 살필 것이니, 이 두 가지를 극히 자세히 살펴야 할 것이다.

有氣顯而脈不顯者하니, 氣顯則 當觀其死生하고, 有脈顯而 氣不顯者하고, 脈顯則亦須察乎明暗이라. 二者는 極其詳察하라. 古云 葬乘生氣라 하니 此之謂也라.

※ 오직 葬事에 生氣를 타고 그 死氣는 타지 말라 했으니 (龍에 生死氣를 뜻함이다) 龍이 旺한 것이 脈이 旺한 것만 못하고, 脈이 旺한 것이 氣가 旺한 것만 못한 것이다. 脈은 숨는 것이 많고, 氣는 나타나는 것이 많으니, 氣는 可히 陰하지 않고, 脈은 可

옛말에 이르기를 葬事에는 生氣를 타라 한 것은 이와 같음을 이름이다.

⊙ 有分無合則難裁요、有合無分則難據라。重重節抱에 薄處可裁요、隱隱球簷에 簷下是的이니、或閃 或坡하고、草蛇灰線을 須尋이라。隴龍은 挨薄하고、枝龍은 從厚하라。支龍은 得隴爲貴요、隴龍은 變枝爲旺이라。枝龍은 陽極成陰이오、隴龍은 陰極成陽이라。陽極成陰은 定而貴地요、陰極成陽은 多爲陽宅이니라。

※ 上部位暈에서 나눈 것은 있으나 밑에 와서 合하지 못하면 當坂을 이루지 못한 곳에 裁穴이 어렵고、밑에서 合한 것은 있으나 위에서 나눔이 없으면 穴로 증거하기 어려우니라.

겹치고 겹치는 龍의 마디에서 兩枝脚이 當坂을 안아준 곳에는 薄한 곳에 可히 裁穴를 할 것이오、은은한 球簷에 (入首에서 퍼져나온 蟬翼밑) 簷下(蟬翼) 밑이 的當한 곳이니、或 번쩍번쩍 빛나는 곳이나、언덕진 곳에 풀 사이에 뱀이 구불구불한 듯、재 (灰) 위에 線을 그린 듯한 脈의 線을 모름지기 찾아야 하느니라。 언덕 龍에는 엷은 곳을 의지하여야 하고、枝龍에는 厚한 곳을 따르라。枝龍은 언덕을

大小地의 結穴理致

◉ 枝龍이 得石이면 成胎하고, 隴龍이 遇平이면 有結이라. 支龍이 剛則 貴요, 不剛則 不貴라. 隴龍이 斷則 結이오, 不斷則 不結이라. 不斷不剛이면 遊龍이 散漫이라.

※ 가지 龍이 돌을 얻으면(龍에 脈이 나타나는 것) 當坂을 이루고, 언덕 龍이 氣가 멎어 平平한 곳을 만나면 結穴이 있느니라. 支龍이 강한즉 貴한 穴이 될 수 있고, 강하지 못한즉 貴한 穴이 되지 못하는 것이다. 언덕지는 龍이 (끊어지는 듯 멎어) 束氣하면 結穴하고, 束氣를 못한즉 結穴하지 못하 니라. 멎지도 못하며 束氣도 못하고, 강하지도 못하면 龍이 未分明하여 散漫한 것이 다.

◉ 大小는 觀其發祖요、貴賤은 在乎本身이라。一起一伏에 節節可裁요、無性無强이면 則穴不成이라。

※ 穴의 大小는 그 龍이 出來한 祖宗山을 볼 것이오、貴하고 賤한 것은 本身(穴坂)에 있는 것이다。龍은 一起一伏하면 마디 마디에 裁穴이 可能한 것이오、龍에 根本이 없고 强함이 없으면 곧 穴을 이룰 수 없는 것이다。

◉ 陽得陰者는 氣旺이 生이오、陰變陽者는 勢止而成이라。勢止而成者는 其吉可觀이오、氣旺이 生者는 其福難量이라。

※ 陽이 陰을 얻은 것은 氣가 生하여 旺함이오、陰이 變하여 陽이 된 것은 形勢가 멈추어서 結成되는 것이라。氣勢가 멈추어서 結穴된 것은 그 吉함을 可히 볼 수 있고、氣가 旺하여 穴이 生한 것은 그 發福을 헤아릴 수 없는 것이다。

◉ 山之氣脈은 難明이오、水之發福은 易見이니、龍隨水出하고 氣隨水住라、來宜屈曲이오、去欲之玄이라。當砂向背는 情隨水別하고、眞假吉凶

은 易驗於山이라. 屈曲來朝면 不拘方位하고, 皆吉이오, 之玄而 去면 雖 無關이나 亦佳니라. 朝聚於堂은 稱則中男發福이오, 逶列玄武에 看昆左右榮華라.

※ 山의 氣와 脈은 分明히 밝히기 어렵고, 水의 禍福은 나타나기 쉬우니라. 來龍은 屈曲變化가 마땅하니 之玄字로 가고자 하고, 當坂의 龍虎와 案山 朝山을 비롯한 모든 砂에 向背의 情은 물 따라 分別되고, 穴의 참된 것과 거짓된 것과 吉함과 凶함은 山에서 실지 경험함으로써 알기 쉬우니라 하였다. 屈曲이 되어 온 것은 方位에 거리낄 것이 없어 모두 吉함이오, 之玄字로 가면 비록 관계할 것은 없으나 또한 아름다운 것이다. 穴前에 朝山들이 모인 것은 말하자면 中男이 發福할 것이오, 入首에 精氣를 보내 聚氣하면 後孫에게 左議政 右議政의 영화를 보는 것이다.

⊙ 撞城穴高면 無穿割箭射요, 山隴穴平이면 何傷射冲斜反가 直蕩浩大는 無分左右하고 皆凶이오, 金城環抱가 不如水繞요, 水繞가 不如水聚라. 水朝則 堂逆이오, 堂逆則 財招요, 水繞則氣全이오, 氣全則福綿이오,

水聚則 龍會오、龍會則 大地로다。

※ 保局이 다져져서 穴이 높으면 뚫리는 것(穿)、베이는 것(割)、화살같이 충하는 것(箭射)이 없다.(높이 있는 穴에는 모든 장해를 받지 않는다.)

山언덕에 평평한 穴坂이라면 어찌 傷하고 射하고 冲하고 기울고 背反함이 있으리요. 곧고 벌어지고 넓고 큰 것은 左右를 分別할 것 없이 모두 凶한 것이다. 穴前을 금빛같은 陽明한 保局이 두른 것보다 물을 두른 것만 못하고、물이 두른 것이 물이 모인 것만 못하다 하였고、물이 모인즉 堂을 下水砂로서 거스린 것이오、下水砂로서 堂을 거스러진즉 財物을 부름이요、물이 穴前을 돌아준즉 氣가 온전하게 된 것이요、氣가 온전한즉 發福이 連하고、물이 모인즉 龍이 모이고、龍이 모인즉 그 穴地는 큰 것이로다.

◉ 直・冲・仰・蕩은 平中忌也요、逃飛散亂은 谷低라도 亦妨也라. 織水灣流는 不拘前後하고 爲佳요、長生墓旺은 從合卦例라. 皆非也라 龍隨水하고、水隨龍하여 眷戀이면 皆眞이오、脈隨界하고、界隨脈하여 界圓則結이니、龍身行止도 皆同於水하니、穴法變通은 總不離界라. 水多吉氣

나 又有八殺하니 穿割箭射冲傷斜仰이니 此八字는 水之害也라.

※ 直·冲·仰·蕩은 平 중에 꺼리는 것이오, 나르는듯 다라나고 허트러져서 어지러운 것은 계곡이 낮더라도 또한 해로운 것이다. 물이 교쇄된 것과 활이 두룬 것은 穴坂前後를 不拘하고 아름다운 것이오, "長生" 包·胎·養·生·法의 文書를 山自然에 맞취 尋穴한다는 것은 卦例에 合當하게 따른 듯하나, 모두 그런 것이라 하였다. 龍이 水를 따르고 水가 龍을 따르고 돌아보아 사랑하여야 참다워지는 것이오, 脈이 穴相의 윤곽을 따르고, 윤곽이 脈을 따라 합쳐야 輪廓이 둥그러져서 結穴하게 되는 것이니, 龍身이 가고 머무는 것도 모두 물과 같으니, 穴이 되는 法은 變化로 精氣가 通하고 모두 穴相의 輪廓을 떠나서는 안되는 것이라, 물이 많으면 氣는 吉하나, 또 八殺이 있으니 穿·割·箭·射·冲·傷·斜·仰·이니 이 八字는 水로써 害로운 것이다.

◉ 辯云하되 穴高면 不論射요 水闊이면 豈爲箭고 脈大면 何嫌割이며, 戶緊이면 任斜牽이라. 屈曲은 無穿意요, 仰蕩이면 穴登天이라.

※ 변론해 말하자면 穴이 높이 있으면 冲射는 論하지 않고 물이 광활하면 어찌 殺이 될 것이며 脈이 크면 어찌 베일 것을 혐이하며 破口가 잘 交鎖되면 임의로 경사진 것을

끌어 당길 것이요、屈曲은 穿害가 없고 穴이 우러러 보이고 크면 穴이 登天하는 形象이로다.

氣脈의 看法

⊙ 山不得脈이면 蟻食其棺이오、洋中不扶氣면 水沈其骨이니、陰須脫하고 陽要藏하라. 脫者는 恐傷其殼이오、藏者는 爲避其風이라. 觀山脈之難明이오 看地氣之不易이니、山脈은 觀於妙理요、地氣는 出於道眼이니、山中明顯이 爲脈이오、地中肥動이 爲氣라、高田이 爲脈이오 圓活爲氣니、脈後高下는 氣憑水出이라.

※ 山이 脈을 얻지 못하면 개미가 그 棺을 뜯어 먹고、平平한 가운데 氣를 붙들지 못하면 물에 그 白骨이 잠길 것이니、(葬事에) 陰은 모름지기 벗어나고 陽은 간직함을 要한다. 脫이란 것은 그 껍질이 상함을 두려워 함이오、藏이란 것은 그 바람을 피하는 것이 된다.

山脈을 보는 것을 분명하게 밝히기는 어려운 것이오、地의 氣를 보는 것도 쉽지 않은

⊙ 出身處에 龍利於發足이오, 結穴處에 水繞於穴前하여 低田作堂하고, 高田作砂하여 依俙繞抱로 羅星을 莫漏하라. 不問開出角하고, 穴求證者爲眞이오 勢求淸巧爲貴리. 勢圓者는 求動하고, 勢方者는 求靜하라. 富貴大小는 隨龍分別하고, 棺須扶起하고, 穴須藏深하여 不愁風透하고 無水면 不成이로다. 一到平洋에 以水爲脈하고 以水爲戶하고 以水爲護니, 水本無脈而脈從水現하고, 龍隨水行하고, 砂依水抱하고, 氣從水止하나니. 直則死오、 曲則生이니라.

※ 龍身이 나온 곳에는 龍의 枝脚이 많이 붙을수록 이익한 것이오, 結穴處에는 穴前을 물이 돌아주어 얕은 들에 堂을 짓고, 높은 곳에 砂를 지어, 의연하게 둘러안으니 保局

것이니, 山의 脈은 妙한 理致로서 볼 것이며, 地의 氣를 알아내는 것은 地理에 道通한 眼目에서 알아낼 수 있다. 山中에 밝게 나타나는 것이 脈이 되는 것이오, 地中에서 살찐 것과 動하는 것이 氣가 되는 것이라, 높은 곳에 나타난 것이 脈이 되고 둥글고 활동한 것이 氣가 되니 脈이 높이 솟은 뒤쪽이 높고 낮은 것은 氣가 물을 의지하여 나오게 된 것이다.

된 羅城에서 當坂이 벗어나지 말아야 하고, 穴을 여는 데는 蟬翼의 우각모양을 묻지 마라. 穴을 求하는 데 證明되는 것이 참다움이 되는 것이다. 龍이나 砂格의 勢를 求하는 것은 淸巧한 것이 貴格이 되고, 圓形의 富峯勢는 山이 活動하는 데에서 求해야 하고, 一字文星砂格의 勢는 고요한 데서 求할 것이다.

富貴의 大小는 龍에 따라 分別하고, 下棺할 곳은 모름지기 氣를 붙들어야 하고, 穴은 모름지기 保局 깊이 감추어서 바람의 침투를 걱정하지 말고, 물이 없으면 穴을 이루지 못하는 것이니 한갓 平野에 이르러서는 水로써 脈이 되는 것이니, 물로써 호위함을 삼는 것이라, 水는 본래 脈은 없고, 脈은 물을 따라 나타나고 龍은 물을 따라가니 砂格은 물을 따라 안기고, 氣脈은 水를 쫓아 정지하니, 直하면 死하고, 屈曲하면 生하는 것이다.

◉ 水大則淸하고 水小則濁이라, 水貴曲而不貴直이오 貴聚而不貴散이라.

是故로 水不亂灣이니 灣則氣全이오, 水不亂聚니 聚則龍會라. 會則靜하고 曲則動하니, 動者는 不宜急流요, 聚者는 須要澄淸이라.

에 曲處可搜요, 二水之流에 合處可求요, 四水之聚에 公候所出이오, 衆 水所聚에 立郡遷州하나 大旺則衆流요, 小發則獨流라 貴者는 龍氣之淸

이오 富者는 水神之厚니라.

※ 큰물인즉 맑은 것이오, 물이 적은즉 濁한 것이라. 水가 구불구불 흐르는 것은 貴하고, 直流水는 貴하지 못함이오, 물이 모인즉 貴하나 흐트러진 것은 貴하지 못한 것이다. 이와 같은 故로 물은 어지럽게 돌지 않을 것이니, 물이 돌은즉 氣가 온전한 것이다. 물이 어지럽게 모이지 아니할 것이니, 모인즉 龍이 모이는 것이오, 물이 모인즉 고요하고, 曲한즉 動하니, 動하는 것은 마땅히 急流가 아니어야 하고 聚水는 모름지기 맑고 맑음을 요하는 것이니라. 한 물이 흐르는 곳에 있으면 屈曲處를 可히 찾아야 할 것이오, 二水가 흐르는 곳에는 合處를 可히 求할 것이오, 만약 四水가 모인 곳이라면 政丞序列의 人物이 나는 바이오, 모든 물이 모인 곳은 (郡) 고을을 세우고, 州를 옮기는 것이니, 大旺한즉 여러 갈래로 흐르는 것이오, 적게 발한즉 홀로 흐르는 것이니, 貴한 것은 龍의 氣가 맑은 것이오, 富한 것은 水의 맑은 精神에 厚한 것이니라 하였다.

◉ 蓋欲識天道之盈虛消長者는 窮究星辰之方位요, 次欲察地理之吉凶禍福者는 極察山川之動靜이라. 蓋動者는 爲陽이오, 靜者는 爲陰이니, 山體는 峙而靜이라. 屬乎陰이요, 水體는 流而動하니, 屬乎陽이라. 譬如人體는 峙而靜이라.

266

之夫婦相承에 有孕婦育生成之理라. 然則夫婦相離면, 豈有育成之理며, 山川相離면, 豈結氣脈之全이리오. 山有山之陰陽하고 水有水之陰陽이니라.

※ 대개 天道(天地自然의 道)가 가득하고 虛하고 消滅하고 成長하는 理致를 알고자 하면 星辰의 方位를 窮求하고, 研究할 것이오(辯曰 乾坤의 兩儀가 配判되고 陰陽이 配合되어 春夏秋冬의 溫涼寒署로 春生夏長秋熟冬藏하는 理致와 離星易宿하는 氣象을 硏究한다는 것), 둘째 地理의 吉凶禍福의 理致를 살피고자 하면 지극히 山川의 變化動靜의 陰陽五行을 살펴야 하는 것이니, 대개 動하는 것은 陽이 되고, 靜한 것은 陰이 되는 것이니, 山體가 우뚝하여 靜하니 陰이라 일컬음이오, 水體는 流動하니 陽이라 일컫는 다. 비교해 말하자면, 사람의 夫婦의 陰陽이 配合하여 婦人이 잉태하면 애기를 나아 기르는 理致와 같은 것이다. 그러나 夫婦가 서로 떨어지면 어찌 子息의 育成의 理致가 있으며, 山川도 서로 떨어지면 어찌 氣脈에 온전한 맺음이 있으리오. 山도 山의 陰陽이 있는 것이오, 水도 水의 陰陽이 있는 것이다.

◉ 蓋山水之陰陽은 陰不離陰하고, 陽不離陽則 決非結穴之所也라. 陽

中有陰하고 陰中有陽이니, 風水地理家에 所謂山本靜而妙在動處하고, 水本動而妙在靜處가 是也니라. 以山論之則及至束咽過峽之處하여 如絲短急者爲陰이오, 如仰瓦長緩者는 爲陽이니, 結穴入首도 亦應過峽而成故로, 陰陽之形이 於此爲別이라. 故로 最關者는 入首一節也니라.

※ 대개 山水의 陰陽으로 陰에서 陰이 떠나지 않고, 陽에서 陽이 떠나지 않고 陽中 有陰하고, 陰中 有陽이라. 風水地理家의 이른바 山은 根本이 고요한 것이나, 神妙한 理致는 動하는 곳에 있고, 水는 根本이 動하나, 妙한 것은 고요한 곳에 있으니, 바로 이와 같은 것이라 할 수 있다. 山으로서 論한즉 結咽하고 過峽된 곳에 이르러서 실 같고 짧고 급한 것은 陰이 됨이오, 길고 완만한 것은 陽이 되는 것이니, 結穴된 入首는 또한 過峽으로 應해 이루어지는 故로 陰과 陽에 形象은 이에서 分別하게 되는 것이라. 그런고로 최후로 관계되는 것은 入首一節인 것이다.

龍의 變化와 氣象

⊙ 龍者는 不能變化者면 非龍也니, 肥不離肥하고 瘦不離瘦는 乃不成變化者也라. 觀其所起之始와 察其所止之終하여 審其三分三合然後에 乃止니, 尋龍之法에 水源之分은 乃龍之所起之始요, 水尾之合은 乃龍之所止之終이라. 欲知龍之行止之形則其行也에 分牙布爪하고, 其止也에 藏牙終爪하여 臂脚閃後면 行必遠이오, 其止必近이라. 故로 將行之龍은 前者騰而遵하고, 將止之龍은 前者揖而期하여 出身之初에 必有自然分水之道하고, 其沒身之際에 必有自然合水之界니, 有合無分則其來不明이오, 有分無合則其止不眞이니, 如此則龍之行止을 可尋也니라.

※ 龍이란 것은 能히 變化하지 못하면 生龍이 아니니 살이 쪄서 살찐 데를 떠나지 못한 것(瘦는 미약한 것)은 이에 變化가 늘고 파리한 데서 가늘고 파리한 것을 떠나지 못한 것(瘦는 미약한 것)은 이에 變化

를 이루지 못한 것이다. 그 일어난 곳의 始初를 살피어 그 龍이 세번 나누고 세번 合한 然後에 이에 멈추는 곳의 마침을 살피어 水源에서 나눈 것은 이 龍에 일어나는 시작이오, 물에 꼬리가 합친 것은 이 龍이 멈춘 곳이라 한다. 龍이 가고 멈추는 形象을 알고자 하면 그 가는 데서 어금니 같은 岩石으로 나뉘어지고 손톱모양으로 마치니 팔과 다리 같이 龍虎와 枝脚이 陽明하여 번들번들 빛난 後이면 龍이 가는 데 반드시 갈 것이오, 龍虎枝脚이 앞에 있으면 멈추는 데가 반드시 가까운 고로, 장차 가는 龍은 앞의 것이 나르는 듯하여 따르고, 장차 그치는 龍은 앞의 것이 읍하는 듯이 기대해야 龍身이 나온 처음에 반드시 自然으로 물이 나누는 길이 있고, 그 體가 없어지는 즈음에 반드시 自然의 合水에 경계가 있으니, 합한 것이 있고 나눈 것이 없은즉, 그 來龍이 밝지 못함이오, 나눈 것이 있고 합함이 없은즉, 그 멈춤이 참되지 못하니 이와 같이한즉 龍의 가고 멈춤을 가히 찾을 것이다.

⊙ 龍祖貴則 子孫이 亦貴요, 龍祖賤則 子孫이 亦賤이니 何爲貴오, 高昂端正이 是也요, 何謂賤고 低弱欹斜가 是也로다. 何謂眞고 帳多峽多左侍多右衛多하여 不受水風之刧이 是也요, 何謂假요, 無起無伏하고, 左缺右空하여 多受風吹之侵이 是也니라. 龍之初起에 一

本而萬支하여 或從傍出하고, 或從正出하니 中出者는 爲幹이오, 傍出者는 爲支오, 正中出身者爲上이오, 偏側落脈者는 爲次라. 故로 云大地는 蓋從腰裏之落이니라.

※ 龍의 主山이 貴한즉 子孫도 역시 貴하고, 主山이 賤한즉 子孫도 역시 賤해지는 것이니, 무엇이 貴가 되는가 하면 主山이 높고 밝으며 端正한 것이래야 이것이 貴한 것이오, 무엇을 賤하다 이르는가 하면 낮고 약하며 의지되고 비뚤어진 것이다. 무엇을 참됨이라 이르는가 하면 개장이 많고 峽이 많아서 左로 모시고 右로 호위가 많아야 바람에 겁을 받지 않은 것이오, 무엇을 거짓이라 이르는가 하면, 起峯도 없고 起伏함도 없고, 左는 이그러지고 右는 虛해서 바람부는 것이 많이 침노함을 말함이다. 龍이 처음 起峯하는데 한 뿌리가 만가지가 되어서 혹 정면으로 쫓아나가니, 가운데 나온 것은 幹龍이 되는 것이오, 곁에서 나온 가지는 支龍이 되고, 한가운데서 나온 것이 제일이 되고, 곁으로 脈이 떨어진 것은 둘째가 되는 것이다. 그런고로 이르되, 大地의 穴은 대개 허리 속으로 쫓아 當坂이 떨어져 생기는 것이다.

◉ 蓋幹龍過去之際에 一枝脚이 自偏而落하여, 再起成峯하여, 前遮後擁하

여, 帳多峽多而及其到頭에 乃成大地하니、此는 幹中支之貴龍也라。枝中幹氣者는 龍之落脈이 旣出泰山偏腰之間者가 逶迤屈曲하여 之東而復西하고、自北而復南하여 及出到頭에 仍不結地하고 傍有一脈이 隱隱하여 如灰中線草裡蛇而到頭에 畧起微胞하고、明堂이 寬敍하고、朝對가 拱揖하고、龍虎가 相讓하고、水口가 嚴密하고、四勢가 和平하니、此는 支中支之貴龍也라。故로 古人云하되 龍之變化는 眞不可測이라。豈可執一而以穿心中出로 爲貴哉리요。

※ 대개 幹龍이 지나가는 즈음에 한 枝脚이 곁으로부터 떨어져서 다시 起峯을 이루어 앞으로 둘러막고、뒤로 옹위하여 帳이 많고 峽이 많아 그 이르는 곳에 大地가 되는 것이니、이것이 원줄기 중의 貴한 支龍이 되는 것이다. 枝龍中에도 幹龍이 있으니、氣가 旺한 자는 龍의 落脈이 이미 泰山에 한편 허리 사이로 나온 것이, 왔다 갔다 屈曲하여 東으로 갔다 다시 西로 하며、北으로부터 南으로 向하여 이르는 머리에 나와 結地가 되지 아니하고、곁에서 한 脈이 있어 微微하여 재 가운데 線이나 풀 속의 뱀과 같다 形象으로 머리에 이르러 약간 微胞를 일으키고、明堂局이 너그러이 펴지고、朝山이 대하는 것이 공읍하고、龍虎가 서로 사양하여 교차하고、水口가 엄하게 빽빽하

게 다져지고, 四方의 局勢가 和平하게 局을 이루면, 이는 枝龍中支에 結穴이 되는 貴龍인 것이다. 그런 故로 古人이 이르되, 龍의 變化는 참으로 헤아리지 못하거늘 어찌 可히 하나만 가지고서 中心을 뚫어 나오는 것으로만 貴하다 하리오라 하였다.

◉ 蓋龍脈의 淸者는 精微也요、濁者는 粗陋也요、氣者는 形色也요、勢者는 威儀也니、龍身이 低弱傾斜則 無以出精微之光이요、龍身이 無脈殊異則 無以明形色之透요、無侍從擁衞之多則 無以施威儀之嚴이요、衆山이 破碎傾側而一山端正特異者는 謂淸也요、四山이 醜壓하여 局內가 浸陰하고、陰風이 交吹하고、衆山이 破傷者는 謂濁也요、龍身이 行度珍重하여 不倚不偏하고、或起美人星하고、或起龍樓鳳閣하여 精神이 明麗 者는 皆氣也라.

※ 대개 龍脈이 맑다하는 것은 깨끗하고 가는른 것이요、濁하다 하는 것은 성글고 더러운 것이다. 氣란 것은 形象에 밝은 색이 있고, 勢란 것은 위엄이 있는 것이니, 龍身에 低弱하고 기울고 비뚤어진즉、깨끗하고 미묘한 빛은 낼 수 없고, 龍身의 脈이 기이함이 없은즉 이 밝은 색이 形象에 투명함이 없고, 시종함이나 옹위함이 많이 없은즉 威

● 觀山尋穴에 氣之一字는 難以形容也라, 人能察氣則 地理之事는 必矣라. 山分祖宗에 多生支脚而左遮右擁하고, 或作天乙 太乙하고 或作玉印 金箱하고, 左右或立旗鎗하고, 或迎或送하여 中有一脈이 偃蹇而行하여 如高官이 乘馬擁從之多而威儀甚嚴하니, 此乃龍之勢也요, 及其結穴處하여 後來侍從이 反作前案하고, 或作水口捍門하고, 諸山諸水가 不遠千里而來朝하여 少無反背之形이 皆龍之勢也니라.

※ 觀山尋穴에 氣라는 한 글자는 참으로써 形容하기 어려운 것이나, 地理家에는 能히 살필 줄 알아야 地理事에는 특히 必要한 것이다. 主山에서 山이 나오는데 枝脚이 많이

儀의 嚴함을 베풂이 없고, 모든 山이 파쇄되고, 기울어진 데서 한 山이 端正하고 特異한 것은 맑다 이르는 것이니, 하나의 吉한 砂格이 되는 것이오, 四方의 山이 추하게 눌리어 局內가 浸陰하고, 바람이 八方으로 交吹하고, 모든 山이 파하고 상한 것은 탁한 것을 이름이요, 龍身의 行度가 진중해야 의지하지도 않고 치우치지도 아니하고, 혹 起峯하여 美人星을 이루고, 혹 龍樓와 鳳閣이 일어나 精神이 밝고 수려한 것은 모두 山勢의 氣象이 있는 것이다.

結穴의 祕訣

⊙ 蓋龍之過峽은 如人之咽喉니, 龍身生死가 關於過峽하니, 乃山之跌斷細嫩하고 脫胎換骨者也라. 山之發皺之氣가 如此收聚하고 精氣如此束斂이니, 非貴龍이면 無有此也라. 雖有此格이라도 若値風吹水劫則收聚之氣가 已散이라. 文武貴賤貧富가 皆係於峽이니 峽之兩傍에 帶文帶筆者主文이오, 帶槍帶旗者는 主武요 天乙太乙玉印 金箱이 俱備者는 極

나와서 左로 가리우고 右로 옹위하고, 혹 天乙太乙을 짓고 或玉印峯이나 金箱峯이 되고, 左右에 或旗鎗峯을 세우고, 或迎接하는 砂와 餞送하는 砂가 있고, 中으로 한 脈이 있어서 슬그머니 가니 高官이 말을 타고 옹위하는 者가 (玉印金箱의 砂는…御印峯이오 或은 君王砂格을 뜻함) 많아 위엄이 매우 있는 것과 같으니, 이것이 龍의 形勢요, 그 結穴處에 미쳐서 後에서 오는 侍從이 도로 案대가 되어서 水口를지어 문을 막고, 모든 山과 모든 水가 千里를 멀다 않고 來朝하여 조금도 背反하는 形象이 없으니 모든 龍은 吉한 形勢가 되는 것이다.

貴요, 帶倉帶鼓者는 主富요, 或賊風射峽하고 矢砂가 在於左右觸者는 非貧則夭也라.

※ 대개 龍의 過峽은 사람의 목이 가늘어진 것과 같은 것이니, 龍身의 生死가 過峽에 달렸으나, 이에 山에 跌斷(잘속하여 끊어질 듯한 것)된 듯 細嫩(가늘고 예쁘게 보이는 것)하여 脫胎하고 換骨된 것이라, 山의 發紋하는 氣가 이와 같이 거두어 모이고, 精氣가 이와 같이 生氣를 뭉어 收斂한 것이 貴한 龍이 아니고서는 이런 것이 있을 수 없다. 비록 이 格이 있을지라도 만약 바람이 불고 물을 겁내는 것을 당한즉 氣를 받아 모인 것이 이미 흩어질 것이니. 文·武·貴·賤·貧·富가 모두 이 峽에 매였으니 峽의 양변에 文星이나 筆峯이 있는 것은 文을 主張하고, 槍劍이나 旗幅 같은 砂格은 武를 主張하고, 天乙太乙(높이 솟은 峯)이나 玉印·金箱砂가 구비된 것은 極貴한 砂格이오, 帶倉帶鼓(文筆富峯)은 富를 主張함이다. 或 해로운 바람이 過峽을 쏘는 것은 殺風이 되고, 화살과 같은 凶砂가 左右에서 冲하는 것은 貧하지 않으면 夭壽하게 되는 것이다.

◉ 尋龍之妙는 非峽이면 不能詳이오, 尋峽之妙는 無帳이면 不能詳이니,

無峽則無龍이오、無帳則無峽이라。若無開帳而但大斷高起者는 只爲他人하여 起槍護衛者之具니라。自帳初落之脈으로 以明龍穴之眞假요、龍身之落이 必有奇異精微之妙理하니、輕淸者는 爲眞이오、重濁者는 爲假라。有正落偏落側落斜落하니 正落은 正穴이오、偏落은 穴偏이오、側落은 穴則處요、斜落은 穴斜處요、且眞脈落處則必有隱隱微微從侍之砂하나니、無侍則非也라。

※ 龍을 찾는데 妙한 法은 過峽을 보지 않고서는 能히 자세하지 못하니, 峽이 없은즉 過峽을 찾는 妙法은 帳이 없으면 能히 자세하지 못하니, 峽이 없은즉 龍이 없고 帳이 없은즉 峽이 없다. 만일 開帳이 없으면 다만 크고 높고 끊어지고 일어난 것은 다만 他人을 爲하여 창을 들고 호위하는 者에 속하는 것이다. 開帳된 곳으로부터 처음 떨어지는 脈으로서 龍에 맺은 것은 穴에 眞假를 밝히고, 龍身에 떨어진 奇異하고 精微한 妙理가 있으니, 경쾌하고 맑은 것은 참다움이 되는 것이오, 厚重하고 탁한 것은 거짓이 되는 것이다. 結穴에는 正落・偏落・側落・斜落이 있으니 正落은 正穴이오、偏落은 穴偏이오、側落은 穴側處요、斜落은 穴斜處요、또 眞脈으로 떨어진 곳인즉

반드시 隱隱하고 微微하게 따라서 호위하여 모시는 砂가 있으니 호위함이 없으면 그릇된 것이다.

⊙ 或有左右兩侍하고、或有左而無右하고、或有右而無左라. 故로 有左侍者는 穴入亦左侍而結하고, 有右侍者는 穴入亦右侍而結하니, 此乃至要至妙之處라。故로 龍以開帳으로 爲貴요、脈은 以穿心으로 以尊이니라. 方書에 云하되 擇地가 非難이라 擇穴이 難이라 하니, 蓋地則以其山水聚散으로 定이오, 擇穴則以其氣脈有無로 定而山水는 形於有形이라. 故로 其聚散之勢를 易見也로되, 然而其有氣則有脈이오, 其無氣則無脈矣리니. 脈者는 雖隱於無體而微露於土外요, 氣者는 無體無形하여 隱於脈中者也라, 故로 氣不自至라. 必依脈而立이오, 脈不自爲라 必因氣而成이니, 蓋有脈而無氣者는 有矣나、未有無脈而有氣者라. 故로 氣乘風散이오 脈遇水止니, 穴者는 乘氣脈者라, 無風而散之하고, 水以界之然後에 乃能定穴이니 不能察氣之有無則何以識穴之眞假哉아.

※ 或 左右(靑龍 白虎) 兩쪽으로 모시어 作局됨이 있고、 或은 左側(靑龍) 만으로 모시는 作局으로 右側(白虎)은 없는 것도 있고、或은 右側(白虎) 만으로 호위되어 左側(靑龍) 이 없는 것도 있다. 그러므로 左로 모시게 된 것은 穴에 들어오는 精氣도 역시 左로 모시고、結穴하게 되고 右로 作局된 것은 穴入亦右로 모시고 結穴하니 (이상은 橫龍에 結穴하는 理致의 形象을 말한 것이다)、이것은 더없이 重要하고 지극히 妙하게 맺어진 곳이다. 그러므로 龍은 開帳으로써 貴함이 되고、脈은 穿心으로써 尊貴함이 되는 것이 다. 法書에 이르되、擇地(基地를 가리는 것)는 어려운 것이 아니라 尋穴이 어려운 것 이라 하니、대개 穴處라는 것은 그 山水가 모이고 흩어지는 것으로써 결정하는 것이 오、穴을 選別하는 것은 그 氣와 脈이 있는 것으로써 결정하되、山水에는 形이 있는 故로、그 모이고 흩어지는 形勢는 보기 쉽되、氣脈은 體가 없는 데 숨은 故로 있 고 없는 情을 求하기 어려운 것이다. 그 氣가 있은즉 脈이 있고、그 氣가 없은즉 脈이 없는 것이라、脈이란 것은 비록 體가 없는 데 숨어서 약간 흙 밖에 나타나기도 하나、 氣는 無體하고 無形하여 脈中에 숨어 있는 것이다. 그러한 故로 氣는 스스로 그치지 못하는 것이라、반드시 脈을 의지하여 일어나는 것이오 脈은 스스로 되지 못하니 반드 시 氣로 因하여 이룰 것이니、대개 脈이 있고 氣가 없는 것이 있으나、脈이 없고 氣가 있는 것은 있을 수 없는 것이다. 故로 氣는 바람을 타서 흩어지고 脈은 물을 만나면 정지하니、穴이란 것은 氣脈을 탄 것이라、바람이 흩어지게 함이 없고、水로써 경계가

結穴之 四科論

⊙ 乘金·相水·穴土·印木이라 하니 此는 定穴之妙가 不出乎此四科之外也라.

- 乘金者는… 大極之暈也니, 圓金이 在於穴後而微微難見者也요.
- 相水者는… 圓暈之水가 微分八字하여 挾輔穴之兩邊하고 合乎小明堂之處也니라. 所謂 金魚蝦鬚니 是乃微有水道而不見水者也라. 高一寸이 爲山이오, 低一寸이 爲水라 卽爲此分水處가 不過一二步也라.
- 穴土者는… 分合之內에 有土居中하여 不偏不依也라.
- 印木者는… 穴前에 有唇有氈하여 吐出尖圓之證也라.

된 연후에 이에 능히 穴로써 결정할 수 있으니, 능히 氣에 없고 있음을 살피지 못한즉 어째서 穴에 참됨과 거짓됨을 알리오.

※ 乘金・相水・穴土・印木이라 하니 이것은 穴을 定하는 데 妙한 正法으로서, 이 四科 以外에 더 重要한 法이 있는 것은 아니다.

- 乘金…乘은 駕也요(蟬翼의 뜻)、金은 團圓之體也니, 둥근 體形인 金이 「項上」목 위에 명에하였다는 뜻(兩蟬翼이 正突聚氣한 入首에서 퍼져나와).
- 相水…相은 導也니 乘金線인 圓暈에서 相水線으로 引導한다는 뜻(穴相의 둥근 윤곽이 분명하다는 뜻).
- 穴土…穴中에 있는 眞土를 말함.
- 印木…木은 尖圓形으로 氈唇을 뜻하며, 印은 穴을 보는데 唇을 마지막으로 보아 正穴로 證明한다는 뜻이다.

◉ 五星之中에 不言火者는 火則尖利帶殺이오, 且火無穴也라。占穴에 先察太極暈之有無하고, 復想水道之分合하고, 次察穴土偏正하고, 終認唇氈尖圓、具四科則穴眞也니, 若缺則一穴不眞也니라。如是故로 下有微茫八字合하고, 上有微茫八字分이 是也라。登穴回看에 入首星巒이 端秀하고, 前看案對가 特異하고, 明堂이 平正하고, 看之左右에 龍虎有情하고, 水勢環灣하고, 看之四面에 四勢가 平

和하고, 無空無缺하여 八風不入하고, 朝對面面送情하여, 無一山一水背反之意하나니 反此則非矣니라.

※ 五行 가운데 乘金 相水 穴土 印木은 四科라 하고, 火를 말하지 아니한 것은 火인즉 날카롭고 뾰족하여 殺을 띤 것이고, 또 火에는 穴이 없는 것이다. 穴을 所占하는데 太極의 暈의 有無를 살펴야 하며, 相水線의 分合을 생각하고, (穴의 所占時蟬翼의 有無를 살필 때 穴相을 생각하라) 다음은 穴土의 結凝에 바른가 기울어졌는가를 살피고, (또 穿壙이 될 수 있나가 중요하다) 끝으로 氈脣이 뾰족하고 둥글게 되어 있어야 하고, 氈脣 위의 穴體를 精氣가 통하였다는 證據로서 認定하는 것이다.

四科인즉 眞穴을 갖춘 것이오, 만약 四科中에 하나라도 없으면 그 穴이 온전치 못하다. 이와 같은 故로 下에 微茫한 八字形의 윤곽이 合해져 있고 위에 微茫한 蟬翼砂가 八字形으로 나눈 것이 있게 되어 結穴의 과정이 이와 같은 것이다.

穴 위에 올라가서 돌아보면 入首가 正突聚氣한 봉의 모습은 端正하고 곱게 빠져 나오고, 앞에는 案山이 特異하게 대하여 보이며, 局內의 明堂이 平正하고, 靑龍 白虎가 有情하게 보이며, 물이 둘러서 돌아와 下水勢를 거두고, 四面에는 四勢가 平和하게 보이고, 허공이 없고 이그러진 곳도 없어야 八曜風이 들지 못하고, 朝山으로 대하는 砂가 面面이 有情해서, 一山一水라도 背反하는 뜻이 없어야 하느니, 이와 같은 것이 反

⊙ 至於橫龍結穴하여 有鬼有樂하고、或有樂無鬼可也요、或有鬼無樂이라도 無妨이니라, 眞穴則 天藏地祕하여 以待有德之人이니라, 蓋虛穴則近取諸身하고, 遠取諸物等格이 皆是似有情而細看詳察則或反或去하여 皆是無情이니라.

※ 橫龍의 結穴이 이루어졌다면 穴 뒤에서 보호하는 鬼星도 있고, 병풍 같이 둘러준 樂山도 있어야 한다. 혹 樂山은 있고 鬼砂가 없더라도 可하며, 혹 鬼砂가 있은즉 비록 樂山이 없더라도 穴이 되는데 無妨한 것이다. 眞穴인즉 하늘에서 감추고 땅에서 비밀이(天藏地祕) 한 것으로서 德이 있는 사람이어야 期待할 수 있는 것이다. 대개 穴相이 虛한즉 가까운 砂는 모두 몸에서 取하고, 멀리는 諸山諸水의 砂格을 取함에 있어서 모두 有情한 것 같으되 자세히 살펴보면 혹은 반대하고 혹은 가버려서 다 無情한 것이다.

⊙ 尋穴에 若無證佐則穴不眞이니 證佐를 求於前則朝案이 美하고 明堂이

平하고, 水勢가 聚하고 求於後則樂山이 峙하고, 鬼星이 撐하고, 求於左右則龍虎가 列護하고, 求於穴下則唇氈이 正하고, 求於四方則 十道가 全하고, 求於界水則分合이 明하니, 此乃穴之證也니. 此數者에 或有缺 二三之結者하니 或無龍而結焉하고, 或無虎而結焉하고, 或高山에 無朝案而結 焉하고, 或無鬼樂而結焉하고, 或無十道而結焉하고, 或無朝案而結 焉하고, 或無水而結焉이나, 其中에 所不可無者는 唇球簷之分合也라.

※ 穴을 찾는데 만약 證佐가 없은즉 穴이 참되지 못하니 앞에서 求하는 證佐인즉 案山과 朝山들이 아름다워야 하고, 明堂이 平正하고 水勢가 모여야 하는 것이요, 뒤를 求한즉 樂山이 뚜렷하고 鬼星(後撐의 뜻)이 받쳐야 하고, 左右를 求한즉 靑龍白虎가 얽어서 보호되어야 하고, 穴 밑에서 求한즉 唇氈이 바른 것이어야 하고, 四方에서 求한즉 十 道가 完全하고, 界水에서 求한즉 分하고 合함이 分明한 것이어야 이와 같은 이 穴이 되는데 證據가 되는 것이다. 이 여러가지에 或 한 두가지가 없어도 될 수 있으니, 或 靑龍이 없이 되기도 하고, 或 白虎가 없이 되기도 하고, 或 朝案이 없이 되기도 하고, 或 鬼樂이 없이 되기도 하고, 或 十道가 없이 되기도 하고, 或 높은 山에 明

堂이 없이 되기도 하고, 或 물이 없이 되기도 하나 그 中에 可히 없어서는 아니될 것은 唇과 球와 簷의 分合인 것이다. (즉 入首・蟬翼・當坂・氈唇은 빠짐없이 있어야 한다는 뜻)

⊙ 故로 書에 云하되、莫誇來龍之美惡하고、但看穴內分合이라 하니、有此分合하여 證佐明白則 其他證佐는 自然登對요、雖或缺一之欠이라도 可用也니라.

※ 그런 故로 古書에 이르되 來龍의 美와 惡을 자랑하지 말고 다만 穴內에 分合을 보라 하니, 이 分合에 證佐가 明白히 있은즉 其他證佐는 自然히 와서 對하게 되는 것이니, 或 한가지가 부족하더라도 可히 사용할 수 있는 것이다.

二. 雜歌賦

禍福總論 (明言句節)

◉ 龍虎石如鉅子면、
眼盲者之多出이라.

◉ 當處騎龍洩氣하면、
子孫出於貧寒이라.

※ 靑龍과 白虎의 능선이 돌로서 톱날 같으면 장님이 많이 난다. (또 官災口舌로 인하여 財敗와 人敗등의 禍를 급히 당하게 된다.)

※ 當坂이 騎龍으로서 泄氣되면 子孫이 나서 貧寒을 면치 못하고 乞人도 많이 나게 된다.

◉ 靑龍腰之沙汰는
有左右之蹇脚이라.

◉ 白虎龍之大環은
有福祿而自來니라.

※ 靑龍허리에 사태가 나면 左右 다리에 절름발이의 병신이 날 수 있다. (또 男子들의 淫亂한 일이 많이 나고 각종의 不具子가 나게된다.)

※ 白虎의 龍이 크게 둘러 作局되면 福祿이 스스로 오는 것이 있으리라. (白虎作局으로 結穴되면 富의 穴坂이 많고 外孫發福으로도 보는 것이다.)

◉ 案山窺之眉砂는
　失財物而可畏라.

※ 案山에 窺峯이 眉形砂이면, 財物을 잃어 버리는 일이 可히 두렵다. (窺峯이 眉砂이면 盜賊맞고 火形砂는 火災나고 貴峯砂는 官災口舌이다.)

◉ 險龍之急落處는
　逢賊者而敗家라.

※ 험한 龍의 경사가 급한 곳이라면 도둑을 만나 敗家한다. (精神疾患者가 나고 官災로 一朝破産하게 된다.)

◉ 主山峯之圓美는、
　福祿兼而長壽라.

◉ 穴强而作局明이면、
　富貴出於運中이라.

※ 主山峯이 아름답게 둥글면 福祿을 겸하고 長壽한다. (큰 人物이 많이 나고 官職에 나가 勢道하게 된다.)

※ 穴坂이 強하고 作局이 分明하면 富貴가 運數 가운데 나타난다. (富坂이 強한 것은 貴 와 速發로 보는 것이니 富貴速發하게 된다.)

⊙ 龍上泉水는 長子風이오,
穴頭生水는 寡婦出이라.

※ 來龍頂上에서 샘물이 나면 長子에게 中風病이 들고, 墓머리 위에서 샘물이 나면 과부 가 난다. (기형아의 출산도 많다.)

⊙ 唇下泉井은 入井死요,
虎下泉井은 女淫亂이라.

※ 當坂밑에 샘물이 있으면 움물에 빠져죽고, 白虎밑에 泉井이 있으면 女子가 淫亂하다.

⊙ 直谷見泉은 盜賊者요,
蟬翼下泉은 眼疾連이라.

⊙ 得處見泉은 聖賢出이요,
氈下見泉은 富貴大라.

※ 곧은 골짝이에 샘물이 보이면 도둑놈이 나고, 蟬翼 밑에 샘물이 나면 안질병이 연속

※ 得水地點에 샘물이 보이면 聖賢이 많이 나고, 氈脣 밑에 샘물이 보이면 富貴가 크게 發福한다。(財敗와 人敗하고 病敗가 많이 나게 된다)

◉ 敗家絕孫은 壙中泉이요,
   疾病多生은 壙入水라。

◉ 堂前岩泉은 甲富貴요,
   後有岩泉은 雙生出이라。

※ 패가 절손하는 것은 墓의 광중에서 샘물이 나는 것이요, 질병이 많이 나는 것은 壙中에 물이 들어가는 것이다。(壙中에 물은 財敗・人敗・病敗로 보는 것이다。)

※ 當坂 앞에 岩石에서 샘물이 나는 것은 富貴가 큰 것이요, 穴 뒤 岩石에서 샘물이 나면 쌍둥이를 출산한다。

◉ 家前湧泉男子貴요,
   左右深淵은 主無後라。

◉ 穴前之黃水蓮池는
   皆子孫之內疾患이라。

※ 집앞에 솟는 샘물이 있으면 男子가 적게 나고, 좌우에 깊은 연못이 있으면 主로 無後

한다.(또 子孫 모두에 內臟疾患이 초년에 많이 생긴다.)

※ 墓地 앞에 물이 黃色나는 蓮池라면 子孫 모두에게 內臟病疾患이 나는 것이다.

⊙ 正突入首秀麗하면,
有子孫之三公이라.

※ 入首가 正突聚氣하고 아름답게 쪽 빠졌으면 子孫에게 政丞序列의 인물이 있게 된다.

⊙ 太乙峯之望穴은
高名顯而貴矣이라.

※ 太乙로 높이 솟은 貴峯이 穴을 바라보면 높은 이름이 나타나 貴하게 된다.

⊙ 入首突而脣虛는
速發興而速敗라.

※ 入首는 突하고 堂坂 밑이 虛하면 興旺함이 速發하였다가 速敗하게 된다.

⊙ 案山方之細腰는
有子孫之結項이라.

※ 案山方의 허리가 가늘어 잘속하면 子孫이 목매달아 죽는 수가 있느니라.

◉ 主圓峯之嵯峨는 其壽長而富貴라.

※ 둥근 主山峯이 높고 높으면 壽命長壽로 富貴한다. (主山이 높은 것은 貴로 보고 둥근 것은 富로 보며 높고 높은 것은 큰 人物이 나는 것이다.)

◉ 主山聳於明地면, 貴人出於子孫이라.

※ 主山은 수려하게 솟고 堂坂이 밝으면 貴한 子孫이 배출된다. (堂坂이 밝은 것은 貴와 速發로 보는 것이다.)

◉ 有眉窺則盜賊이오, 有火山則燒亡이라.

※ 눈썹形의 窺砂가 있으면 盜賊을 당하는 것이오, 火形의 窺砂인즉 火災로 망하느니라.

◉ 有貴窺則官災요, 有刀形則劍死니라.

※ 貴峯形이 窺砂로 보이면 官災口舌이오, 刀形의 窺砂가 있으면 칼에 맞아 죽게 된다. (요즈음은 교통사고로도 보아야 한다.)

- 十道峯이 相對하면, 乃子孫之必貴라.

- 堂坂外之八方이 無顯峯則凶地라.

※ 堂坂外의 八方位에 나타난 峯이 없으면 凶地니라.

※ 墓地四方으로 峯이 높이 貴하게 서 있다면, 이에 子孫이 반드시 貴하게 된다.(十道峯이 서로 對하면 大地의 結穴이 있다.)

- 龍虎險而長谷은 有子孫之喪變이라.

- 堂前見於長谷은 女有淫亂口舌이라.

※ 靑龍白虎가 險하고 골짜기가 길면 子孫中에 喪을 當하는 變이 있게 된다.(險한 것은 官災口舌로 보고 긴 골짜기는 淫亂한 것과 盜賊 子孫나서 칼을 들게 된다.)

※ 墓地 앞에 긴 골짜기가 보이는 것은 女子에게 음난한 구설이 있게 된다.

- 白虎背去長谷은 有子孫之鰥居니라.

- 堂坂左右長谷은 有子孫之逃散이라.

※ 白虎가 背身해 가는데에 長谷이 되면 子孫에 홀아비로 살게 되는 일이 있게 된다.

● 白虎背去深谷은
女子孫之逃走라.

※ 白虎가 背身해 가는데 깊은 골짜기라면 女子孫이 달아나게 된다.

● 甑脣左右長谷은
家內產之不成이라.

※ 甑脣의 左右가 長谷이라면 家內에 財產이 이루어지지 않는다.

● 穴前立石白色은
老小婦之孤居라.

※ 墓地 앞에 서 있는 돌이 차돌이라면 늙고 젊은 婦人이 고독하게 살게 된다.

● 三谷風吹長谷은
啞子出於遺傳이라.

※ 三谷에서 부는 바람이 긴 골짜기이라면 벙어리 자식이 나는게 유전되느니라.

◉ 堂前虛而雜石은
蜈蚣鼠廉滿棺이라.

※ 墓所 앞이 虛하고 돌이 난잡하면 지내와 쥐 같은 廉이 생겨 棺속에 가득하다.(墓所 주변에 雜石이 있으면 破産으로 본다.)

※ 墓地左右에서 여울 소리가 나면 반드시 血肉間에 서로 다투게 된다.(대개 벙어리 不具子가 난다.)

◉ 穴前之廣岩石은
巫夫出於家中이라.

※ 墓 앞에 넓은 바위가 있으면 박수무당이 집안에 난다.(또 대개는 壙中에 水廉이 많이 들게 되어 財敗·人敗·內臟病이 많다.)

◉ 墓左右之灘聲은
必骨肉而相爭이라.

◉ 穴前之怪石岩은
削髮僧以可知이라.

※ 墓 앞에 괴이한 암석이 있으면 削髮僧이 남을 알지니라.(實習예를 보면 쇠 부치로 인한 사고가 많다. 즉 교통사고이다.)

⊙ 龍虎高而險石이면、
　飮酒妄而客死라.

⊙ 前山尾之岩冲은
　有子孫之喪妻라.

※ 靑龍白虎가 높고 險石이라면 음주로 망녕되어 客死한다.(險石은 官災口舌·不具子出
　産·淫亂등으로 보는 것이다.)

※ 앞에 보이는 山꼬리에 岩石으로 되어 冲한다면 子孫에게 상처가 있나니라.

⊙ 入首龍脈險石은
　胸腹痛而難堪이라.

⊙ 三谷風之長冲이면、
　啞子孫之遺傳이라.

※ 入首龍脈이 험한 돌이라면 心臟病과 胃腸病의 아픔을 견디기 어렵다.(入首龍脈의 險
　石은 財産倒敗와 妻宮이 不吉하고 淫亂과 疾病이 생긴다.)

※ 세 골짜기에 바람이 길게 冲하면 벙어리 자손이 유전된다.

⊙ 小形堂坂淸淨이면、
　南行出於連邑이라.

⊙ 水口砂之近接은
　必小年之登科라.

※ 적은 穴地의 堂坂이라도 맑고 맑으면 골살이의 벼슬이 연하여 나느니라.

※ 水口에 下砂가 가까이 둘러주면 반드시 少年에 登科하게 된다. (또 富貴速發하며 子孫은 모두 孝道하게 된다.)

◉ 水哭聲之不絶은
　青春出於寡婦라.

◉ 水口一水再見이면,
　夫婦同日同死라.

※ 물 흐르는 것이 哭聲과 같은 소리가 그쳐지지 않으면 청상과부가 나게 된다. (또 벙어리 子孫이 유전하게 된다.)

※ 破口의 물이 두번 나타나면 夫婦가 한날 한시에 같이 죽나니라. (또 盜賊을 當하는 것과 詐欺로 破産을 당한다.)

◉ 兩得之兩破口는
　不和家而生離라.

◉ 穴前水之直走는
　千財散而一朝니라.

※ 墓地 앞에 물이 곧게 달아나는 것은 千石財產이 하루 아침에 흩어진다.(兄弟간에 不和하고, 人敗에 乞食자손 난다。)

※ 兩得水 兩破口라면 집안이 不和하고 生離別이 있게 된다。(兩水兩破에 骨肉相爭하게 된다。)

◉ 窺水在於兩見은
女子間之靑盲이라.

※ 엿보이는 물이 兩쪽으로 보이면 女子中에 눈뜨고 못 보는 장님이 난다。(또 財物에 손해가 많다。)

◉ 堂處兩邊陰岩은
棺中有於蜘蛛라.

※ 堂坂 兩邊에 음침한 岩石이 있으면 棺中에 거미가 가득히 있느니라。(墓所周邊에 岩石은 以金致死로도 본다。)

◉ 陰濕山之死土는
木水廉而滿棺이라.

◉ 白虎水之冲照는
有子孫之腹痛이라.

※ 白虎方에 물이 冲하여 비치면 子孫에게 胃腸病으로 腹痛이 있게 된다。또 財敗 人敗를 급히 당하게 된다。

※ 山이 陰濕하여 死土이면 木廉과 水廉이 棺속에 가득하니라。(木廉水廉에는 財敗 人敗가 있으며 특히 內臟病疾患이 생긴다。)

◉ 堂前陷而破落이면、
乃缺唇而露齒라。

※ 墓地 앞이 깨지고 陷하여서 낭떠러지가 되면 이에 입술이 일그러지고 이가 드러나는 병신이 나느니라。(財産倒敗하고 精神病子도 생긴다。)

◉ 後虛開湖越見이면、
有惡疾與癎疾이라。

※ 堂坂 뒤가 虛하여 湖水가 열려 넘겨다 보이면 못쓸 병과 더불어 간질병 환자까지 있게 된다。

◉ 水口見之水沓은
多子孫而朝官이라。

◉ 水口有之深淵은
世世連於富名이라。

※ 破口 앞에 水沓이 많이 보이면 子孫이 朝會하는 벼슬이 많이 나느니라.(높은 벼슬에 오른다는 뜻이다.)

※ 破口 앞에 깊은 연못이 있으면 代代로 富者의 이름이 連하여 난다.(水口에 深淵은 當代에 富貴速發하게 된다.)

◉ 水口有之大峯은
　代代出於科名이라.

※ 破口앞에 큰 봉우리가 있으면 代代로 科擧에 이름이 나게 된다.(水口 앞에 大峯이 있는 것은 穴의 局勢가 큰데 있는 것이니 크게 發福하는 것이다.)

◉ 穴心有之蟹目은
　必當代之發福이라.

※ 穴坂中心이 蟹目形으로 輪廓을 둘렀다면 반드시 當代에 發福하게 된다.(穴相이 蟹目形으로 생기면 今時發福에 富貴榮華를 누리게 된다.)

◉ 牛耳峯之光彩면、
　必貴子之多多라.

◉ 案朝山如美眉면、
　佩印子之多出이라.

※ 案山과 朝山의 形이 아름다운 눈썹과 같다면 도장을 차는 子孫이 많이 난다. (眉案은 蛾眉砂라 하여 美人子孫나며 王妃도 난다.)

※ 소귀와 같은 峯에 광채가 나면 반드시 貴한 子孫이 많고 많다. (牛耳形은 貴峯砂格이요 光彩는 貴한 것으로 보아 官職에 나가면 勢道하게 된다.)

⦿ 前後之倉庫砂는 世世出於萬石이라.

※ 穴의 앞뒤에 富峯砂가 있으면 代代로 萬石君이 난다.

⦿ 案山頂掛榜砂는 壯元及第分明이라.

※ 安山의 頂上이 一字文星이라면 壯元及弟가 分明하다. (요즈음은 一字文星砂格을 長官峯이라 한다.)

⦿ 水口外之圓峯은 子孫連於佩印이라.

⦿ 水口雙對捍門에 水口獨峯華表라.

※ 破口 밖에 富峯砂格이 서 있으면 子孫이 連하여 결제하는 도장을 차게 된다. (圓峯은

※ 富峯砂格이나 秀麗하면 貴로도 보는 것이다.

※ 水口에 山과 바위가 雙으로 對하여 문을 막아주며, 水口에 獨峯까지 있다면 화려한 벼슬의 任命書를 받는다.(水口를 막아 주는 것은 財物이 모이는 것으로 보고 獨峯砂가 있는 것은 大局勢에나 있는 形勢이다.)

◉ 雖吉地라도 尖射則凶이오, 雖非穴에도 秀貴則吉이라.

※ 비록 吉地라 하더라도 尖砂가 冲하는 것은 凶한 것이오, 비록 非穴이라도 秀麗하고 貴한즉 吉한 것이다.

◉ 火形窺峯射穴은 年年見於火災라.

※ 火形의 窺峯이 墓를 冲하면 매년 火災를 보게 된다.

◉ 案山砂之岐山은 車裂以巡可憐이라.

※ 案山砂가 갈라지는 山에는 車에 찢겨서 순행함이 可히 서글프니라.

⊙ 龍虎肩如鉅子는
　子孫死於刀刃이라.

※ 靑龍白虎의 山形이 톱날과 같으면 子孫이 칼날에 죽게 된다. (葬事를 지낸후에 家事不和로 速敗로도 본다.)

⊙ 案山窺之火形峯은
　被刑罰而火災라.

※ 案山 넘어 窺砂가 火形峯이면 刑罰을 입고 火災를 보느니라.

⊙ 雙刀形之有窺는
　能被人之所殺이라.

※ 雙칼形의 窺峯이 있으면 能히 他人에게 殺害하는 바를 입는다. (雙刀形은 以金致死로써 요즈음은 교통 사고로 보는 것이다.)

⊙ 三台峯之窺射는
　巫女病身不絶이라.

※ 三台峯이 쏘아서 엿보이면 무당이 나고 不具者가 나는 게 그쳐지지 않는다. (眞穴의 三台峯砂格은 三公이 나는 것이다.)

◉ 穴前凶岩尖射면, 鍾鍾出於殺人이라.

◉ 龍虎尾而背還이면, 囚獄中而致死라.

※ 穴前에 岩石이 뾰족하게 冲하면 자주자주 殺人이 나게 된다. (요즈음 實習에는 喪妻를 당하는 것이 많았다.)

※ 龍虎의 꼬리가 배신해서 돌아가면 옥중에 갇혀서 죽게 된다. (또 子息들의 不孝로 본다.)

◉ 明堂屹則壯元이요, 貴砂高則英雄이라.

◉ 左右立石은 盲子요, 陜谷風頭는 啞子라.

※ 밝은 當坂이 높으면 壯元하고, 貴한 砂格이 높으면 英雄이 난다. (穴坂이나 砂格이 높은 것은 貴한 것으로 본다.)

※ 墓地左右에 돌이 서 있으면 盲子(장님)가 나고, 좁은 골짜기의 바람머리는 啞子(벙어리)가 난다.

⊙ 見刀峯之有窺는
科場中之賊死라.

※ 칼날 같은 峯이 나타나 窺砂로 있으면, 科擧보는 마당 가운데에서 도적에게 살해당한다.

⊙ 險石如鉅子窺는
一目子之多出이라.

※ 톱날 같은 險石이 엿보이면 외눈박이 子息이 많이 난다. (또 火災가 연하여 나게 된다.)

⊙ 入首斜而坂虛는
必鰥寡而孤單이라.

※ 入首가 기울고 堂坂이 虛하면 반드시 과부 홀아비가 나서 고독하게 된다. (當坂이 虛한 것은 기형아 출산이 많다.)

⊙ 案朝山橫尸砂는
少年橫死難堪이라.

※ 案山과 朝山이 가로놓인 屍體形砂라면 少年橫死를 견디기 어렵다. (또 財敗·病敗·疾病이 많아진다.)

⊙ 石有險亂이면 多凶敗하고,
俊發厚貴면 必無害라.

⊙ 龍上險岩은 子孫害요,
險石散亂은 家勢貧이라.

※ 돌이 험난하게 있으면 凶敗가 많고, 평평하고 미끈한 것이 發現되고 厚하고 貴하다면 반드시 害가 없느니라.

※ 龍 위가 험한 岩石이라면 子孫에게 害가 되는 것이요, 墓주변에 險한 돌이 散亂하면 家勢가 貧寒하게 된다. (또 一朝破産이 우려 된다.)

⊙ 方正案有瑞氣岩은
代代連綿三公出이라.

⊙ 穴下廣岩은 武將出이요,
左右貴岩은 將軍地라.

※ 一字文星의 案山이 岩石으로 瑞氣가 있다면 代代로 연속하여 領議政 左議政 右議政의 벼슬이 나게된다.

※ 穴坂 밑에 넓은 岩石이 깔리면 武官이 태어나고, 穴坂 左右를 貴岩이 두르면 將軍이 날 大地니라.

⊙ 當處低險高案은
必偸骨而其去라.

※ 墓地 당처가 낮은 곳에 險하고 높은 山이 案이 되면 반드시 魄骨를 도적질 하여 가느니라. (低한 當坂은 卑賤者나고 險高案은 官災口舌로 본다.)

⊙ 急斜處而絶脈은
愼子孫於結項이라.

※ 墓地가 급경사가 되고 脈이 끊어졌다면, 子孫에게 목매여 죽는 일을 삼가하라. (墓地 急斜處는 破産으로 보고 絶脈은 誤死와 夭壽하는 것으로 본다.)

⊙ 龍虎岩有生靑苔면,
大風瘡病代出矣니라.

※ 靑龍白虎의 岩石에 푸른 이끼가 난다면 문둥병이 代代로 나게 된다.

⊙ 兩破口之兩狗岩은
初婚夜於郎別이라.

※ 兩쪽으로 갈라지는 破口에 개모양의 두 岩石이 있으면 初婚(婚姻)한 날 밤에 신랑과 이별한다. 또 동기간에 우애가 끊어져서 骨肉相爭하게 된다.

◉ 靑龍背去兩破口는
　父子相離客地中이라.

◉ 來龍入首險岩線은
　胸腹痛而難堪이라.

※ 靑龍이 背身하고 물이 兩쪽으로 갈라지면 父子가 서로 객지에서 이별하게 된다. (兩水兩破는 骨肉相爭이요 靑龍背身은 子孫들의 不孝로 본다.)

※ 來龍과 入首에 險石으로 줄을 잇는다면 胸腹痛(심장병과 위장병)을 견디기 어렵다. (또 入首險石은 財産倒敗와 中風疾患이 많고 돌줄은 冷脈이라 屍體가 썩지 않는다.)

◉ 龍虎腰之齒石이면,
　少年出於落齒라.

◉ 主山有之刀石이면,
　恐子孫於斬刑이라.

※ 靑龍白虎의 허리에 치석 같은 것이 있으면, 少年에 이가 다 빠져 나온다. (또 家事不和로 破産이 두렵다.)

※ 主山에 칼 같은 돌이 있으면 子孫에게 목을 자르는 斬刑이 두렵다. 또 火災와 官災口舌이 연하여 나고 교통 사고가 두렵다.

◉ 暗暗磊石多見이면,
百蜘蛛之滿棺이라.

※ 검고 검은 쌓인 돌이 많이 나타나면, 많은 거미가 棺 속에 가득히 차게 된다. (財敗·人敗나고 疾病으로 敗하게 된다.

※ 破口內에 貴한 岩石이 있으면 (家門에), 벼슬이 연하여 끊어지지 않는다. (높은 벼슬에 오르게 되어 勢道하게 되며 富貴速發로도 본다.)

◉ 岩如將軍特立이면,
武科及第多出이라.

※ 將軍 모습의 岩石이 특이하게 서 있다면 代代로 國王이 태어나게 된다. 武科及第 많이 난다.

◉ 主山峯如鼓岩은
世代出於封君이라.

※ 主山峯이 북과 같은 岩石이라면 代代로 國王이 태어나고 將相이 배출된다. (岩石으로 一字文星이 되었을때 國王이 태어나고 將相이 배출된다.)

⊙ 靑龍肩之貴岩은
　有子孫之力士라.

⊙ 眉山眉石이 暗暗이면,
　百日內之破産이라.

※ 靑龍 어깨가 貴한 岩石이라면 子孫에게 力士가 나느니라. (요즈음은 將軍이 많이 배출한다.)

※ 눈썹 모양의 山에 눈썹 같은 돌이 거뭇거뭇하게 있으면 墓를 쓰고 百日內에 破産하게 된다.

⊙ 左低鰥多에　右低寡요、
　東高西低에　家無老라.

⊙ 當坂空則棺翻伏이오、
　甄唇空則水木廉이라.

※ 左가 낮으면 홀아비가 많이 나고, 右가 낮으면 과부가 많이 난다. 東이 높고 西가 낮으면 집에 老人이 없나니라.

※ 墓坂이 空虛하면 棺이 뒤집히고, 甄唇이 空虛하면 水·木廉이 든다.

⊙ 龍虎空則虫廉이오、
當地虛則木廉이라。

⊙ 八方空則無屍이오、
四方空則已入이라。

※ 靑龍白虎가 비면 虫廉이 돌고, 穴地當處가 虛하면 木廉이 든다.

※ 八方位가 空虛하면 屍身이 없어지고, 四方位가 空虛하면 뱀이 드느니라 했다.

⊙ 蟬翼空則火廉이오、
氈唇空則土廉이라。

⊙ 入首部位空虛는
見水廉之滿棺이라。

※ 蟬翼이 空虛하면 火廉이 들고(백골이 까맣게 탄 것과 같음), 氈唇이 空虛하면 土廉이 든다.

※ 入首部位가 空虛하면 水廉이 棺 속에 가득함을 볼 것이다.

⊙ 風吹入首移頭骨이오、
三方八曜殺消骨이라。

⊙ 三谷風入燥其骨이오、
當處水射退骨碎이라。

※ 入首에 바람을 맞으면 頭骨이 移動하고, 三方向에 八曜風殺은 백골이 消骨된다.

※ 三谷에서 바람이 들어오면 그 백골이 타버리고, 當處에서 물이 쏘는 것 같이 흐르면 白骨이 부서져 무너진다.

◉ 案山有之屈曲이면, 塚與宅皆凶也라.

◉ 龍虎重重背去는 可畏橫死刑獄이라.

※ 案山에 屈曲이 있으면 墓나 집이나 다 凶하다.

※ 靑龍白虎가 겹치고 겹쳐서 背身해 돌아가면 可히 橫死나 刑獄이 두렵다.

陽宅篇

一。 序　論
二。 宅地와　家相
三。 陽宅佩鐵法
四。 家相의　吉凶
五。 五行의　禍福

一. 序論

1. 明堂宅地와 家相法

明堂論

옛날부터 우리 祖上들은 地理風水學을 崇尙하며 오랜 세월에 걸쳐 아름다운 山川의 吉地를 찾아 살다보니 아름답게 가꿔 놓은 生活터전은 萬世에 遺傳되며, 明堂宅地는 大小都市와 村落을 이루었으니, 學問的으로 보아도 大小의 明堂地域이오 風水地理의 眞理이라, 우리 모두는 吉地選擇에 따라 人間의 興亡盛衰와 富貴貧賤이 생기게 되는 것이다.

우리 人間은 風水地理 自然을 벗어나서는 한시도 살 수 없는 게 眞理인즉, 于先 내가 살고 있는 環境을 살펴 보금자리인 家相을 바로 하는 것은 나의 安靜은 勿論 後孫의 將來 希望이 約束되는 自然의 眞理인 것이다.

다시 明堂의 正義를 말 한다면 主山과 行龍이 厚富하며 野山에 와서 陽明한 山이 順行으로 羅城을 이룬 保局內에 結穴된 地點은 明穴이라 하는 것이오, 羅城을 이룬 保局內를 明堂地域이라 하는 것이다.

明堂宅地

保局形成된 山盡處에 結穴된 자리가 明穴이오 집을 지으면 바로 明堂宅地인 것이다.

그 結穴地는 墓를 쓰기 보다는 東舍宅이나 西舍宅이든 配合舍宅으로 맞춰 안방이 穴中心에 位置하도록 吉한 家相을 세운다면, 그 穴性情에 따른 發福이 변함없을 터이라 永久한 明堂宅地인 家族에게 發福하는 것이니, 數10代를 살아도 그 發福이 변함없을 터이라 永久한 明堂宅地인 家族에게 發福하는 것이다.

陽宅의 明堂宅地도 主山과 來龍의 氣勢力도 보는 것이나, 天氣地氣의 調和를 爲主로 하는 것이라 局勢를 爲主로 해야 되는 것이다.

羅城을 이룬 保局形成의 姿勢로서 明堂局勢의 差等이 생기는 것이나, 大局勢의 形成은 主勢가 太祖山과 行龍에 있는 것이다.

그러나 家屋에는 家相法이 있어서 東西舍宅의 區別이나 建物의 相, 庭園의 相, 構造 등의 吉한 構成法이 있으니 아무리 좋은 保局形成된 明堂宅地라도 家相法에 맞지 않으면 凶家가 되는 것이다.

吉한 家相과 凶地域

陽宅의 家相法이란 空氣調和를 調節하여 人體에 이로운 精氣로 變化시키는 데 있는 것이니, 東西舍宅八宮에 配合舍宅의 構成法이 重要한 것이다.

陰陽宅을 崇尙하던 時節에는 혹 小兒가 病이 나면 名門家의 집을 찾아가 避病을 하여 健

明堂地域의 吉凶

우리나라는 錦繡江山이라 明堂地域이 많아 곳곳에서 貴한 人物이 태여난다. 明堂으로 理解하기 쉬운 地域을 實例를 들어 말한다면, 全南珍島를 소개할 수 있다. 珍島는 山勢가 밝고 곳곳마다 保局形成이 圓形으로 羅城을 이루고 있다. 羅城을 이룬 가운데 天氣地氣가 調和를 이루니 萬物의 結實도 좋아지고 사람에게도 더욱 吉한 精氣로 調和된 精氣가 감도는 地域이니 「개」조차 영리한 名物로 되었으니, 이런 理致로 보아 明堂地域에 調和된 空氣가 좋다는 것을 더욱 實感하게 한다.

또 凶地域의 實例를 말한다면 明堂의 反對로 名門家에 宰相이 두메산골로 落鄕한 貴族의 後孫들을 살펴보면 現在 賤骨로 卑賤하게 살고 있으니 明堂地域과 凶한 地域을 알 수 있게 한다.

그러나 地理自然의 뜻을 생각하지 않는 現代에는 깊은 산골이 조용하고 空氣가 맑다 하여 避病을 가니 죽음을 自招하는 格이 된다. 두메산골은 景致가 좋으나 陰谷自生殺風을 맑은 空氣로 생각한다. 오래 살다 보면 穎異한 머리를 가진 貴族도 賤骨을 出生하게 되니 그제서야 凶한 地域임을 깨닫게 된다.

康을 恢復하는 事例가 많았던 것이다.

明堂地域으로 山勢가 밝고 곳곳마다 保局形成이 圓形으로 羅城을 이루고 天氣地氣가 調和를 이루니 萬物의 結實도 좋아지고 사람에게도 더욱 吉한 精氣로 調和된 明堂地域인 것이다.

空氣와 陽宅法

귀한 人物의 出生은 空氣調和에 理致가 있다. 사람이 살아가는 데는 가장 重要한 곳이 住宅일 것이다. 하루 日課의 疲勞를 회복하자니 휴식하는 住宅이오 잠을 자는 高房인 것이다.

家屋內는 氣의 調和된 精氣라야 健康과 精神이 安靜되는 것이다. 사람은 健康에 따라 活動時에는 冷風 疾風 온갖 불순한 空氣도 이겨내는 自體力이 생기는 것이나, 잠을 잘 때는 不順한 空氣侵入의 障害를 다 받게 된다. 騷音 振動 殺風의 障害는 心臟을 克하니 害는 腎臟과 精神이 당하게 된다.

적은 騷音의 振動公害도 人體에 누적되면 훗날에 發病이 되고, 靜音 靜風에서 精神의 安靜이 이루어진다.

家相에 凶風이 되는 것은 골목 바람이다. 골목에 막다른 大門이 난 家屋은 凶風으로 凶家가 되는 것이다.

그 外도 建物配置에 內外建物을 가까이 하여 庭園이 좁아도 空氣가 凶한 空氣로 변한다. 家相學 全泰樹 著書에「孟子曰 家相法에 이르기를, 居處하는 家屋의 構造에서 氣를 變化시킨다」했고, 프랑스의 建築家 루 콜피제氏도「집에는 鬼가 있다」고 하였으니 空氣中에 吉한 精氣를 뜻 한것이다. 또

陽宅法

黃石公을 비롯한 옛 聖人들은 循環空氣調和의 理致를 알아 陽宅法에 利用하니 八卦 八方位로서 構成法을 創案한 것이다. 八卦를 나누어 家相法을 設計調節하니 陰陽의 眞理이다. 基本要素인 門主灶를 東西舍宅間에 同宅一氣 構成을 創案했고, 建物庭園 大門 등의 構造·配置로써 風動의 空氣를 調節하여 人體에 이롭게 하는 配合 家相의 構成法을 學問으로 體系化하였으니 『陽宅三要訣』이라는 책자도 나온 것이다. 陽宅三要에 根幹하여 우리나라 실정에 맞도록 현대화 하는데 많은 發展을 했고 本人도 陽宅三要訣에 의해 많은 실습으로 체계화에 노력했다.

『陽宅三要訣』은 人間生活에 중요한 法으로서 이 法을 따르는 것은 天地理에 順應하는 것이라 富貴가 約束되는 것이오, 이 法을 멀리하는 것은 天地理에 不應하는 것이니, 卑賤과 窮塞이 올까 두렵다. 天地自然의 法을 順應하는 것이 賢明한 것으로 생각된다.

※ 峽谷의 殺風과 靜風

◎ 골목殺風

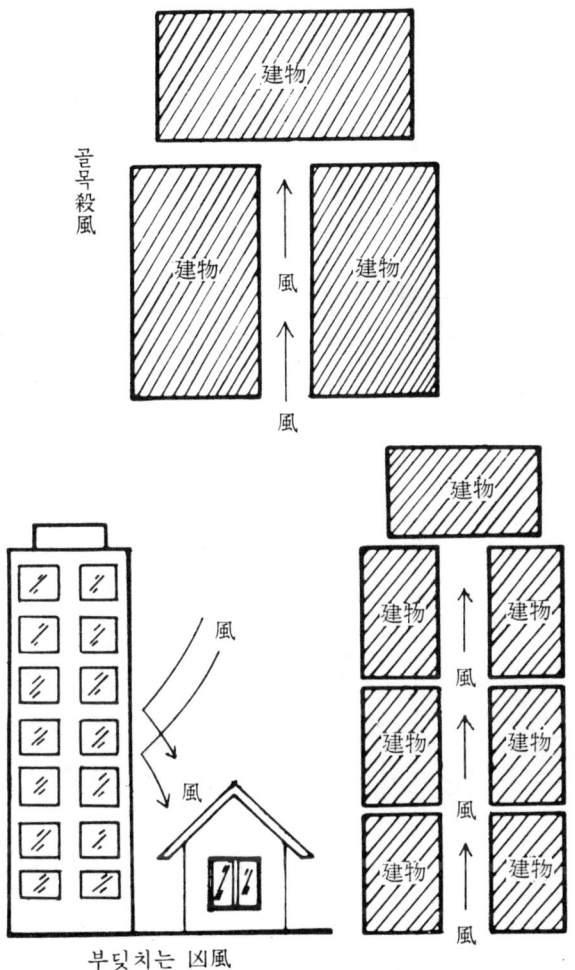

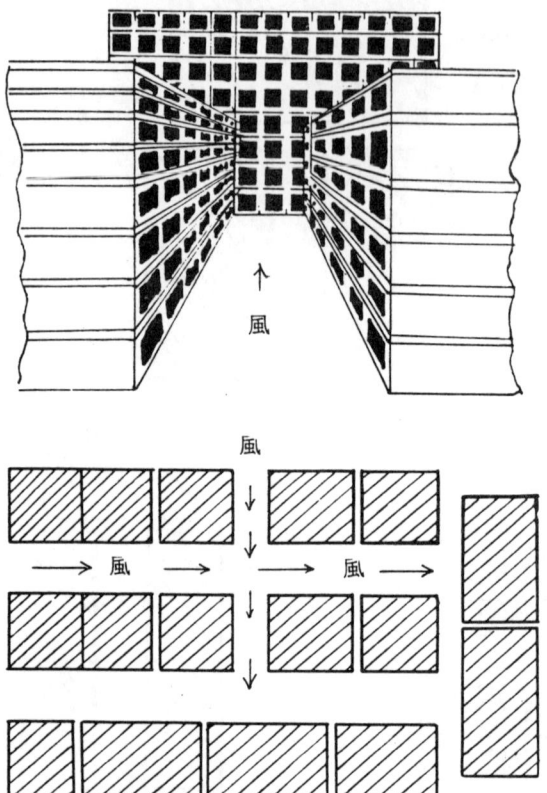

◎ 建物 사이의 凶風

〈古書文獻 參照〉

「陽宅三要」序論에 (滏陽趙九峯 著)

⊙ 三要者何也 門主灶是也 門乃由之路 主乃居之所 灶乃食之方이라 하였고、「陽宅先看大門 次看主房門廚有 東四 西四之分而 主房却無定位 高大者卽是只 要門 相生以吉斷 相克卽以凶斷 此看 陽宅必然之理也 至於廚灶乃養生之所 關甚大 第一與門 相生其次與 主相生 若僅以廚灶爲重直斷禍福輕去門主相克之理 亦非定論須要門主灶 三者各得其所 門生主主生灶灶生門 三者互生無克 或相生比和 又合宅主之生命之 福元則 人丁大旺福壽雙全 黃石公 楊救貧 深得此理有心斯道者不必矜奇立異性是 熱讀遊年強識八宅 默會五行 生克之理 陰陽配合之 道則 陽宅之道思過半矣」라 하였다.

※ 대저 三要란 것은 무엇이냐 門・主・灶가 이것이니 門은 다니는 길이오、主는 居處하

는 곳이요 灶는 飮食의 곳이다. 陽宅은 먼저 大門을 보고 다음 主房과 厨를 본다. 東四宅 西四宅의 區分이 있으니 主房이 定位가 없고 高大한 것이 곧 이것이니 다만 門과 房의 相生은 곧 吉로 判斷하고 相克은 곧 凶으로 判斷하니 이것이 陽宅을 보는데 必然한 이치이다. 厨灶에는 養生의 곳으로서 관계가 매우 크니 第一은 門과 相生이오 다음은 主와 相生이다. 만약 厨灶만을 重視하여 禍福을 直斷하고 門과 主의 生克하는 이치를 輕하게 버린다면 亦是定論이 아닐 것이니 門·主·灶가 各其處所를 얻는 것을 必要로 하므로 門이 主를 生하고 主가 灶를 生하고 灶가 門을 生하여 三者가 서로 生하고 克이 없거나 或 서로 比和되거나 또는 宅主의 生命福元에 合이 되면 人口가 大旺하고 福壽가 雙全하는 것이다. 黃石公 楊救貧이 이 이치를 깊이 體得하였으니 이 道에 뜻을 두는 사람은 반드시 奇異한 것을 자랑할 뿐 아니라 오직 여러해동안 익숙하게 읽어 八宅을 힘써 알고 五行生克의 이치와 陰陽配合의 道를 잘 깨달은다면 생각이 절반을 넘을 것이다.

二。 宅地와 家相

1。 宅地選擇의 重要性

村落은 保局形成이 散亂할 것이니 宅地選擇에 愼重해야 할 것이다. 都會地는 都市가 된 나름대로의 保局形成이 잘 되었으니, 平地에서는 南向으로 된 宅地나 家屋을 選擇하는 것이 賢明하다. 明堂宅地란 非山非野에 있는 것이다. 明堂宅地를 選擇하려면 都市나 村落을 莫論하고 非山非野를 찾아 갈 것이며, 宅地는 東西南北의 向을 볼 것 없이, 地形地勢에 따라 山을 뒤로 하고 野地를 向하는 것이 地理自然을 順應하는 明堂宅地의 吉한 家相이 되는 것이다.

村落에서 保局된 宅地가 없을 때는 凹處를 擇하여 強한 疾風을 피하는 것이 가장 吉한 방법이다.

都市는 大道路를 피해 住居地域을 擇하되 騷音振動이 없는 곳이 吉하다.

· 大小빌딩 사이의 住宅은 不吉하다. (바람이 건물에 부딪치고 높은 건물 사이에는 陰風으로 변하여 人體에 해로운 空氣로 변하기 때문이다)

- 住居地域에서도 建物의 大小差異가 심한 地域도 不吉하다. 이는 바람의 相冲되는 관계이다.
- 鐵道周邊은 不吉하다. 騷音振動에 腎臟이 상하고 精神健康에 克을 받아 畸形兒 出産이 우려된다.
- 濕氣가 많은 宅地가 不吉하다. 精神이 지혜롭지 못해지고 虛弱者나 小兒에게 해롭고 혹 疾病이 걸리는 수도 있다.
- 汚物로 埋立된 地域의 宅地는 不吉하다. 독가스가 나와 人體에 많은 害를 준다. 畸形兒 出産이 우려된다.
- 明堂地의 土質은 非石非土나 生土이어야 地氣上昇에서 氣의 調和로 精神이 맑아지고 精神的 健康에서 人才도 出生하게 되는 것이다.

2. 家相의 三大要素

坐地와 家屋을 選擇하는 데나 새로 建築하는 데 반드시 지켜야 할 三大看法이다. 古書『陽宅三要訣』에 이르기를

- 背山臨水하고
- 前低後高하고
- 前窄後寬하라 했다.
- 背山臨水하면 健康長壽한다 했고,
- 前低後高하면 世出英雄이라 하며,
- 前窄後寬하면 富貴如山이라 했다.

背山臨水論

背山臨水란 山을 등지고 낮은 곳을 向하라는 뜻이다. 背山臨水를 逆하면 凶家가 된다.

前低後高論

前低後高란 內堂의 主建物은 높이 位置하여, 庭園과 行廊體는 낮아야 하는 것이니 例를 들면 3階段 위에 庭園이 되고, 5~6階段 위에 建物을 세우는 것을 말한다。

傾斜진 地域에서는 前低後高의 宅地造成이 家相法의 原則이나, 뒤에 築臺를 쌓아 南向집을 고집하는 事例가 많다。傾斜度에 따라 周圍環境도 不安하고 家相도 不安定되어 空氣循環이 不順하니 不吉한 家相이 된다。空氣不順에 精神의 不安이오 家相도 不吉하다。非山非野에서 下堂建物과 담장이 前低後高도 傾斜가 급한 곳은 不吉하다。主建物을 保護하도록 設計되어야 前低後高가 된다。前低後高에 世出英雄이라 했다。

都市에서는 宅地選擇에 있어서 높은 언덕은 不吉하고 낮은 언덕도 不吉한 것이니 局勢가 微弱한 關係이다。都市에서는 높은 언덕 아래를 選擇할 것이며, 낮은 언덕일 때는 언덕 위를 向해야 背山臨水가 되는 것이다。

平地에서도 家屋의 庭園이 行路보다 낮은 家相은 凶家로 보는 것이다。

背山臨水란 殺風을 避하는 것이며, 保局된 宅地의 安定을 찾아 天氣地氣의 調和된 精氣로써 家族의 健康과 壽命長壽가 約束되는 吉한 配置의 方法이다。

村落에서는 낮은 언덕은 吉하나, 낮은 언덕을 뒤로 두고 언덕을 向해야 背山臨水가 되었으나 살펴

◎ 背山臨水圖

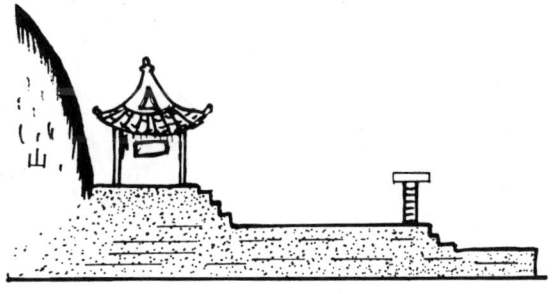

◎ 前低後高圖〈側面圖〉

前窄後寬論

前窄後寬이란 出入하는 곳이 좁으면서 庭園에 들어서면 建物에 비하여 庭園이 너그러이 安定感이 감돌아야 後寬이라 하여 庭園의 安定을 말하며, 空氣調和의 精氣에 뜻을 둔 것이다. 坐地의 形態는 네모가 반듯하여 向한 곳으로 倍가 되어야 建物을 세우고도 吉한 庭園의 相이 될 수 있다.

또, 內堂建物을 爲主로 하여 保護建物이 左右 前面으로 낮게 配置하여 建物에다 內外門을 한다면 前窄後寬이 되는 것이다.

『陽宅三要訣』에 이르기를 「前窄後寬에 富貴如山이오, 前廣後窄에 失印逃走」라 했다.

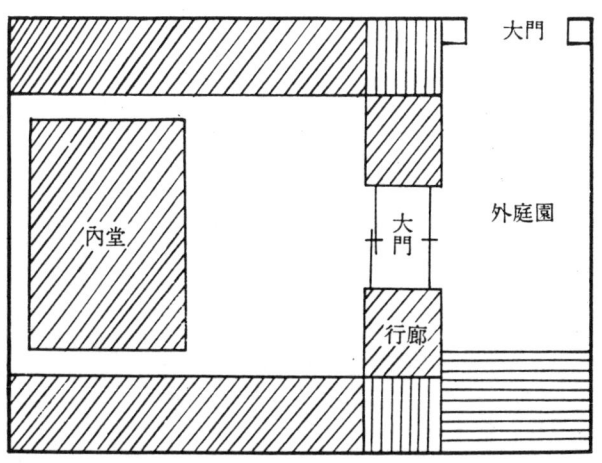

◎ 前窄後寬圖（吉한 家相法）

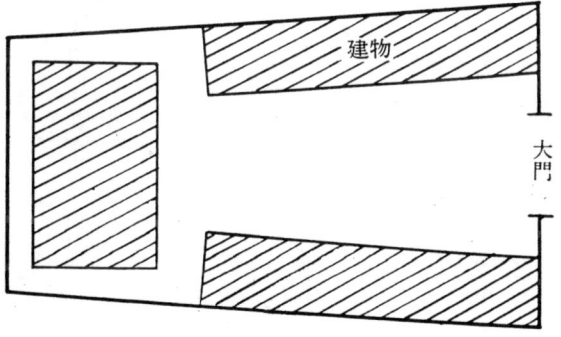

◎ 前廣後窄圖（凶家）

3. 家相과 建築의 重要性

아무리 明堂宅地라도 不配合 舍宅이나 家相이 虛한 相이나 貧相이 되면 不吉한 것이다.

또 家族數에 비해 家庭이 너무 커도 不吉하다. 五人家族에 25坪이 알맞은 坪數이다. (아파트는 40坪이어야 25坪과 비교된다)

※ 세계 建築學者들의 統一된 評價에도 5人 家族에 25坪으로 發表되었다. 특히 銘心할 것은 門主灶가 東西舍宅間에 四宅一氣로 構成되어야 配合舍宅이 되는 것이니, 家相에 가장 重要한 法이 東西配合 舍宅이다.

(吉凶相 基準法 參照)

構造

- 家屋이 構成되는 데는 門主灶廁 庭園이 基本要素가 된다. 그 中 가장 重要한 곳이 門主灶이다.
- 門은 大門 또는 건물의 出入口를 大門으로 볼 경우도 있다.
- 主는 建物의 主位置로서 높고 넓은 旺한 곳을 起頭로 定한다 (起頭, 起點, 主라 한다). 建物은 主位置로서 東西舍宅의 區別이 된다.

330

· 灶, 즉 주방은 飮食을 만들어서 家族의 健康이 매여 있는 重要한 곳이라 門·主·灶 同炙所로 하는 것이 좋다.

· 厠은 厠間으로서 家屋에서 멀리 할수록 吉하다 하였다. 舊式厠間은 毒가스가 풍기니 8才 이하의 兒童에게는 害가 된다. (結核患者室에 兒童을 禁하는 理致와 같다. 『醫書經』에 이르기를 「小便을 多少 참는 것은 膀胱과 尿道의 括約筋이 强해지고, 大便을 참는 것은 自殺行爲」라 하니 厠間을 집에서 멀리 하라는 것이다. 門主灶가 同炙所로 構成되면 厠間 浴室 虛間 倉庫 등은 反對方位로 配置되어야 吉宅이다. (新式 家屋의 浴室은 별로 害가 없다)

八卦 血肉關係는 配合·不配合에 따라 禍福이 따르며 五行에 의한 疾病도 생긴다. (다음 禍福論 參照)

4. 吉凶相의 基準法

住宅일 때 建物平面이나 外形의 前面과 側面의 立相을 大小에 따라 圓形을 두어 다음 圓形과 같이 圓形에 꽉 차면 吉한 相이오, 좁고 길고 높아서 圓形에 不足하거나 벗어나는 것은 不吉한 相이다.

住宅의 平面垈地는 正四角形이 圓形에 가장 가까우니 前後에 分別 없이 不吉하니, 正四角形에다 3分의 1을 더한 3分의 4가 되는 建物平面의 形이 되어야 吉相이 된다. 庭園의 相은 正四角形이 吉한 形이다. 空氣는 圓形循環에서 人體의 利로운 精氣로 變化된다.

좁고 길수록 空氣는 凶風으로 變하는 관계이다.

아파트는 3층 이하의 空氣가 吉하나, 保局形勢에 따라 다르다.(현대 과학적으로 말하자면 地氣를 地磁氣라 하여 0.5가우스가 15미터를 상승하나 人體에 이롭게 한다면 地面에 가까이 할수록 吉할 것이다) 젊은 層의 健康者는 不吉한 空氣의 感覺을 모르나, 虛弱者는 不吉한 空氣에 민감하여 疾病이 올 수 있다.

사람이 活動할 때는 人體에 친입하는 不吉한 공해를 이겨내는 自體力이 있으나, 잠을 잘 때는 不吉한 空氣를 마시는데 오래토록 누적되면 많은 장해가 된다. 吉한 空氣에서 피로회

복과 精神피로가 해소되어야 精神의 健康으로 子孫도 貴한 人物이 태여날 수 있다. 이는 家相法의 陰陽 相生相克에 調和理致로 空氣循環이 조절 되는것이니 우리 보금자리의 가옥은 吉한 家相法에 맞추어 살아야 할 것이다.

334

(강릉) 九代遺傳의 全州李氏家屋

金山寺 미륵전

◎ 吉相의 基本對比圖

（圖形에 꽉 차는 것이 吉相이다。）

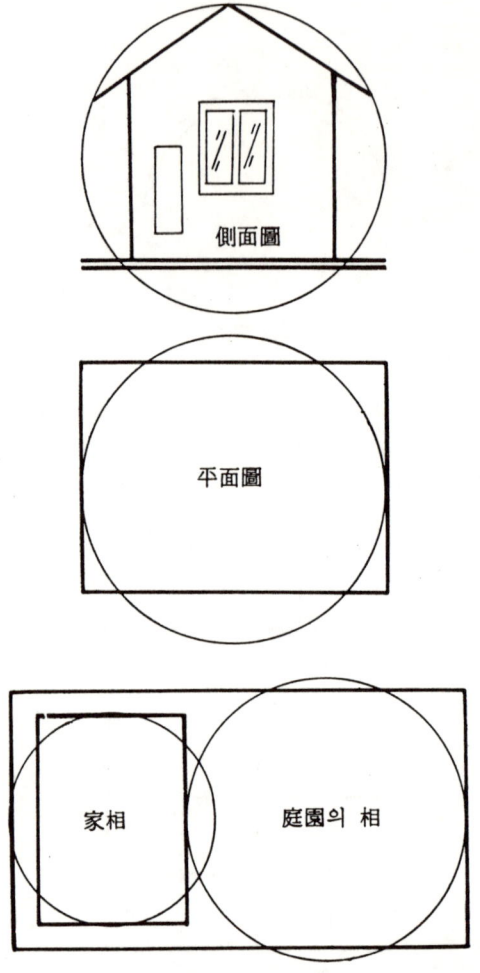

◎ 吉相의 基本對比圖

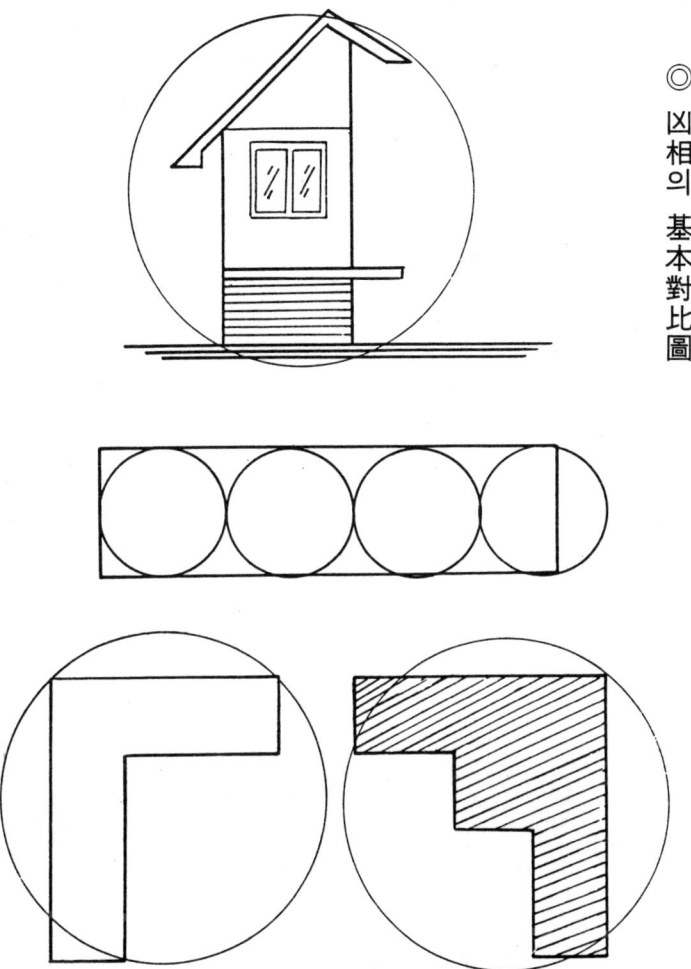

◎ 凶相의 基本對比圖

5. 垈地의 形態

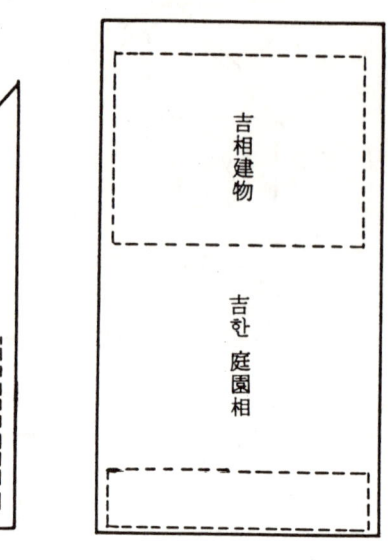

垈地의 吉凶相

垈地와 같이 四面이 반듯하면서 向한 곳으로 2倍이상 길어야 建物을 세우고도 吉한 庭園의 相이 될 수 있다.

垈地의 形은 吉한 建物을 세울 수 있으나, 庭園의 相이 三角形으로 不吉하여 家相 全體가 凶相이 된다.

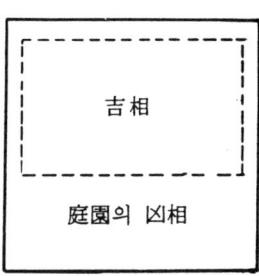

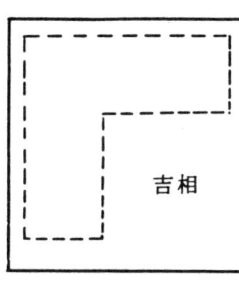

改修例

坐地는 正四角形이나 吉한 建物을 세우면 庭園이 좁아 凶한 家相이 되니 기역字形의 建物을 세운다면 모두 吉한 家相이 된다.

庭園에 虛한 空間이 많다. 虛한 空間에 建物을 채우면 吉할 것이며 後園이 넓은 것은 不吉하다. 建物構成에 空間이 없도록 해야 한다.

三角形의 坐地는 보기에도 不安定되었으니 家相法에서는 空氣不順으로 不吉한 것이니 많은 害가 따르게 된다.

不安定된 家屋에서 살게 되면 不吉한 곳에 마음이 쓰이게 된다. 마음 즉 精神에 모든 不吉이 累積되는 것은 훗날의 害가 되며 子孫出産에까지 障害가 된다. (胎敎에도 不吉하다)

坐地形象이 圖形과 같을 때는 점선과 같이 담장을 쌓아서 庭園을 吉相으로 한다.

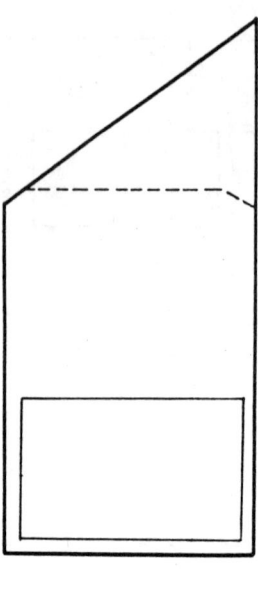

坐地圖의 點線과 같이 改修한다면 吉한 家相이 될 수 있다.

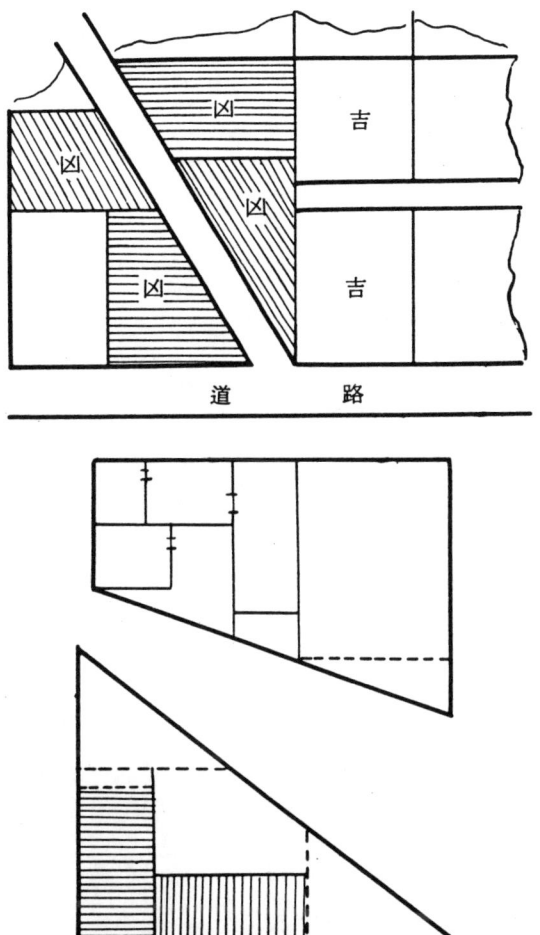

◎ 垈地의 吉凶相圖

6. 家相配置의 吉凶

吉한 配置

吉한 建物配置에서 富貴가 나는 法이다.

- 建物配置는 地勢가 생긴 대로 背山臨水와 前低後高해야 吉하다.
- 垈地의 形態에 따라 建物의 相을 構想하되 庭園의 相을 考慮하여 配合家相으로 한다.
- 吉한 垈地에 吉相이라도 獨體만 세우는 것은 외로운 相이다. 附屬建物이 낮게 配置되어야 吉하다.
- 大門은 貴로 보는 것이니 大門의 相이 화려해야 慶事가 겹치게 된다. 大門은 建物에 비해 크거나 작아도 凶相이다. 附屬建物에다 內外門을 設置하는 것이 바람직하다. 옛날의 솟을 大門도 貴에 뜻을 두어 이룩된 것이다.
- 옛날의 大家집을 口字形으로 配置한 것은 前窄後寬에 뜻이 있고, 庭園에서 氣의 調和를 이용했으니 地理를 崇尙한 時代의 일이다.
- 宮闕에 附屬建物을 3面으로 配置한 것도 陽宅法에 의한 家相法이다.

濟州道民家

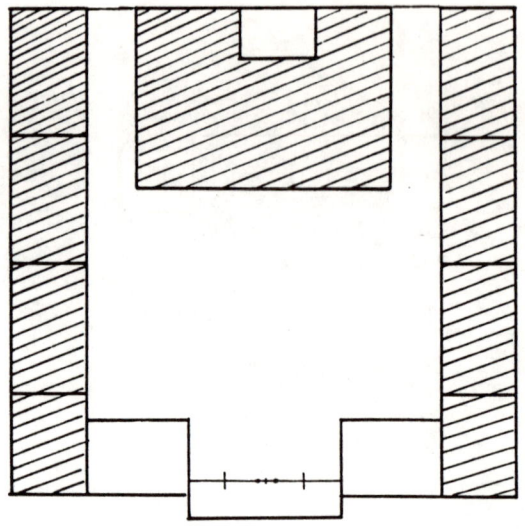

◎ 吉한 配置圖 (宮闕配置圖)

◎ 吉한 配置圖

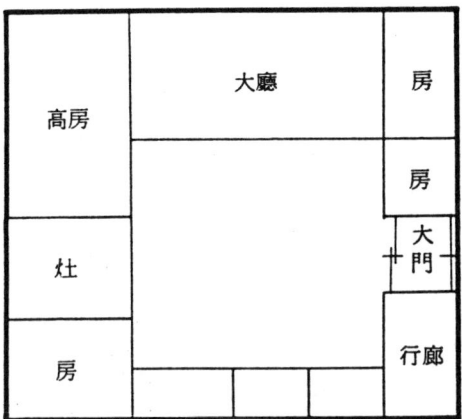

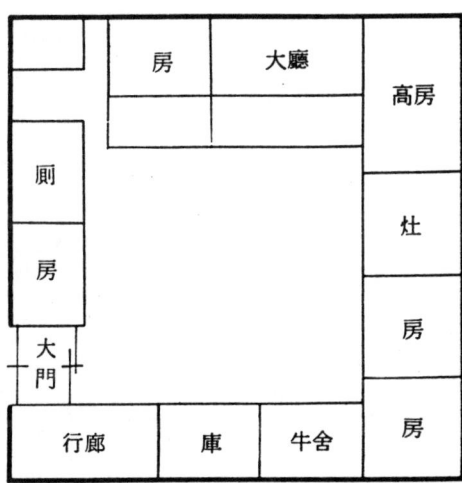

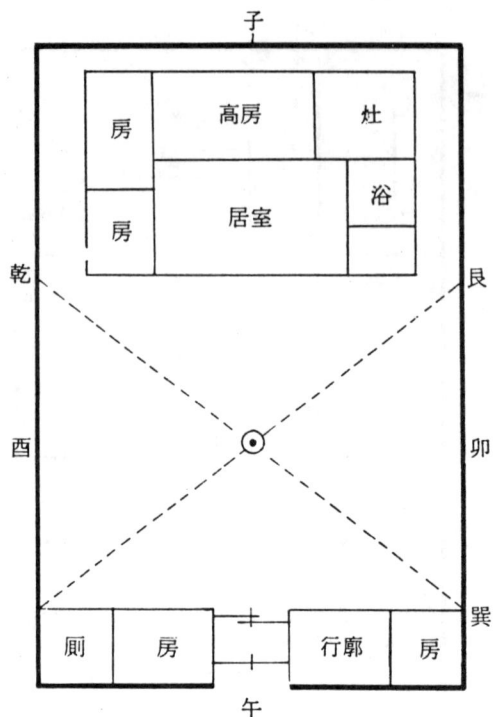

◎ 吉한 配置圖

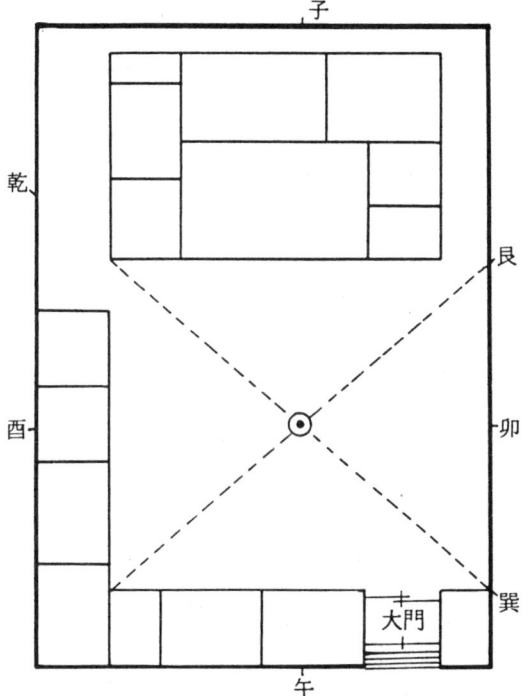

7. 建物配置와 空氣循環

◎ 凶相의 配置圖

子
西 卯
午

吉한 家相에서 人材·美人 난다.

吉한 家相이란 建物이 吉相으로 厚富하며 建物에 比較되는 庭園이 되어야 氣가 吉한 空氣로 變化한다.

建物配置에서 凶相이 되면 東西舍宅의 區別이 必要 없이 凶家이다.

南向만을 고집하여 3面이 庭園이 되면 空氣循環이 不順하여 人體에 해로운 空氣이니 精神의 障害가 된다.

◎ 凶한 配置圖

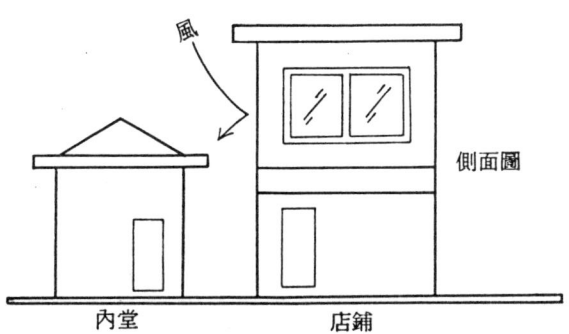

앞 建物이 높고 뒤 住宅이 작고 낮으면 큰 建物에 부닥치는 바람이 疾風이 되어 害로운 것이다.

· 建物이 冲하면 사람이 傷한다.

· 한 院內 두 建物이 같이 配置되면 財敗·破産 한다.

· 庭園이 左右에 位置하면 妻宮이 不吉하고 散財 한다.

350

◎ 凶相 配置圖

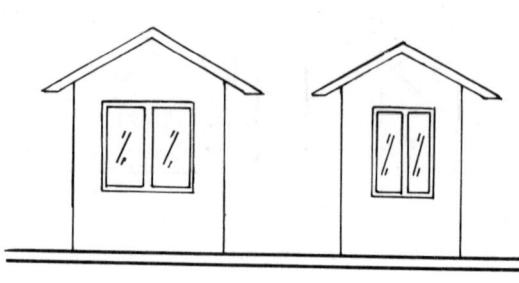

앞 建物과 뒷 建物 사이가 협소하면 外部의 吉한 空氣도 內部에 들어와 凶風으로 變化되는 가운데 卑賤者가 出生하게 된다.
頭腦가 좋아지는 것은 睡眠時 氣의 調和된 精氣를 呼吸하는 데서 이루어진다.

◎ 冲하는 配置圖

〈冲을 받으면 집의 主人이 傷한다〉

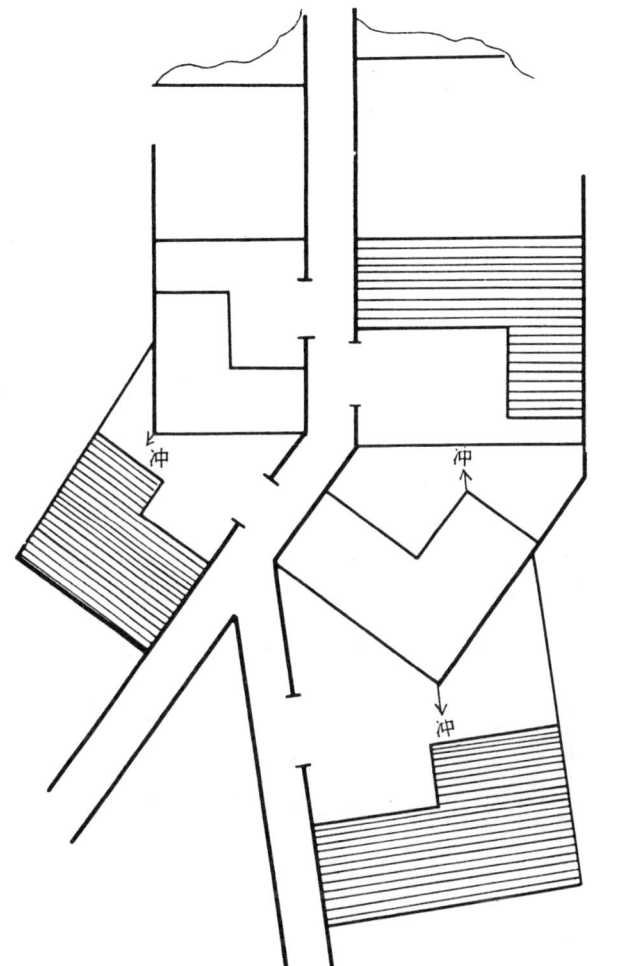

◎ 凶한 配置圖

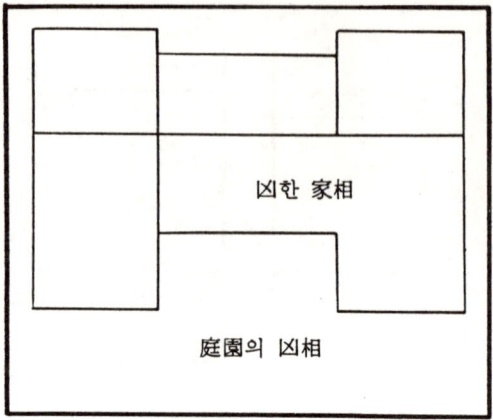

◎ 凶한 配置圖 〈한 院內 같은 建物 凶相〉

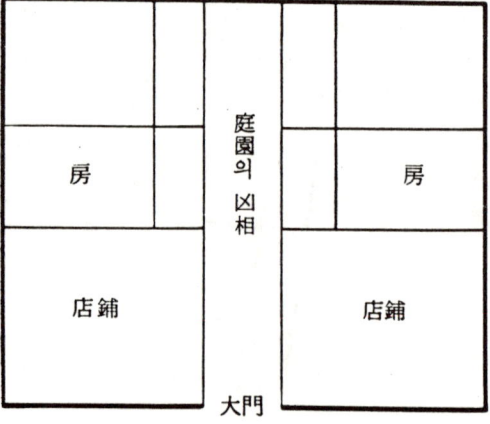

353

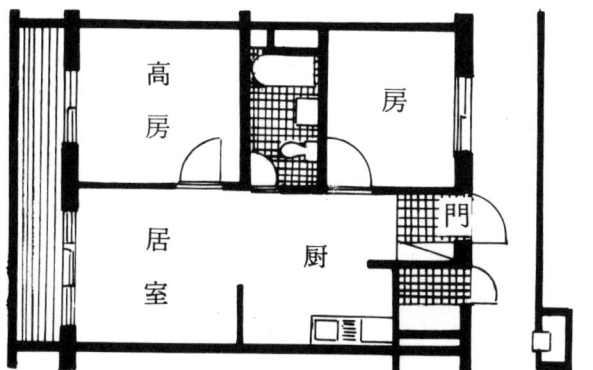

◎ 凶한 配置 〈아파트 構造〉

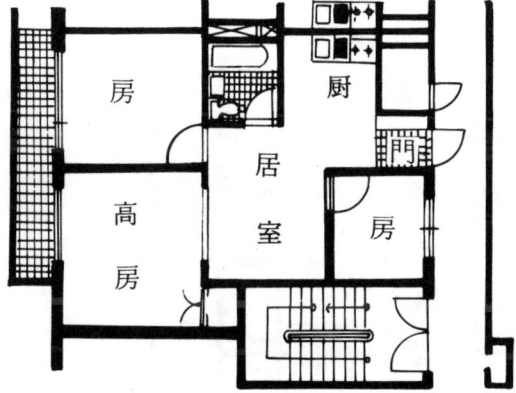

◎ 吉한 配置 〈아파트 構造〉

◎ 吉한 配置

〈아파트 構造〉

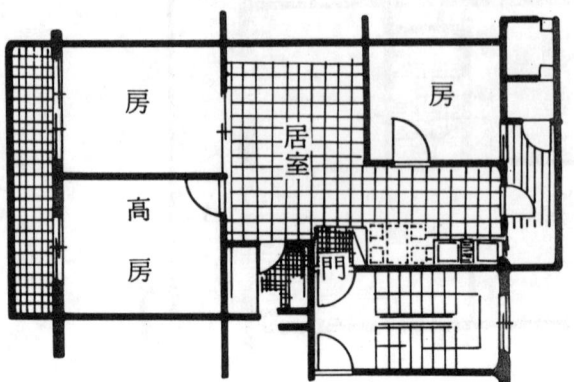

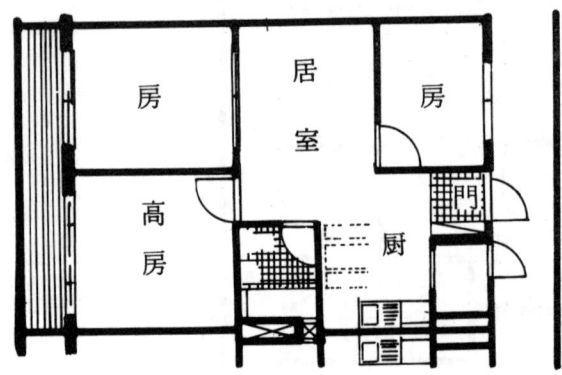

三. 陽宅佩鐵法

1. 東西舍宅

家相의 吉凶禍福의 判斷은 八卦로 한다. 八卦 八方位는 또 陰陽으로 區別되니, 陰中有陽이오 陽中有陰의 原理이다.

佩鐵에 의한 測定에서 東方位에 位置한 坎·離·震·巽 方位는 東舍宅이오, 西方位에 乾·坤·艮·兌의 方位는 西舍宅이다.

※ 坎·離·震·巽은 東方位라 日出하는 方位이니 陽舍宅에 屬하는 것이오, 乾·坤·艮·兌는 西方位이니 日暮하는 方位이라 陰舍宅에 該當되는 것이다.

東舍宅은 陽이니 貴格이라 貴의 發福이 크고, 西舍宅은 陰이니 富格이라 富의 發福이 크다. 東西 舍宅이 不配合되었다면 方位의 混入에 따라 禍를 당하는 것이다.

東西舍宅間에 四宅一氣로 構成되어 配合舍宅이 되었을 때 富貴發福을 바라는 것이다.

(古書文獻)

陽宅三要 東西舍宅分別論에

◉ 西舍宅 乾坤艮兌 乾坤艮兌 同 東西卦爻不可逢 悞將他卦裝一屋 人口像亡禍必重이라.

※ 乾坤艮酉는 西舍宅으로서 한집이니 東舍宅과 西舍宅卦爻를 서로 만나서는 안된다. 東舍宅에 西舍宅卦爻를 잘못 가지고 家相을 構成한다면 집안 식구가 傷亡하고 災禍가 반드시 거듭 되는 것이다.

◉ 東四宅 坎離震巽 坎離震巽一家 西舍宅中 莫 犯他若逢 一氣修成象 子孫 興旺定榮華라.

※ 東四宅은 子·午·卯·巽이다. 子午卯巽은 한집이니 다른 西舍宅卦爻가 犯해서는 안된다. 만일 子·午·卯·巽의 東四舍宅 一氣로만 構成된다면 子孫이 興旺하고 榮華를 누릴 것이다.

2. 東西舍宅의 佩鐵法

陽宅도 佩鐵 4線으로 본다. 4線은 24方位로 되어 있으나 子·午·卯·酉의 4正方位와 4維의 乾·坤·艮·巽은 八卦의 方位이다. 八卦 8方位가 正位置로 되었으니 兩 글字는 八卦方位에 所屬되어 3字가 一卦爻가 되어 8方位로 보도록 된 것이 陽宅佩鐵 使用法이다.

銘心할 것은 『經』에 이르기를 地有四勢에 氣從八方이라 했다. 八卦方位가 가장 氣가 旺한 主位置인 것이다. 門主灶의 重要位置는 八卦正方位에 닿도록 하는 것이 重要하다. 兩字는 八卦方位에 附屬되는 글字이니 氣가 弱한 것으로 생각하면 된다. 陰陽으로 分別된 東西舍宅의 區別表示는 陽宅佩鐵圖 外廓線에 西舍宅方位는 陰이라 黑線으로 表示했고, 東舍宅은 白色으로 表示되며 東西舍宅이라 쓰여 있다.

東舍宅

坎(子)　離(午)　震(卯)　巽(巽)

西舍宅

乾(乾)　坤(坤)　艮(坤)　兌(酉)

　　乾
戌　乾　亥

　　坎
壬　子　癸

　　坤
未　坤　申

丙　午　丁

　　艮
丑　艮　寅

甲　卯　乙

　　兌
庚　酉　辛

　　巽
辰　巽　巳

血肉所屬

※ 東舍宅

坎……壬子癸 方位에 中男 水 1·6 數
離……甲卯乙 方位에 長男 木 3·8 數
震……丙午丁 方位에 中女 火 2·7 數
巽……辰巽巳 方位에 長女 木 3·8 數

※ 西舍宅

乾……戌乾亥 方位에 老父 金 4·9 數
坤……未坤申 方位에 老母 土 5·0 數
艮……丑艮寅 方位에 少男 土 5·0 數
兌……庚酉辛 方位에 少女 金 4·9 數

八卦에 所屬된 男女로 陰陽을 分別하고 五行으로 禍福論을 한다.

禍福의 時期早晚은 河落數로 推算한다.

· 但, 東舍宅에 水火相克은 配合舍일 때는 吉兆로 推理하고, 不配合舍일 때는 凶兆로 推理한다.

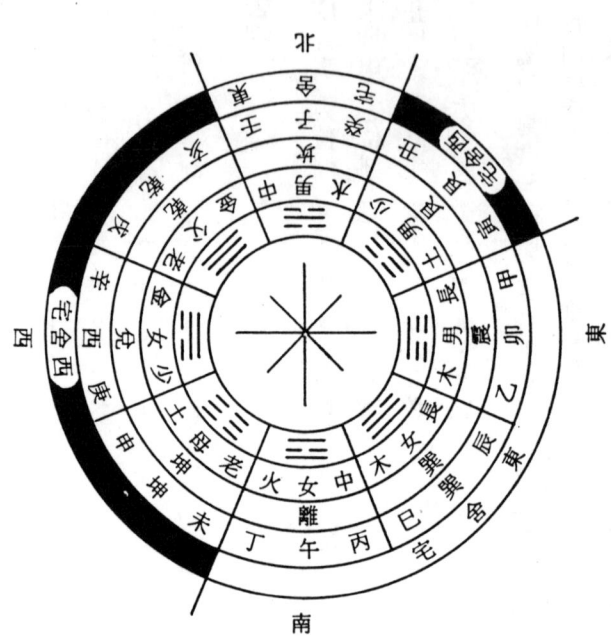

◎陽宅法 佩鐵圖

3. 佩鐵位置와 起頭法

佩鐵을 使用할 때는 佩鐵의 固定位置가 가장 重要하다. 大門과 主位置는 固定되어 있다. 佩鐵固定位置가 正確해야 家相의 吉凶判斷이 正確한 것이다. 佩鐵位置를 移動하는 데 따라 門과 主位置가 佩鐵方位에서 混同된다.

※ 佩鐵 固定位置

獨立家屋일 때는 建物의 平面坪數와 庭園의 坪數가 相半되며 正四角일 때 庭園中心點에 固定하고 庭園이 작을 때는 總垈地中心에다 固定한다. 또 建物보다 庭園이 3倍 以上 클 때나 庭園답지 않게 작을 때는 庭園의 虛한 相이니 없는 것으로 看做하고 建物中心에다 固定한다. 아파트, 店舖, 事務室 등은 내가 使用하는 構造中心에서 固定한다.

※ 起頭法

大門은 보기 쉬우나 建物은 千態萬象이라 起點을 찾기 어렵다. 建物構造에 높고, 넓고, 高房 또는 알찬 곳을 가려 起頭로 한다. 다음 圖形을 基本方法으로 하여 모든 建物을 起頭한다면 별로 誤差가 없을 것이다.

◎ 主와 佩鐵位置의 基本

● 佩鐵位置
■ 主位置、起頭、起點이라 한다.

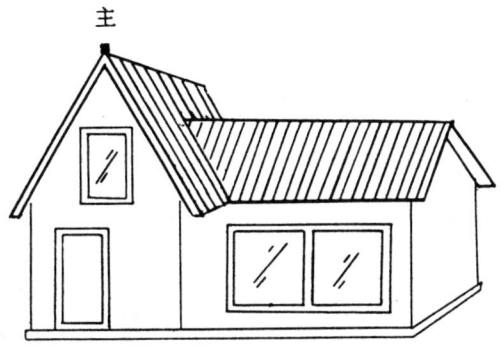

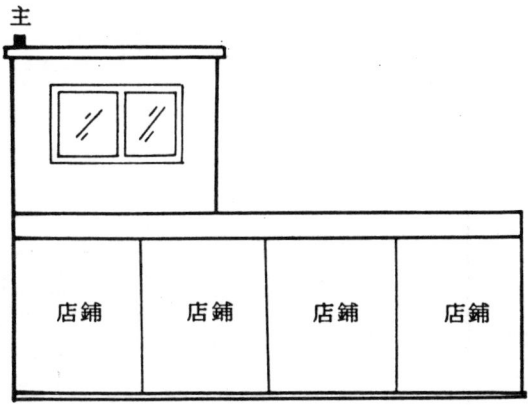

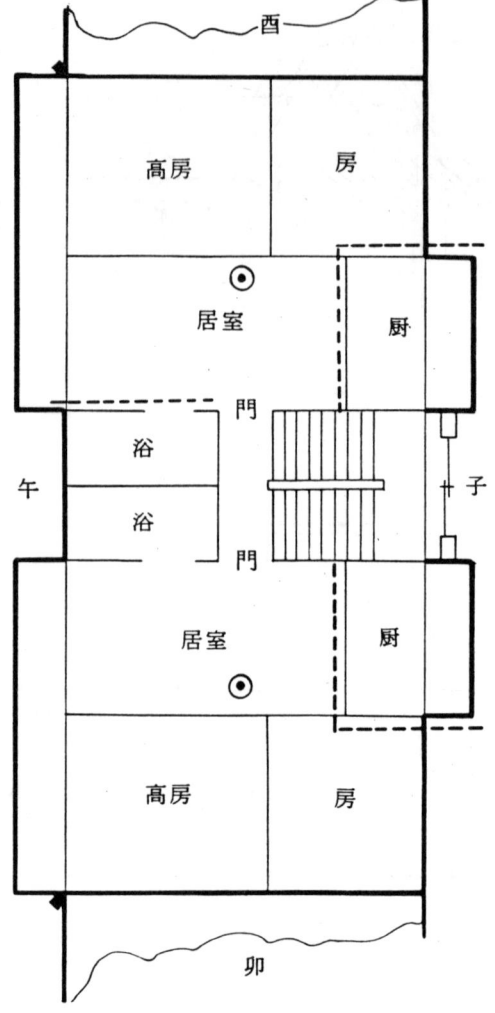

아파트의 起頭

4。 變化起頭

陽宅佩鐵法에 東西舍宅으로 區分되는 變化地點의 四方位는 亥壬사이 癸丑 寅甲 丁未등이니, 吉한 家相이라도 이 四方位에서 主位置가 圖形과 같이 區分되면 東西混合의 不配合舍宅으로 看做한다.

變化起頭 改修例圖

(가) 凶舍宅圖

㈎ 圖形과 같이 亥壬으로 갈라진 凶舍宅을 改修例示圖와 같이 改修하면 乾起頭의 吉한 家相으로 變貌한다.

㈏ 改修例示圖와 같이 改修하는 것이나, 둘째는 乾主의 西舍宅을 西四宅內에 改修하여 吉舍宅을 構成하는 것이나, 大門位置에 따라 많은 利害가 따른다.

셋째는 乾主 建物에 庭園이 넓으니 艮坤酉

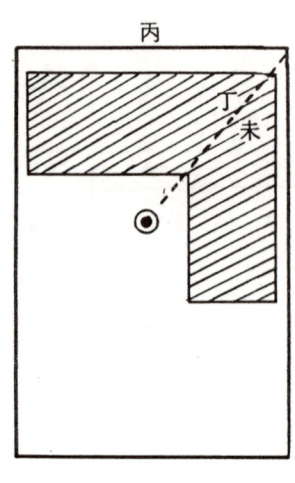 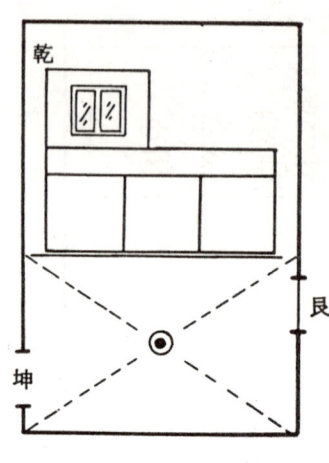

(나) 改修例圖

方位에 大門을 改修할 수 있다.

· 艮方大門은 老父少男의 純陽이니 初年 發財發貴하나、오래면 寡婦持家로 無後할 것이니 잠시 救貧하는 데나 有效할 것이다.

· 乾主坤門은 天地를 뜻하는 上卦라 富貴繁昌에 名門을 이루는 第一의 吉舍宅이 된다.

(다) 凶舍宅圖

(다) (라)의 圖形과 같이 改修하면 丙主 子門으로 吉舍宅이 된다.

· 子大門에서 富者나고 午門에서 貴의 發福이 된다.

(라) 改修例圖

(古書文獻)

『陽宅三要訣』陽宅總綱

京都以皇殿內城作主　省城以三司衙作主　州縣以公堂作主　儒學以文廟爲主　庵觀寺院以正殿作主　紳士百姓以高房作主　一院同居數尺以鍋灶爲主看吉凶

※ 京都는 皇殿內城을 主로 定하며,
· 省城은 三司衙署에다 主를 定한다. (主는 起頭를 한다는 뜻)
· 庵觀寺院은 正殿 法堂을 爲主로 하여 主를 定한다.
· 紳士 百姓의 家屋은 高房을 主로 定한다.
· 한 院內에 數戶가 同居할 때는 鍋灶를 主로 定하여 吉凶禍福을 보라고 했다.

5. 佩鐵 測定法 (東西舍宅區別)

建物은 主位置로서 東・西舍宅을 구별하고 門主만을 상대로 하여 吉舍宅과 凶舍宅으로 判別한다.

* 正確한 佩鐵位置를 찾아 固定한다.
* 建物의 主位置를 정확히 찾아 起頭를 정한다.
* 佩鐵의 八方位를 내다보아 大門과 主의 起點이 某宮 某字에 닿는가를 點考한다.
* 門과 主位置가 同宮에 位置했으면 吉舍宅이오 東・西舍宅 方位로 불이 되었으면 凶舍宅이 된다.

・吉舍宅은······配合舍宅이라고도 하고,
・凶舍宅은······不配合舍宅이라고도 한다.

吉舍宅이나 凶舍宅으로 판단 되였으면 吉凶徵兆는 陰陽五行으로 推理 한다.

陽宅三要에 이르되 門・主・灶 三者가 四宅一氣로 구성되어야 同宅으로 吉한 舍宅이라 했다. 灶(부엌)까지 同宅으로 구성됨을 주장한 것은 東・西舍宅 구별에 관계 없이 灶는 가족 건강에 중요한 곳이라 吉凶禍福이 따르니 吉方位에 배치 되어야 한다는 것이 주장된 뜻이다. 吉方位란 東舍宅이 構成되면 그 子・午・卯・巽 方位를 말하며 西舍宅이 吉舍宅으로 구성되면 그 乾坤艮西 方位 내가 또 吉方位가 된다.

◎ 測定 例示圖

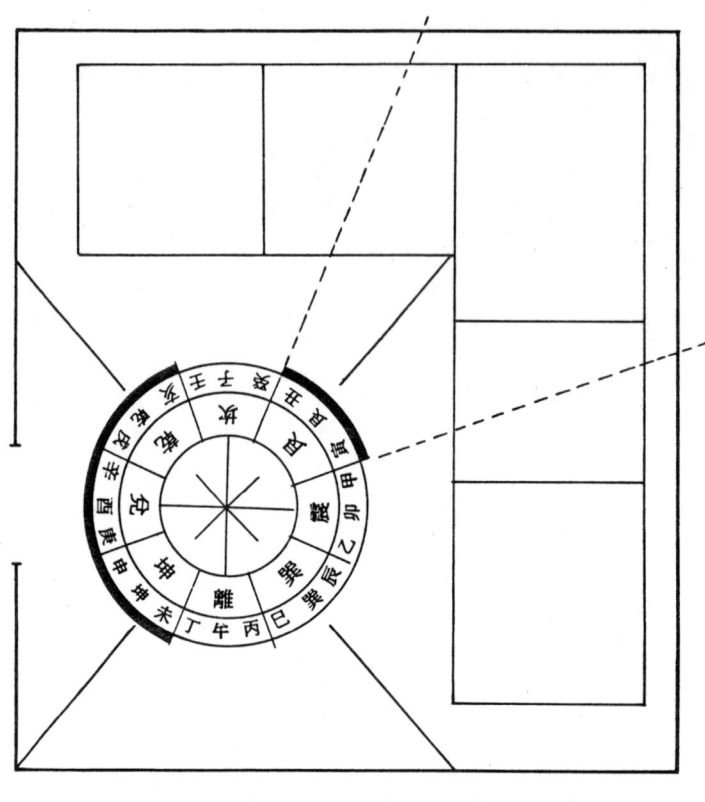

(가) 艮主 酉門

東西舍宅 區別에 八卦八方位의 子·午·卯·巽과 酉·字 中心點이 起頭나 大門의 中心點이 닿아야 그 方向性情에 禍福의 個性이 뚜렷하게 나타나는 것이다. 부녀이다.

이 圖形과 같이 艮中心點에 主가 위치했고 酉中心點에 大門이 正位치하니 陰陽配合 舍宅으로 吉舍宅이 된다.

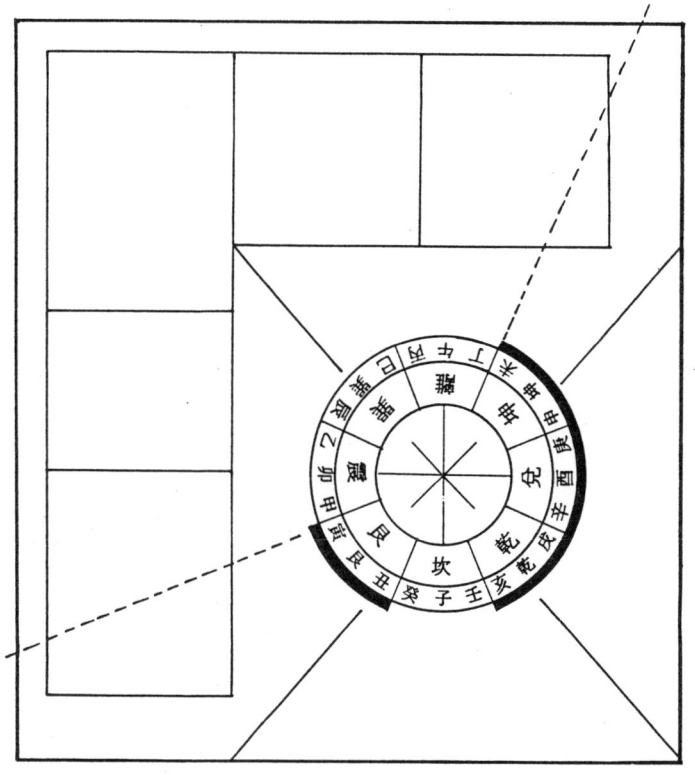

(나) **巽主 酉大門**

이는 主위치가 東舍宅 巽方位에 위치했고 大門위치가 西舍宅 西方位이다. 이와 같이 主와 大門이 東舍宅으로 갈리는 것을 凶舍宅이라 한다.

- 東舍宅 子・午・卯・巽 方位내에 門・主가 一氣構成되어야 吉舍宅이 되고
- 西舍宅 乾坤艮酉 方位내에 門・主가 되어야 吉舍宅이 된다.
- 혹 子・午・卯・巽에 主가 되고 乾坤艮酉에 大門이 되는 것이 凶舍宅이 되는 것이 門・主를 東・西舍宅으로 混合한다면 八卦八方位의 性情에 따르는 많은 禍를 당하게 되는 것이다.

(가)(나) 例示圖는 基本測定法이다. 이 법에 銘心하여 方位를 順序대로 點考한다면 아무리 보기 어려운 建物이라도 吉・凶舍宅을 판단 할 수 있고 禍福論에도 神祕한 해설을 할 수 있을 것이다.

四. 家相의 吉凶

1. 配置의 吉凶

(가) 凶한 家相圖

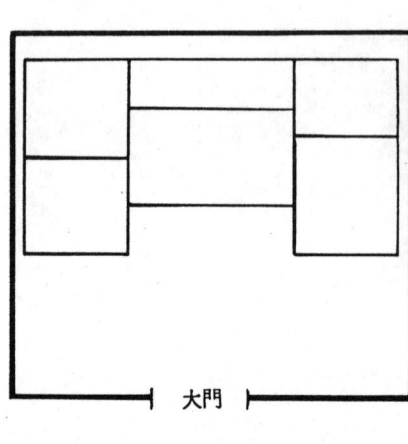

建物構造에서 家相中心이 圓形과 같이 들어간 것은 虛한 家相으로 不吉하다. 양쪽이 똑같이 配置된 것은 雙起頭가 되어 凶相이 된다.
4面이 같은 垈地에는 기역字 家相을 配置한다면 庭園이 반듯하여 吉한 家相이 될 수 있다.

(나) 李朝韓屋家相形圖

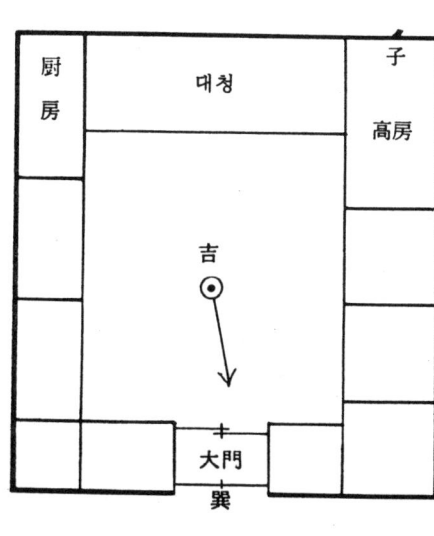

家相法에 맞는 李朝韓屋家相이다. 참으로 吉한 建物의 構造이다. 四面을 建物로 울타리와 같이 配置하니 庭園이 吉相이 된다. 建物에다 內外門을 했으니 庭園이 安定되어 吉한 空氣로 調和되는 家相法이다.

韓屋에 솟을 大門으로 威嚴을 갖춘 것은 大門을 貴로 보는데 뜻이 있어 家中慶事는 大門吉格에서 이루어진다.

庭園의 安定은 財를 부르며 婦女는 賢母良妻가 되어 가는 것은 吉한 空氣에서 健康과 精神安靜이 이루어져서 생기는 理致이다.

佩鐵法으로도 子主 巽門으로 配合舍宅이며, 主位置에 高房을 配置했으니 吉한 構造이다.

2. 凶한 建物配置

㈀ 庭園의 凶相圖

建物配置에 南向만을 고집하니 凶한 家相이 되었다.

이 垈地는 建物을 卯坐나 酉坐로 配置한다면 庭園이 吉相이 되어 吉한 家相이 될 수 있다.

이 圖形의 配置는 南向을 하다보니 庭園이 前面과 側面으로 散在되었다. 庭園이 散在하면 重娶妻妾하는 일이 있고 散財하게 된다.

또, 主位置는 子方位요, 大門은 酉方位니 不配合 舍宅이다. 坤土가 子水를 克하니 主人은 腎虛로 水克火를 못하니 心實로 腦充血이 된다.

艮土는 坤土比和로 子水를 克하니 子孫이 不孝이다.

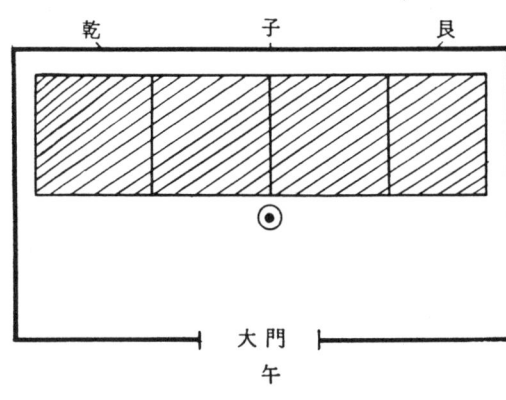

(나) 建物의 貧相圖

建物、庭園이 貧相이다。建物은 좁고 길으니 乾方位와 艮方位로 雙起頭가 되어 不配合 凶舍宅이 된다。

각각 方位를 點考한다면 子午相冲에 夫婦의 意見衝突이니 離婚이 우려된다。

乾老父는 午火의 克을 當해 發病은 腎・膀胱에 病이 난다。

艮土는 子孫으로 본다。火의 生을 받으니 初年은 吉하나 오래되면 不孝・亂暴해진다。

3. 建物의 吉凶相

㈎ 貧相圖

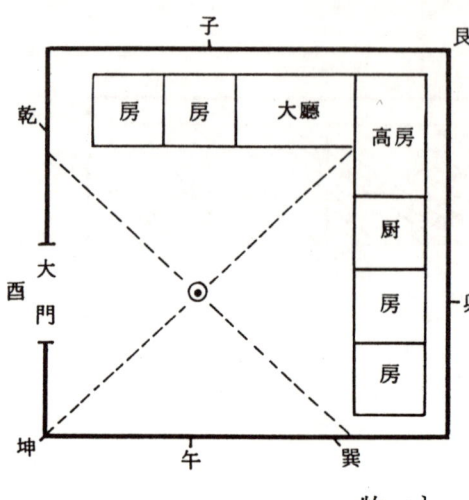

正四角 坐地에는 기역字形 建物이 어울리는 것이 나, 建物의 폭이 적어 貧相으로 配置되니 庭園도 建物에 비하여 너무 커서 虛하니 凶한 家相이다.

· 艮主 酉門은 配合吉舍宅이나 貧相일 때는 艮方位만이 大門相對로 吉兆로 본다.

· 卯方 長男木은 酉金에 克을 當하니 肝·膽이 虛症으로 되어 心虛·胃實의 發病이니, 만약 雙金이 克하면 火나 金으로 因하여 死亡하게 된다.

· 子水方位는 酉金이 生하니 初年은 吉하나 年久하면 腎·膀胱의 實症으로 中風이 온다.

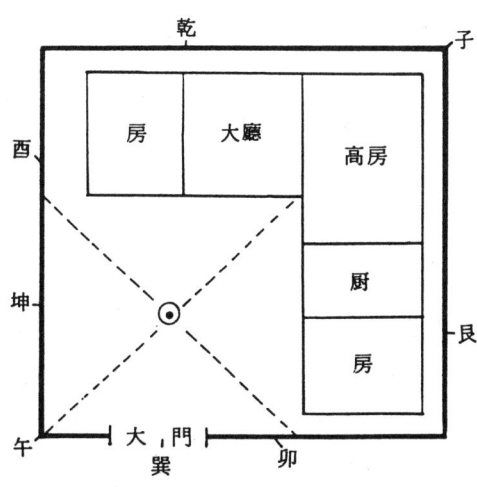

(나) 富相 圖

正四角形 垈地에 厚富한 기역字形 建物을 세우니 어울리는 庭園相에 吉한 家相이다.

- 子主 巽門은 陰陽正配로 配合 吉舍宅이다. 主位置에 高房은 吉한 配置이다. 庭園의 吉相으로 富貴兼全의 家相이다.
- 乾方과 艮方은 西舍宅 方位이나, 建物이 富相이고 配合舍宅일 때는 吉兆로 推理한다.
- 乾方位에 金木相克은 老父의 健康이오, 金이 水를 生하니 主人은 乾의 威勢로 尊敬을 받게 된다. 艮은 木土相克에 吉한 變化이니 秀才子孫을 둔다.

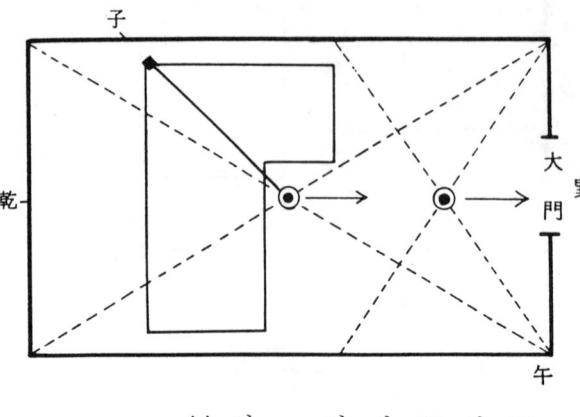

4. 主와 佩鐵의 正位置

(가) 佩鐵正位置圖

이 圖形은 庭園의 네모가 반듯하여 庭園中心에서 測定하니 乾主 巽門의 不配合 舍宅이 된다. 後園이 있을 때에는 垈地中心을 찾아 測定하는 것이다. 佩鐵位置를 바로 찾으니 子起頭 巽門으로 吉舍宅이 된다. 吉·凶舍宅區別에 正確한 佩鐵 固定位置를 찾는 것이 重要하다.

建物의 主位置와 大門位置는 固定되어 있다. 佩鐵의 固定할 位置를 바로 찾아야 家相의 吉凶이 바로 判斷될 것이다.

· 庭園은 財와 妻宮으로도 본다. 앞 庭園으로 본다면 賢妻로 富者될 家相이라, 初年은 陰陽正配의 配合吉舍라 速發할 것이나 年久하면 庭園이 앞 뒤로 있어서 妻宮이 不吉하고 主人의 淫亂으로 散財하게 된다.

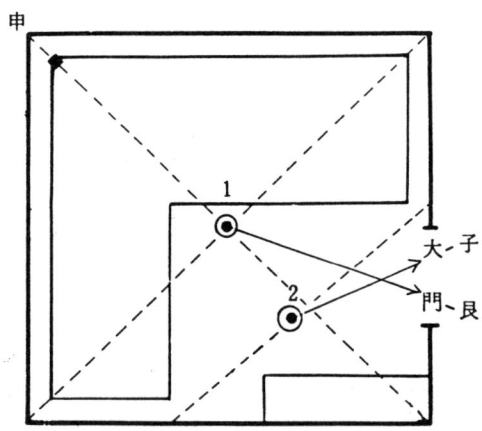

(ㄴ) 佩鐵正位置圖

이 圖形도 ①번 地點에서 測定하면 申主 艮門으로 配合舍宅이나、②번 地點에서 測定한다면 申主 子大門으로 不配合 舍宅이 된다。

(나) 圖形의 佩鐵의 正位置는 1번 地點이다。

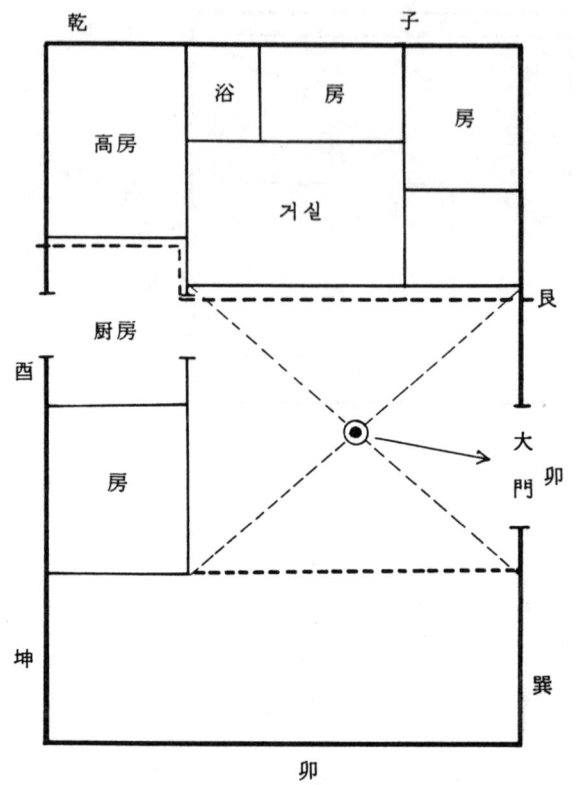

5。主位置 看擇法

主·位置 看擇圖

이 도형과 같이 庭園의 相이 不均衡되었을 때는 庭園 下部位點線에 基準하여 對角線 交着點에 佩鐵을 固定한다.

이 圖形은 기역字지점에다 高房도 配置되어 起頭 判別하기 쉬운 家相이다. 起頭를 보는 데는 建物의 高·低·虛·實을 살핀 후 起點을 定한다. 圖形의 厨房은 東西로 맞門이 낫으니 虛하여 없는 것으로 看做한다. 虛한 厨房을 點線과 같이 斷切하고 보면 子方位가 旺하니 子主 卯門으로 配合家相이 되는 것이다.

· 子中男에다 卯長男으로 純陽이 되었으니 富貴 速發의 家相이라 救貧하는데 第一의 舍宅이다.

· 子에 富發運이 6年이오, 大門은 貴이니 卯木으로 8年은 能히 富貴發福할 것이나, 오래 살게 되면 發福이 없고, 純陽不和로 子孫이 無하며 孤寡掌家하게 된다.

· 乾에 高房이니 初年은 人格에 威勢가 있으나, 純陽이라 後날에는 孤獨한 卦象이다.

· 酉方位에 金은 虛한 厨房이라 金克木하나, 强한 陽木에 金缺이라 少女·婦女가 傷한다.

6. 佩鐵位置와 起頭法

㈎ 起頭와 佩鐵位置圖

이 圖形과 같이 建物보다 庭園이 작을 때는 總坐地의 對角交着點이 佩鐵固定位置이나 『三要訣』에 「天井下羅盤」이라 하였고, 佩鐵이란 建物測定을 爲한 것이니 하늘이 보이는 建物 가까운 庭園에서 測定하는 것이 옳은 方法이다.

- 子主 巽門으로 配合吉舍宅이다. 陰陽正配이니 夫婦和樂하고 子孝孫賢이나, 富는 적다. 建物이 모두 陽方位이니 陽實陰虛로 年久하면 婦女가 虛弱해진다.

- 乾艮 西舍宅方位도 配合舍宅일 때는 主位置에 뿌리하여 吉한 徵兆가 內包되니 吉兆로 解說한다.

· 乾에 高房이라 老父가 少婦를 만나는 卦象이라 家內榮華가 金木相克의 變化로 거듭된다. 老父가 少婦를 만났으니 金錢의 損失이 많게 된다.

· 艮方에 厨房이다. 厨房은 陰이니 婦女로 看做한다. 水土相克에 艮土를 强木이 克하니, 婦女가 胃에 克으로 肺・大腸에 發病하니, 이는 艮方과 子方사이에 浴室로 虛한데 理致가 있다.

· 卯는 巽과 正配로 比和이니 長男 長女가 健康과 萬事大吉할 것이다.

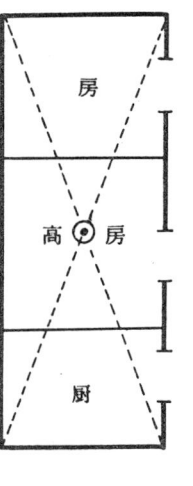

(ㄴ) 主・大門・佩鐵位置圖

이 圖形의 三間집은 建物中心에다 佩鐵을 固定한다. 高房을 起頭로 하여 出入門을 相對로 東西舍宅를 判別하는 것이다.

7. 主와 佩鐵位置

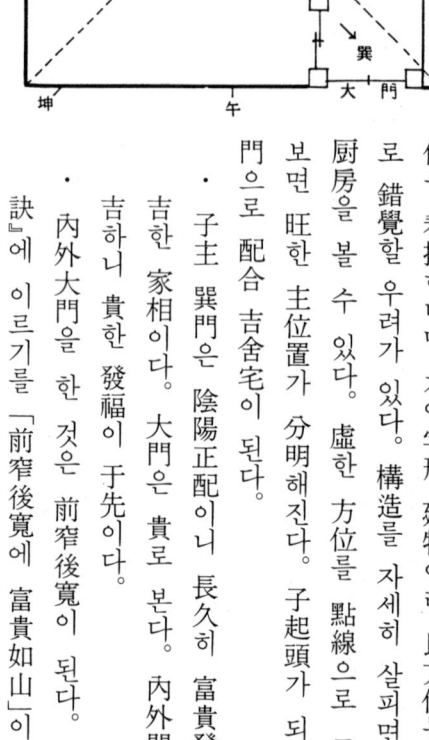

主와 佩鐵位置圖

이 圖形에 表示된 位置에 佩鐵을 固定하고 起頭方位를 看擇한다면 기역字形 建物이라 艮方位로 錯覺할 우려가 있다. 構造를 자세히 살피면 虛한 方位를 點線으로 그리고 보면 旺한 主位置가 分明해진다. 子起頭가 되어 巽門으로 配合 吉舍宅이 된다.

- 子主 巽門은 陰陽正配이니 長久히 富貴發福할 吉한 家相이다. 大門은 貴로 본다. 內外門으로 吉하니 貴한 發福이 于先이다.
- 內外大門을 한 것은 前窄後寬이 된다. 『三要訣』에 이르기를 「前窄後寬에 富貴如山」이라 했다.
- 艮의 高房이라 土木相克의 變化로서 富貴速發

하게 된다.

・乾方位에 房이 있으니 老父는 乾의 위세는 있으나 子方사이에 浴室이 막혀 强한 木에 金缺이라 肺・大腸의 虛症이니 腎臟에 疾病이라 中風이 두렵다.

・長男 卯方位가 虛하여 每事不成이나, 大門과 比和이니 健康에는 害가 없다.

・前窄後寬의 庭園이 되면 賢母良妻하게 된다.

8. 主와 佩鐵位置

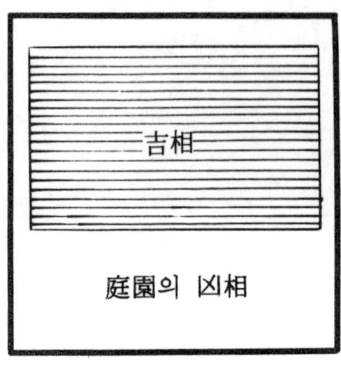

庭園의 凶相

㈎ 圖形

圖形의 建物은 吉相이나 庭園의 相이 不吉하니 전체가 凶한 家相이다. 기역字形 建物이면 모두 吉한 家相이 될 수 있다.

ㄴ 圖形

庭園의 四面이 반듯하여 中心이 佩鐵의 固定位置이다. 建物은 기역字形이나 兩幅의 差異가 많아 起點을 定하기 어렵다. 『三要訣』 總綱論에 이르기를 「紳士百姓以高房作主」라 했으니, 기역字形이 旺한 位置에 高房을 起頭로 하는 것이 바른 方法이다.

· 子主 巽門의 陰陽正配는 夫婦和樂하며 富貴長久하고 主가 門을 生하니 貴의 發福에다 人才·美人 出生하게 된다.

· 庭園은 陰이니 財와 女子로 看做한다. 吉相의 庭園이라 財가 旺하고 婦女健康으로 賢妻하게 된다.

· 乾方位에 厨房이다. 乾方 子方 사이에 浴室이니 婦女狂氣 內主張하게 된다. (厨는 婦女로 본다)

· 艮方에 房은 吉格이라 水土克은 主人事業에 吉한 變化를 주게 된다. 艮은 少男이니 子孝孫賢하게 된다.

· 配合舍宅이 되었을 때는 東西舍宅方位의 混入 된 것도 吉한 徵兆로 보는 것이다.

9. 吉凶舍宅 看擇法

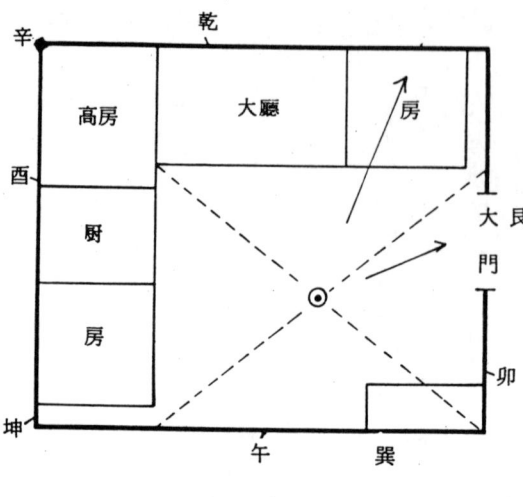

(가) 吉舍宅

四面이 같은 四角垈地에 어울리는 기역字形 建物이 虛한 相 같이 보이나 庭園이 吉相으로 어울리니 吉한 家相이 된다.

佩鐵位置는 庭園中心이다. 坤 酉 乾方位까지 建物이니 吉한 配置의 家相이다. 起點이 辛方位이라 酉 乾 混合起頭가 된 것이다. 陽土와 雙金이 相生하니 富貴兼全의 速發이다.

子方位에 房이고 金水相生이니 主人의 事業·進級 등의 吉한 變化가 많아진다. 子는 他宮으로 冲이 吉한 變化가 된다.

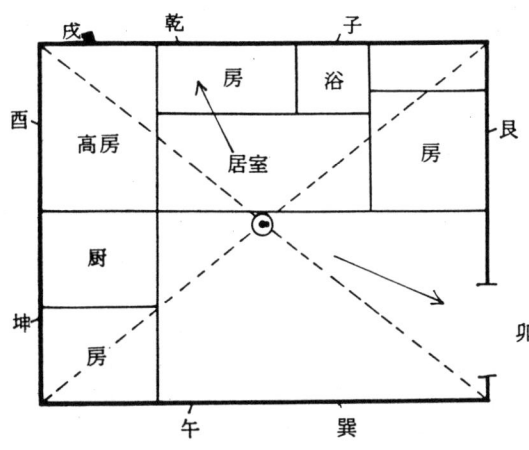

(나) 凶舍宅圖

(가) 圖形과 같은 坐地에 建物이 富相이 되니 庭園이 적어서 佩鐵位置의 移動에 따라 大門位置가 混同되니 正確한 佩鐵位置를 찾아야 한다.

戌方이 起點이니 乾酉方位가 合해 主가 되는 데다 卯大門으로 不配合家相이 되었다. 坤艮雙土와 卯木 相克에 虛한 卯木을 强한 酉乾의 雙金이 卯木을 克하니 卯長男은 入主 3年 8個月만에 雙金에 依한 以 金致死하게 된다.

子方位는 浴室方位로 虛하니 水生木으로 卯木을 돕지 못한다.

10. 아파트 끝號의 起頭法

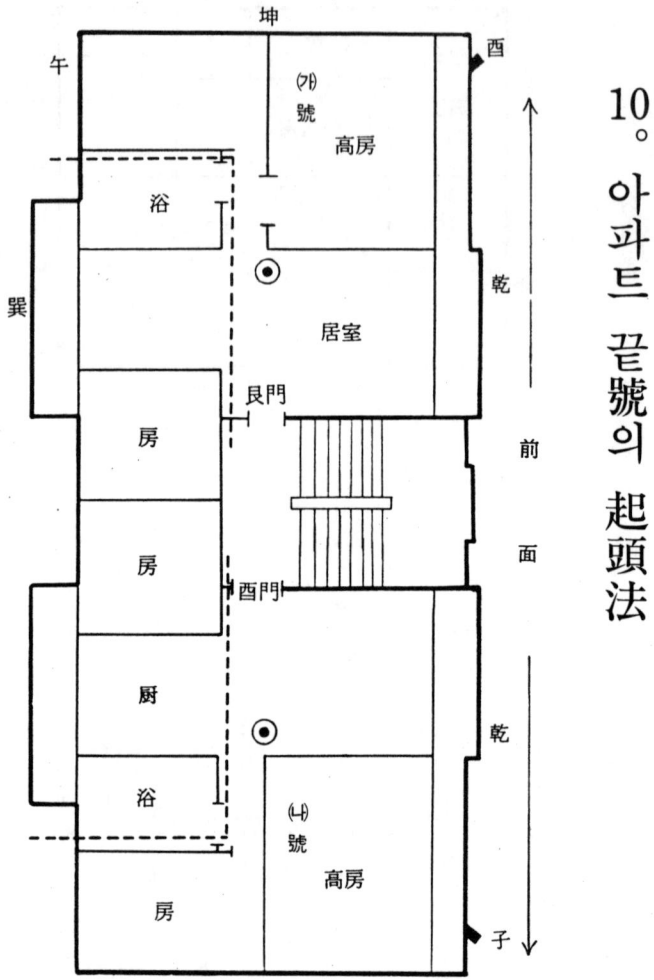

(가) 號

이 아파트는 같은 方向에 各號의 構造도 같으나 東西舍宅의 判別이 可能하니 各號마다 利害는 다를 것이다. 아파트 끝號의 起頭法은 構造된 中心에서 佩鐵를 固定한다. 起頭를 定하는 方法은 虛實方位를 아파트 內部構造中 浴・廚・小房 등은 虛한 方位로 看做하여 點線으로 그려 虛한 方位를 除外하면 實한 方位가 分明해진다. 實한 方位는 高房과 居室이다. 起頭할 때 高房을 좋은 곳으로 參考할 것이다.

起點은 高房 옆 午方에 小房이 保護하니 酉方位가 起點이 된다. 起點의 主位置가 定해지면 出入口를 相對로 東・西舍宅의 吉凶을 判別한다. 酉主 艮門으로 配合 吉舍宅이 된다.

各方位는 艮門 相對로 禍福을 推理하되,
・配合舍宅은 吉兆로 推理하고,
・不配合舍宅은 凶兆로 判斷한다.

(나) 號

(나)號는 子主 酉門이니 不配合舍宅이다. 各方位는 出入口 酉門을 相對로 五行으로 推理한다면 家相에서 일어나는 神祕한 徵兆를 判斷할 수 있다. (항목 四의 五行 禍福論法 參照)

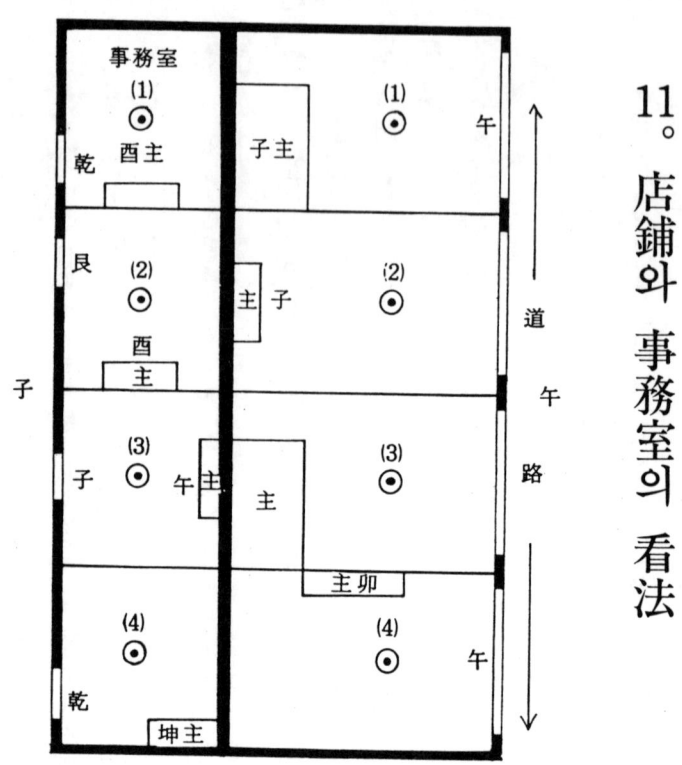

11。 店鋪와 事務室의 看法

㈎ 店鋪

店鋪는 全體建物에 東西舍宅의 區別이 있고, 圖形의 4個 店鋪에도 配合·不配合이 區分되어 있으나, 改修는 不可하여 變則看法을 使用한다.

變則看法이란 出入口 方位에다 主位置를 同宅으로 配定하는 方法이다.

(1) 店鋪 子主에 午門이니 配合吉舍라 子午相冲에 變化가 많으니 매상이 많아지나 손님과 多少 衝突이 생기게 된다.

(4) 店鋪는 卯木 午火로 配合吉舍다. 男木이 女火를 生하니 女子를 相對로 하는 店鋪이면 더욱 吉하다.

㈏ 事務室

(1) 事務室 乾門 酉主는 配合吉舍라 初年은 速發하나 오래면 失敗한다. 乾의 大門이라 크게 活動되어 많은 財産을 벌어오나 少女財宮이라 관리를 감당치 못한 관계이다.

(2) 事務室 小企業의 事業은 成功이나 大企業을 始作하면 失敗한다. 艮·少男 大門에 酉·少女宮이니 사회의 경륜이 적은 탓으로 보는 卦이다.

(3) 事務室은 子午相冲에 配合吉舍라 吉한 變化가 많으니, 辯護士 事務室이 適格이다.

午坐 子門이 富格이라 富者된다. 子·午는 東舍宅이 구성되어 子·午相沖은 吉한 변화로 보며 相沖은 역시 相爭이니 相爭사건을 담당하는 변호사의 길한 변화로 事件마다 勝訴하게 되며 또 건물 坐에 午財宮이 차지 했으니 버는 대로 財産은 쌓이는 卦이다.

(4) 事務室은 大小企業이라도 모두 크게 成功할 수 있다. 乾坤配合의 理致이다. 乾·坤은 八卦中 제일 큰 卦象이라 아무리 큰 企業이라도 능숙히 당해낼 능력이 넘치는 卦이다.

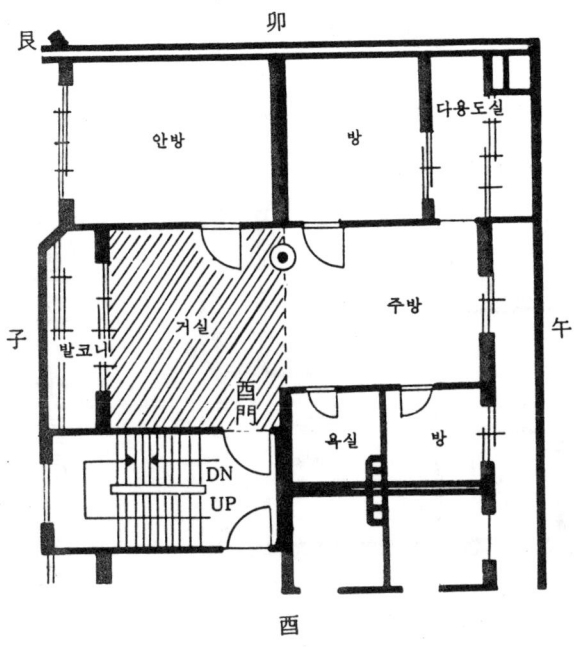

12. 아파트의 吉한 構造

큰 방 두 칸을 같이 한 것은 吉한 구조 방법이다. 거실과 주방 사이에 칸막이가 아쉽다. 욕실을 反對方位로 한 것은 吉하다. 거실은 高房과 同等하니 起點은 艮方位다. 酉方位가 門이니 配合 吉舍宅이 된다.

13. 아파트의 不吉한 配置

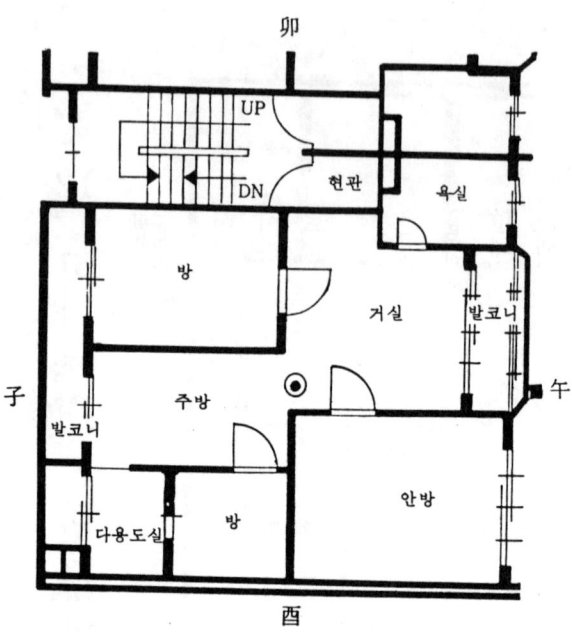

高房 옆에 작은 房을 배치하고 큰 房은 反對方이니 起頭보기가 어려우나 午方位를 主로 하고 卯門이니 配合舍宅은 되나 吉한 房이 東西宮으로 混合되었으니 發福을 바랄수 없고 無害無得의 相이다.

五。 五行의 禍福

1。 禍福推理法

- 東舍宅은 陽이라 貴의 發福을 한 후에 富이다.
- 西舍宅은 陰이라 富가 먼저하고, 나중에 貴의 發福이다.
- 大門은 陽으로 본다.
- 庭園은 陰으로 본다.
- 庭園과 建物을 대하여 볼 때는 陰은 財와 女子로 看做한다. 陽은 貴와 男子로 看做한다.
- 大門과 建物을 대하여 볼 때는 建物이 陽이 된다.
- 大門을 陽方位에 配屬하면 富貴速發이다.
- 大門을 陰方位에 配屬하면 富의 發福이 于先이다.
- 北向 子大門에 初年은 速發이나 年久하면 後孫이 없고 婦女가 傷한다.
- 純陽家相에 初年은 速發이나 年久하면 富貴榮華이다.
- 純陰에는 富의 發福이나, 年久하면 婦女가 持家하고 子孫이 없다.
- 陰을 克하면 婦女가 傷하고, 陽을 克하면 男子가 傷한다.

- 雙金이 木을 克하면 長男 長女의 死亡이다. 火克金에 少女 老翁을 傷하게 하고, 土克水에는 主人이 中風病이 나며 少男이 傷한다.
- 水火相克은 配合同宅일 때는 吉兆의 變化로 看做하고, 不配合舍宅일 때는 凶兆로 推理한다.
- 不配合舍宅에 純陰은 疾病이오, 純陽에 官災·財敗이다.
- 建物이 大門을 克하면 盜賊이 못 들고, 大門이 建物을 克하면 主身이 傷한다.
- 大門이 陰方位이고 건물이 陽方位에 배속하면 먼저 女兒를 출산한다.
- 大門이 陽方位이고 建物이 陰일 때 先生男할 것이다.

五行의 疾病

- 木이 克을 當하면 年老者나 年少者는 직접 肝·膽에 發病하나, 健康한 者는 心臟·三焦의 發病이니 精神疾患이 많다.
- 東西混合舍宅에는 相生도 病이오, 相克도 病이다.
※ 人體에는 五行에 火가 君이 되면서 心臟·三焦에 속하며, 土에 脾胃, 金에 肺·大陽, 水에 腎·膀胱, 木에 肝膽이 五行에 屬하였다.

(古書文獻)

陽宅三要 宮星相克斷

⊙ 火入乾宮 乾宮受克金 主傷老翁…… 火가 乾宮에 들어가면 乾宮이 克을 받으니 주로 老父가 상하게 된다.

⊙ 土入坎宮 坎水受克 主傷 中男少男…… 土가 子宮에 들어가면 子水가 克을 받으니 中男이나 少男이 상한다.

⊙ 木入艮宮 艮土受克 主傷 少男…… 木이 艮宮에 들어가면 艮土가 克을 받으니 주로 少男이 상한다.

⊙ 金入震宮 震木受克 主傷 長男…… 金이 卯宮에 들어가면 주로 長男을 사하게 한다.

⊙ 金入巽宮 巽木受克 主傷 長女…… 金이 巽宮에 들어가면 巽木이 克을 받으니 주로 長女가 상한다.

⊙ 水入離宮 離火受克 主傷 中女…… 水가 午宮에 드러가면 午火가 克을 받으니 주로 中女가 상한다.

⊙ 木入坤宮 坤土受克 主傷 老母又傷少女婦……木이 坤宮에 들어가면 坤土가 克을 받으니 주로 老母가 傷하고 또 少婦가 傷한다.

⊙ 火入兌宮 兌金受克 主傷幼婦……火가 酉宮에 들어가면 酉金이 克을 받으니 주로 幼婦를 상하게 한다.

※ 化象歌

⊙ 純陰每歲多疾病이오 ⊙ 內克外爻賊不入이오 ⊙ 陰入陽宮先生女하고
  純陽財旺無兒孫이라   外克內爻主傷身이라   陽入陰宮定生男이라

※ 純陰은 매년에 질병이 많고 순陽은 財는 旺하나 子孫이 없다.

※ 건물宮에서 大門을 克하면 盜賊(도적)이 드러오지 못하고 大門卦爻가 建物宮을 克하면 主人이 상하게 된다.

※ 질병이 많고 大門 건물이 다 陽일때는 財는 速發하나 子孫을 두기가 어렵다.(大門과 건물이 陰일때 고 건물이 陽宮이라면 딸을 먼저 낳고 大門이 陽이고 건물이 陰宮이라면 生男하게 된 다는 뜻이다)

陰이 陽宮에 들어가면 딸을 먼저 낳고 陽이 陰宮에 드러가면 生男한다.(大門이 陰이

솟을 大門의 形態

2. 吉相과 離婚家相

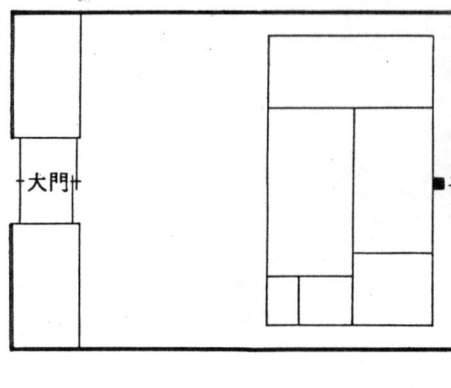

(가) 吉相의 基本圖

家相法에 子坐 午向의 配合舍宅이 第一이다. 一字形의 吉한 建物相에다 4面이 같은 庭園의 吉相이다. 吉相이라도 獨體면 孤獨相이나, 行廊으로 保護되었으니 吉한 家相이다.

· 가장 吉한 것은 建物에 內外門을 하여 前窄後寬한 것이다. 古書에 이르기를 「前窄後寬에 世出英雄」이라 했다. 子坐에 午大門을 낼 수 있는 것은 庭園의 4面이 같을 때이며, 庭園이 작을 때는 配合舍宅이 되어도 不吉한 것이다.

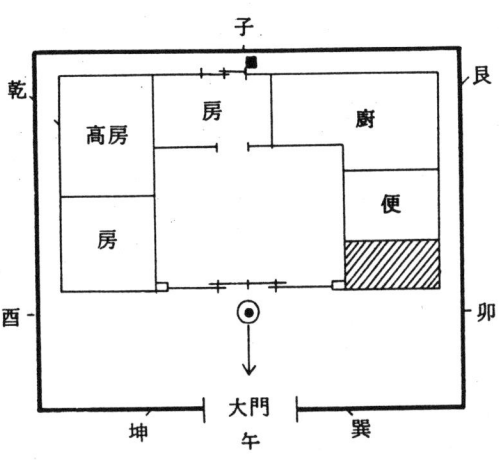

(나) 入住 婦去圖

家相은 吉하나 庭園의 相이 좁아 子坐 午門으로 配合舍宅이나 吉凶이 相半된다.

• 婦女의 位置인 貧相에 庭園에다 水克火로 子午 相冲이니 入住日로부터 6年間은 夫婦 意見衝突에다 오래면 離婚까지 하나 婦女가 나가게 되는 卦이다.

• 乾의 高房을 酉金子水와 金水相生으로 保護하니, 집 主人은 乾의 威勢로 富貴權勢하게 된다.

• 艮의 少男土는 午火의 生을 받으니 男兒出産으로 子孫滿堂이다.

圖形과 같은 좁은 庭園에는 卯方으로 大門을 改修하면 離婚의 禍를 免할 것이며 初年 富貴速發이나 정원이 적으니 큰 財産은 모을 수 없다.

3. 離婚의 家相

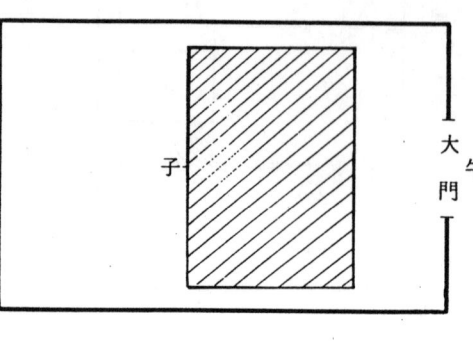

㈎ 入住 婦去圖

吉한 建物의 相에 子起頭에 午大門으로 吉舍宅이 나, 庭園은 貧相이오 後園은 富相이니 吉凶의 變化가 많다.

· 貧相庭園에 子主 午門은 入住하면서 意見衝突이 持續되니, 2·7火로 3年內 離婚이나 庭園이 虛하여 婦去하게 된다.

· 後園은 大小에 따른 妾과 숨은 財가 內包되어 있다. 이 家相의 後園은 前窄後寬되었으니 本妻 離婚하고 1年內 財가 많은 後妻될 대상자가 찾아오니 理致는 午大門에 있다.

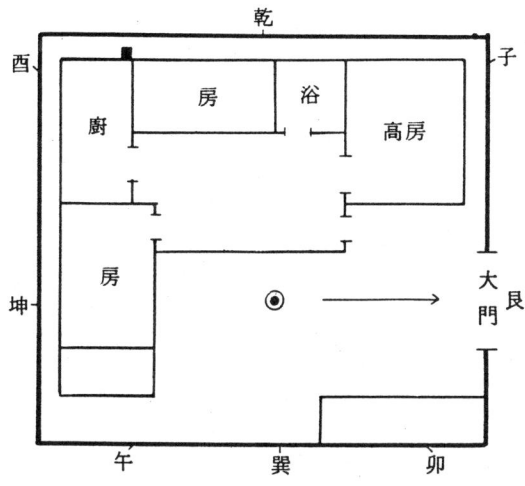

(나) 入住 夫去圖

이 家相은 西主 艮門으로 陰陽配合에 土金相生의 吉宅이나, 家屋內 構造의 不吉로 凶兆가 發生한다.

· 主位置에 高房이 設置되는 것이 家相法의 吉한 法이나, 廚房이 되었으니 婦女持家요 內主張格이다.

子方에 高房이고 乾 사이에 浴室이니, 金水不通으로 强한 大門의 陽土가 高房을 土克水로 克하니, 子方位에 中男은 入住한 지 1年內 夫婦離婚하고 土克水로 이집 主人이 쫓겨나니 入住夫去의 家相이다.

4. 離婚되는 家相

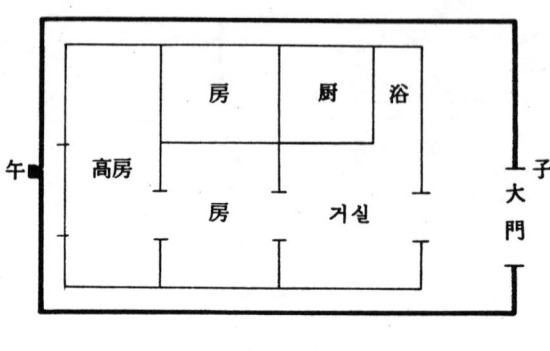

(가) 夫去 家相圖

建物의 相은 吉相이나 庭園의 相이 협소이다。午坐 子門에 富者나는 法이니、庭園이 작아 富者는 안 되나、建物이 富相이라 家勢는 늘어가는 家相이다。建物의 內部構造는 旺한 主位置에 高房과 작은 房이 같이 配置된 것은 吉한 構造이다。門配置에 出入門과 窓門도 마주치는 것은 相冲이라 不吉한 것이다。

이 建物의 門은 圖形과 같이 子午로 相通되었으니 東西로 分離되는 뜻이오、子午相冲은 夫婦의 衝突로 離婚의 卦象이다。大門을 改修한다면 離婚을 免하며 門 모두를 改修한다면 夫婦和樂할 것이다。改修를 안한다면 高房이 午坐라 夫去하게 된다。

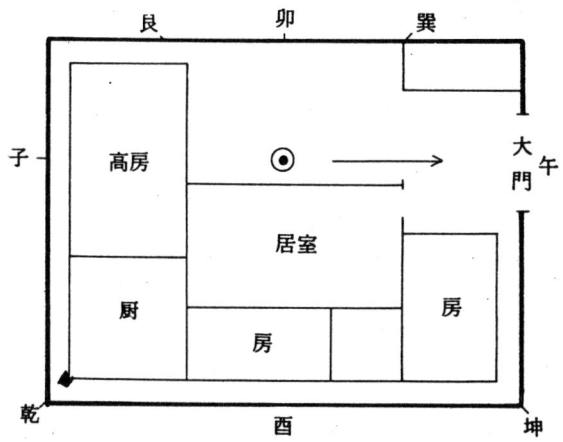

(나) 不去 家相圖

建物은 吉相이나 乾主 午門으로 不配合 凶舍宅이다. 主位置에 子方이라 厨房이니 婦女가 집主人이 된 뜻이오, 高房은 子方이라 大門과 子午相冲이니 入住 2年 7個月에 離婚하고 夫去하니, 理致는 旺한 乾方位의 厨房에 있다. 이 家相에 젊은 夫婦는 離婚이오, 老夫婦가 入住하면 主人의 中風이 아니면 天壽하여 婦女掌家하게 된다. 强한 午火가 虛한 子水와 相克이니 火多水熱의 理致로서 中風 夭壽의 害가 오는 것이다.

5. 內主張 家相

(가) 內主張 家相圖

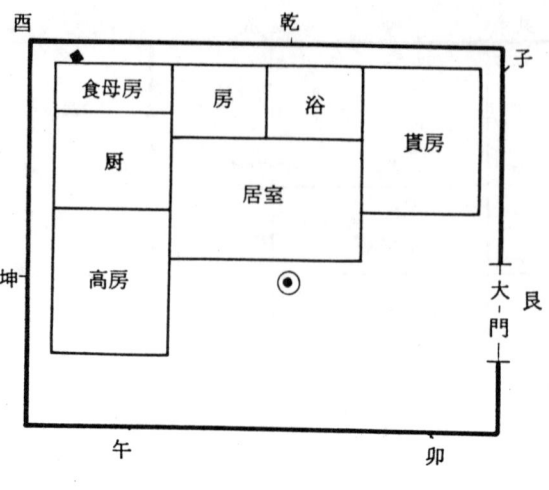

이 家相은 庭園의 吉相에서 精神의 安靜으로 健康이 오는 것이요 庭園이 不吉하여 家族 모두의 精神不安으로 健康이 나빠지고 가정 불화가 생긴다.

• 建物은 그대로 吉相이나 前面이 두번 기역자로 屈曲된 것은 집안에 口舌이 생기는 수가 있다.

• 酉主 艮門으로 陰陽配合에 土金相生의 吉舍宅이다.

• 主位置에 厨房이 配置되었고 配合舍宅이니 內主掌이래야 家勢가 富裕하게 될 것이다.

• 또 主方位에 食母房이 配置된 것은 콧대높은 食母의 人相이 된다.

• 坤方에 高房이니 主人坤土가 酉金을 生하니 恐妻家가 될 家相의 구조이다.

乾方에 浴室이라 老父의 主權이 미약하고

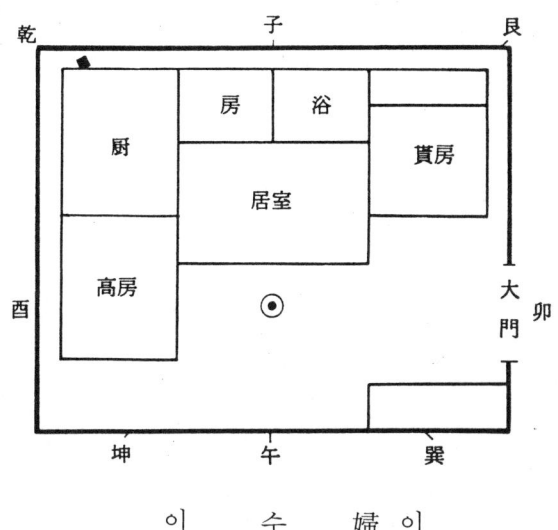

(ㄴ) 婦女 持家의 家相圖

乾主 卯門으로 不配合凶舍宅이 된다. 不配合舍宅의 建物 主位置에 厨房이 있으면 主人이 집을 나가거나 疾病으로 事業이 不能하게 되어 婦女가 掌家하게 된다. 雙金이 卯木을 克하니 長男은 집을 나가야 살 수 있다. 卯木酉金의 相沖은 主人의 酒色雜技요. 婦女位置에 乾金이 生水하며 따라가니 婦女 음난이다.

乾金은 酉金과 比和이니 酉金의 主權만 强해져서 內主掌家相될 것이다.

6. 村落의 家相看法

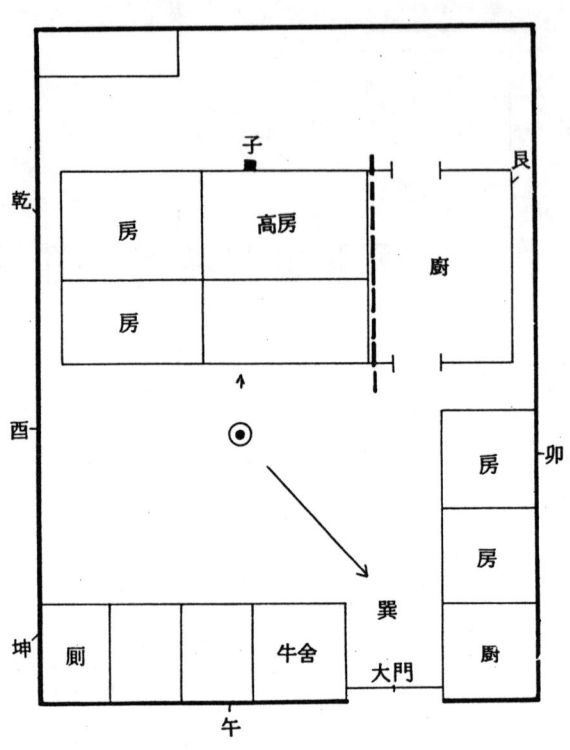

村落의 家相이다. 吉相의 庭園이나 後園이 있어 財產은 모이지 않으나 保護建物이 있어 家族은 健康하다. 內堂은 一字形으로 貧相으로 보이나, 廚房이 子午로 門이 나서 虛하니 點線과 같이 斷切하고 보면 子起頭 巽門으로 吉舍宅이 된다.

- 乾子方位에 房이 나란히 配置된 것은 吉兆이라, 金水相生에 乾의 威勢이니 鄕村의 어른이다.
- 吉舍宅에 後園이 있으니 乾의 힘으로 子方位의 主人이 少妾도 볼 만한 家相이다.
- 婦女配置가 虛하여 木克土로 胃가 虛할 것이다. 艮少男土는 巽木에 克의 變化로 年年이 男兒出產에다 陰陽正配에 克이니, 穎異한 子孫이나 主位置가 水方位니 土克으로 子孫은 크는 대로 他鄕으로 나가는 卦이다.
- 卯의 長男은 行廊에 位置했으니 老父가 되도록 집을 지키라는 格이다.
- 午方位에 牛舍이니 六畜이 잘될 것이며, 坤方에 廁間이니 子孫의 不吉을 제거한다.

7. 家相의 吉凶

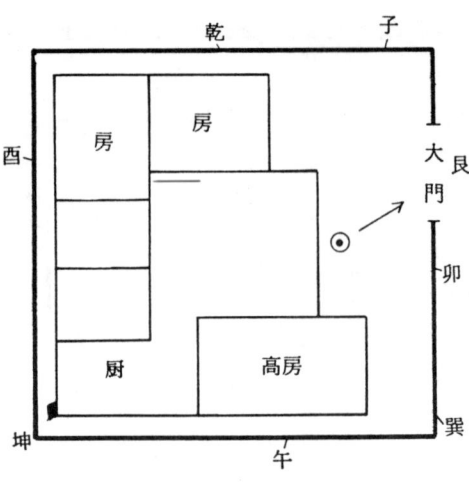

(가) 內富外貧의 家相

外部에서 보는 家相에는 庭園이 적어 貧相으로 보인다.

- 坤主 艮門으로 吉舍宅이다. 門主가 雙土比和이라 富者될 것이나, 陽土가 大門이니 더욱 速發로 內富外貧의 家相이다.
- 主位置에 厨房이 있으면 內主張이니 吉舍宅이니 內主張으로 富者되는 卦이다.
- 午方位에 高房이라 中女에 少男이 들어오니 先生男할 것이다.
- 酉方位에 房이 있으니 大門과 配合이고 土金相生이니 人才美女요 富貴할 것이다.

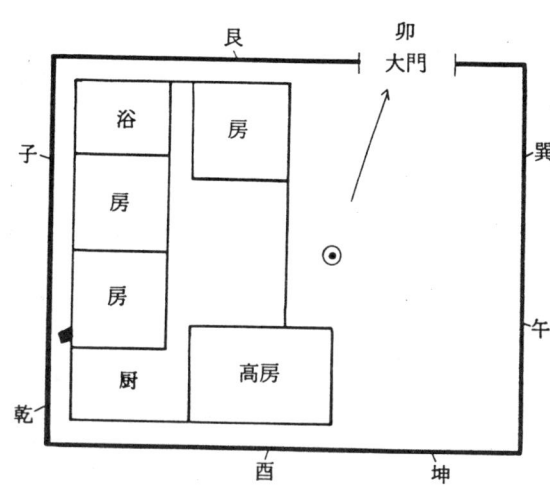

(나) 外富 內貧의 家相

 吉한 建物의 相에다 庭園이 너그러이 吉相이라 外部에서 보기에 富格으로 보인다.

· 乾主에 卯大門이라 凶舍宅으로 判斷된다.

· 乾金 酉金이 卯木을 克하니 長男은 肝膽에 克을 當해 精神·神經에 發病과 進學이 不可하고 年久하면 以金致死이다.

 主位置에 厨房이 있으니 婦女가 持家하며, 乾方에 厨라 强한 婦人의 內主張이라 主人은 奴僕과 같은 身勢이다. 不配合이라 家勢는 기울어가니 外富·內貧의 家相이다.

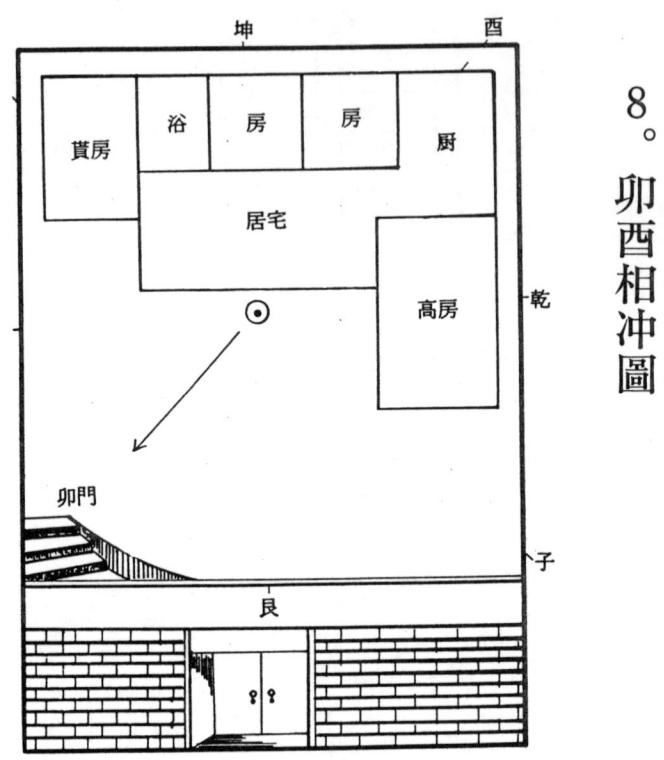

8。卯酉相冲圖

築臺가 높은 垈地는 不安定 家相으로 不吉하다. 올라오는 階段入口가 깊으니 庭園의 空氣循環의 不順으로 家族들에게 精神의 障害가 있다.

・酉主 卯大門은 金克木의 不配合凶家이다. 雙金이 卯木을 克하니 長男의 死亡이다. 木이 克을 當하면 心實로 性格이 亂暴해진다. 心實은 火多水熱이니 腎臟病으로 亥卯未 月日時에 死亡하게 된다.

不配合舍宅은 財産이 줄며 起頭에 厨房은 婦女持家요, 乾高房의 主人은 午火가 克하고 卯木相克에 집에서 쫓겨난다.

坤方老母는 木土相克에 胃와 咳嗽病이 난다. 午에 貫房은 木火相生이니 富의 速發이며, 陰陽正配라 夫婦和樂하게 된다.

9。 貰房의 吉한 家相

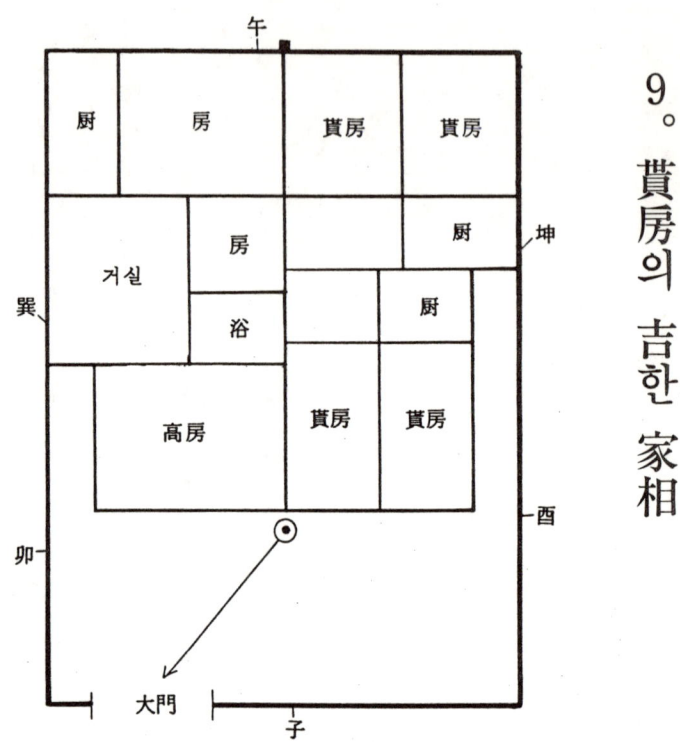

午主 艮門으로 不配合 凶舍宅이다.

不配合이 되면 相生도 沖에 害이며, 病은 實症이다. 巽木이 火를 生하여 강한 午火는 生土하니 火多土焦이니 艮少男은 胃實로 腎에 發病이다. 貫房은 모두 西舍宅方位에 位置하여 艮門과 同宅이니 萬事亨通으로 財가 모이게 된다. 집主人은 家屋全體를 使用해도 不配合舍宅이라 不吉한 것이다.

主人은 官災口舌이 자주 나며 每事不成이다. 午火는 艮土와 不配合 相沖으로

午位置의 中女는 巽木이 生하니 健康으로 長壽할 것이다.

救貧을 한다면 子門이 速發이나 庭園이 적어 不吉하니 卯方位는 純陽이라 速發로 救貧은 되나 年久하면 不吉하다.

10. 卯酉相冲 家相

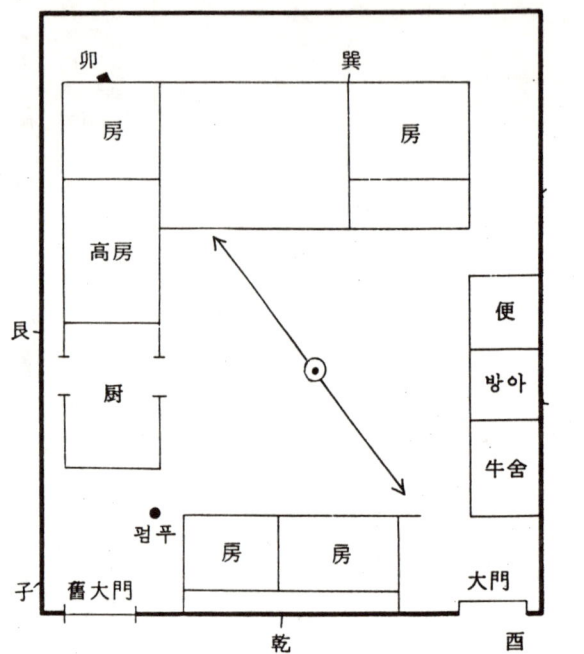

이 家相은 建物庭園이 吉相에다 행낭채가 앞을 둘러 保護한 吉한 配置의 家相이다.

- 建物 庭園 構造配置가 吉한 家相이라도 東西舍宅方位가 混入되면 不吉한 家相이 된다.
- 이 집은 卯起頭 酉大門으로 不配合이니 凶兆가 생긴다.
- 卯木艮土相克에 虛한 長男卯木은 酉乾의 强한 雙金에 克을 받으니 入住 4年以內 卯木長男은 亥卯未 年月日時에 以金致死를 當하지 않으면 肝膽에 克을 받는 격이라 肝膽疾患과 腎虛症으로 死亡하게 되는 것이다.
- 艮方은 厨가 있어 虛한데다 卯巽雙木이 艮士를 克하니 艮少男이 克을 받아 子孫出産이 不可하다.
- 巽長女木은 酉乾의 雙金의 克을 받으니 肝膽의 虛症으로 三焦에서 發病하니 精神疾患이다. 卯木과 比和로 夭折은 免하나 다음은 婦女가 肝膽의 疾病이 날것이다.
- 子位置에 舊大門이라면 吉舍宅이 되어 富貴宅이나 子孫은 獨子 아니면 2子를 둘 것이다.

地理學의 歷史(風水地理)

風水地理學은 學問으로서 體系된 歷史로 他 學問과 비교하면 짧은 歷史를 가지고 있다. 또한 發祥地도 中國이고 歷史는 약 이천년이며, 韓國에 전해진 것은 道詵國師로부터 地理風水踏山歌를 쓰면서 學問으로 體系가 되었으니 약 千年이 넘는 셈이라 할 수 있다. 그러나 風水地理도 그 根源을 살펴보면 그 原理가 易에서부터 나온 것이다. 易은 원래 太極이 分兩儀한 過程에서 비롯된 것으로서, 兩儀란 陰陽이요, 陰陽이란 日月의 상징인 밤, 陽의 상징인 해(日)와 陰의 상징인 달(月)을 陽天 陰地의 원리에 따라 易이라 하였다.

지금으로부터 약 六千年前 太昊 伏羲氏가 龍馬에서 얻은 河圖로서 先天八卦를 만든 것이 易의 最初의 발상이며, 夏나라의 禹王때 神龜에서 얻은 洛書의 義를 引用하여 治山治水의 大業을 성취하고 箕子는 洛書로서 洪範九疇를 作成하였다. 그후 周의 文王이 洛書의 義를 구체적으로 풀이해서 後天八卦를 創案했으니 伏羲氏의 先天八卦와 文王의 後天八卦는 易의 발전에 결정적인 업적을 세운 셈이다.

文王은 그 당시 혼란에 빠진 세상풍조를 바로잡고 어리석은 백성들의 마음을 깨우

치기 위하여 易의 원리로서 王政 敎化와 人民의 造葬法과 기타 吉凶禍福에 관한 법을 마련하였다. 또 그 뒤 易學의 발전에 貢獻한 聖賢들로는 周나라 公(熙旦)과 같은 시대의 姜太公(呂尙)、그리고 周의 王文시대로부터 약 千年뒤인 春秋時代의 大聖인 孔子、그 뒤 周子(廉溪)、周子의 제자인 程明道, 程利川, 張橫渠 邵康節, 司馬溫公, 朱子(熹)같은 분들을 들 수 있는데 이분들은 易學의 범위에 속한 모든 陰陽五行學은 물론 儒學、性理學、天文學、地理學、理氣學 등 모든 분야에 투철한 분들 이다. 그러므로 易學이 周公代로부터 더욱 發祥한 것으로 보아 周代에서 시작되었다고 보아야 하겠으며, 周公에 의하여 十二方 羅盤이 造作되었다는 설도 있다. 地理學이 史的 근거를 세울 수 있기에는 後漢時 靑烏子라는 奇人에 의하여 創著된 靑烏經이 나옴으로 비로서 風水地理法이 학술적인 체계가 세워진 셈이며, 그 이전에는 口傳心受에 의하여 전해졌거나 自得으로 行하였다고 보겠고, 혹 著者가 있었다 해도 遺失되었거나 해서 그 근거가 없다.

靑烏子 이후로 晋나라때 郭樸과 張子微가 有名한 바 郭樸은 晋나라 尙書라는 높은 벼슬까지 지낸 사람으로 그의 著書는 山海經과 葬經이 전해지고 있다. 이상 靑烏子 郭樸 張子微의 三師의 學說이 祖宗을 이루다가 唐나라때 이르러서는 여러 學派로 분류되

었으니 楊救貧(본명 筠松) 僧日文迪 寥公 張一行 呂東賓 郭林宗 등 諸學說로서 즉 楊救貧의 靑囊經과 倒仗經, 寥公의 天星論, 張一行의 收山出殺法이 그것이다.

특히 楊救貧과 張一行이 有名한데 양구빈은 數種의 著書는 물론 羅經外盤縫針을 제작하였으며, 張一行은 唐朝에서 史部尙書를 지낸 사람으로 地理學을 포함한 五行學에 精通하여 一行禪師란 칭호를 받았다. 그리고 그는 우리나라 道詵國師의 스승이란 말도 있다. 그러나 옛 문헌을 보면 一行禪師와 道詵國師가 살던 세대가 다르니 一行禪師의 學脈을 道詵國師가 中國에 가 배워온 것이라 보아야 하겠다. 그리고 또 宋代에 이르러 陳博先生의 弟子가 되어 相法을 傳受하였으며, 相法뿐 아니라 四柱學, 地理學, 卜筮學 등 陰陽術書에 精通한 분이다. 그후 元의 明代에 이르러서는 劉伯溫 劉秉忠 劉基 哀衷微 등이 유명하였던 바 유백온은 平洋訣 肝露膽經을 지었고 또 간추려 보면

中國

秦 :: 朱仙挑의 揷山記 = 靑烏經。

漢 :: 張子房의 답산기로 靑囊經。

晋∷ 尙書 郭景純의 葬書.

唐∷ 張說 泓師 一行의 錦囊經. 一行의 收山出殺法、楊筠松의 靑囊經、曾文迪의 龍水經、劉靑田의 坡肝露膽.

宋∷ 陳博.

元明∷ 劉伯溫의 平洋訣 肝露膽經. 劉秉忠의 玉尺經.

韓 國

新羅∷ 元曉大師、慈惠大師의 內外盤 相生法、夫婦配合法、道詵祕 訣. 道詵踏山歌.

高麗∷ 11대인 문종때 張玩을 太師鑑候로 임명. 20대 신종때 자연 환경연구기관 설립. 羅鶴天、懶翁大師.

朝鮮∷ 태조때 鄭道傳祕訣、태종때 孟思誠、세종때 尹古庵、鄭欽之、徐居正、成居士、중종때 徐敬德 인종때 金麟厚 명종때 南 師古、祕訣. 선조때 李芝凾、숙종때 葛處師、순조때 李書九.

儒家∷ 鄭道傳、南師古祕訣、朴相儀、李芝凾、孟思誠、尹參議、李智信、李鎬晩、安鼎福、蔡成禹、成兪正.

佛家 : 無學大師祕記、西山大師祕訣、泗溟大師祕訣、性圓大師、性 智大師、一指大師遊山錄、二耳大師踏山錄、普雨大師、眞默 大師。

유병충은 玉尺經을 지었으며、유기(호는 靑田)는 玉尺經詳解를 저술하였다. 地理學 이 우리나라에서 行해지기 시작한 年代와 최초의 人物은 未詳이나 古代에 지어진 寺刹 터의 特수성으로 보아 佛敎文化가 들어오기 이전에 이미 行한 것이 아닌가 생각되지만 風水地理學으로 學問化된 最初의 기록으로는 新羅末 憲康王때의 名僧 玉龍子 道詵國師 이며 또 그는 佛法을 크게 깨쳤으니 당시 뭇사람들의 추앙을 받아오다가 新羅가 亡하 고、高麗가 建國하자 創業主 王建太祖를 風水的으로 도와 큰 공적을 세운 바 國師라는 칭호를 받았다. 陰陽行書를 비롯하여 地理學 등에 通透하였으므로 왕건태조는 風水說 을 깊이 믿어 山의 氣象과 江河의 順逆이 한 나라의 興亡盛衰에 至大한 영향력을 미친 다 해서 그의 創業도 자신의 能力으로 이룩된 것이 아니라 오로지 부처님의 뜻이며、 또 창업을 이어가려면 절대적으로 지리적 조건이 잘 갖춰져야 된다고 생각하였다. 그 러므로 왕건태조는 後孫에게 남기는 訓要(十條)에서 여러곳의 寺院은 道詵의 地理法에 의하여 占定된 곳이다.

「도선이 정한 곳이 아니면 함부로 寺刹을 짓지 말라」하였음에 그 당시 王建이 얼마나 깊이 신임하였던가를 짐작하고도 남음이 있다. 그러한 영향으로 고려가 亡할 때까지 사백칠십오년 동안 지리법이 盛行하였음은 물론 李朝 오백년 간에도 이에 대한 信念이 대단하였음에 벼슬아치나 庶民을 막론하고 明堂을 찾기에 血眼이 될 정도였기 때문에 풍수설에 의한 폐단이 적지 않았으니 興亡盛衰와 禍福壽夭가 산소를 잘 쓰고 못 쓰는데 있다 해서 무고한 祖上의 墓를 걸핏하면 移葬하거나 남의 조상묘에다 鬪葬하거나, 勢力을 남용해서 善良한 백성의 山所를 강제로 점령하는 등 폐단으로 인해서 이에 대한 訟事도 非一非再하였다. 또 玉龍子 道詵 이후로 지리에 통한 인물로는 考盧 明宗때의 明僧 牧牛子 善照國師가 유명하였고 고려말 이조 초의 無學大師는 李太祖의 漢陽(지금의 서울) 오백년 都邑地를 정해준 분으로 歷史나 野史를 통하여 모르는 사람이 없을 정도로 유명하다. 그리고 무학대사 이후로 李朝人物로는 尹古庵、鄭欽之(세종때의 대신)、徐居正(세종 성종때의 사람으로 천문 지리에 능함)、成居士、鄭北窓、梁誠之(세종 성종때의 대신)、徐敬德(호는 花潭 중종때의 학자로 理氣學에 밝음)、金麟厚(인종때의 明臣으로 周易에 능함)、鄭北窓(호는 訥齊 명종 때의 預言者로 天文 卜書 相法 風水에 능함)、李之菡(호는 土亭 선조때의 異人으로 土亭祕訣의 著者)、李書九(순조때의 大臣、葛處士 등을 들 수 있으며、僧家人物로는 一指大師、一耳大師、性指大師(光海朝)、敏日大師、知亨大師、法洪大師、碧潭大師、松岩大師 등이 有名하다. 舊韓末에는 智隱 催銓九선생이 斯學에 능하다 전해지고 있으며、現今에도 아직 이름은 밝혀지고 있지 않지만 어느 곳엔가 隱寂하고 있는 異人明師도 없지 않으리라 생각한다.

以上 中國과 우리나라의 明師들이 남긴 著書로는 무려 數十種이 있는데 著者未詳의 書籍을 포함해서 現存하고 있는 것을 기억나는 대로 列擧하면 다음과 같다.

靑烏經(靑烏子)、葬經(郭撲)、山海經(郭撲)、靑囊經(楊筠松)、錦囊經、例仗經(楊筠松)、雪心賦、玉尺經(劉秉忠)、平洋結(劉伯溫)、凝龍經、反正博 天星論(寥公)、九星論、直指書 精氣元、發微經、穴情賦、入式歌、堪與寶經、趣情經、天機金⋯、堪與管見、催管篇 海角經 玄珠經、沈氏地學、玉隨經、地理大典、披肝露膽、一粒票、琢玉부、人子須知、道詵訣、法洪訣、無學訣、朴相熙地法、票峯訣、一指僧遊山錄、一耳僧踏山錄、古庵訣、覺天訣、法憲訣、惹師訣、石文訣、擇里志 등.

그밖에도 많은 량전천경이 地理書로 있으나 일일이 기록하지 못한다. 그리고 또 法式으로는 三十六五行法、七十二胞胎法、八十八向法、四大水法、六子通脈法、運和歸宗法、卜山法、卜古墳法、九星法 등 外에도 諸方別訣이 그 수를 헤아릴 수없이 많다. 그러나 現在 行해지고 있는 地理法은 靑烏經을 위주해서 葬經, 靑囊經, 錦囊經, 倒杖經, 玉尺經, 玄妙經, 人子須知, 地理五訣, 地理正宗, 八十八向法, 四大水法, 卜古墳法, 九星 法 등을 들 수 있다. 이 가운데 靑烏經은 地理書의 祖宗이라 할 수 있으며, 人子須知는 著書諸方의 要點을 모아 엮은 冊子로서 地理學의 槪論이다.

明堂要決에 參考된 文獻

顯微鏡地理必讀書 ― 智異山人著 … 年代未詳
道詵踏山歌 ― 道詵國師著 … 羅末麗初
陰陽二宅全書 ― 桃廷란著 … 中華民國十一年
人子須知資孝地理心學統宗 ― 徐善述 徐善繼著 … 明初
地理正宗 ― 徐國柱著 … 明代
琢玉斧 ― 徐之막著 … 明代
地理靑囊經解 ― 王宗臣 … 靑代

地理一般珠 ― 劉統才著 … 清代
地理演會 ― 李鎬晚 … 朝鮮朝
青烏經 ― 青烏子 … 漢代
青烏龍經 ― 著者未詳 … 年代未詳
精校地理正宗 ― 蔣國宗城 … 清代
地理三會集 ― 張旦 宋道甫 … 明代
地理琢斧巒頭歌括 ― 張九儀 … 清代
堪輿實證 ― 曾子南 … 中華民國四十九年
青烏地理論 ― 著者未詳 … 年代未詳
明山論 ― 蔡成禹 … 朝鮮朝
地理新法 ― 胡吳申 … 清代
地理指掌 ― 洪秀子 夢蓮 … 清代

格 言

良田千頃이 不如敎子一經이오,
泰倉萬金이 不如爲親一穴이라.
一經一穴이 不如爲人微德故로
有德以後에 易得吉地也라.

※ 좋은 밭 천고랑을 자식에게 물려주는 것이 한 경서를 가르치는 것만 못하고
※ 크나큰 창고에 가득 쌓인 만금일지라도 어버이를 위하여 작은 명당 하나에 모신 것만 못하느니라 했으며
※ 일경(사서삼경 중에 하나)의 경서나 작은 명당을 쓰는 것보다 남을 위하여 조그만 덕을 베푼 것만 못한고로 덕이 있은 후에야 쉽게 길지를 얻을 수 있다는 글로 옛날 위선하는 가문에서 흔히 쓰이던 말이다.

明堂要訣

1991년 4월 5일 1판 1쇄 발행
2000년 3월 5일 1판 7쇄 발행

엮은이 : 김 종 철
발행인 : 김 중 영
발행처 : 오성출판사

서울시 영등포구 당산동6가 121-245
TEL : (02) 2635-5667~8
　　　(02) 2635-6247~9
FAX : (02) 835-5550

출판등록 : 1973년 3월 2일 제 13-27호
값 20,000원

※ 파본은 교환해 드립니다.
※ 독창적인 내용의 무단 전제, 복제를 절대 금합니다.